태몽!
새 생명의 속삭임

태몽! 새 생명의 속삭임

국경복 지음

펴낸날 2024년 7월 15일 초판1쇄
펴낸이 국경복 | 펴낸곳 꿈사랑심리상담연구소
출판등록일 2024년 3월 9일 | 제2024-000050호
주소 10474 경기도 고양시 덕양구 화중로 164
전화 031) 811-0805
홈페이지 http://dreamonline.co.kr
블로그 http://blog.naver.com/cook8104
ISBN 979-11-987468-1-8 03380
인쇄 (주)키움프린팅

편집 강지예 | 디자인 함지숙

ⓒ 국경복 2024

이 책은 저작권법에 의하여 보호를 받는 저작물이므로 무단 전재 및 복제를 금지하며,
이 책 내용의 전부 또는 일부를 이용하려면 반드시 저작권자와 꿈사랑심리상담연구소의 허락을 받아야 합니다.

태몽!
새 생명의 속삭임

국경복 지음

D&L

새 생명을 낳아 기르시는
이 땅의 모든 어머니에게 감사를 드립니다.

머리말

태몽은 임신이나 출산을 예고하는 예지적인 꿈입니다. 예지몽은 꿈이라는 정신작용과 임신이라는 물리적인 사건이 시간과 공간을 초월해서 의미상으로 일치하는 동시성 현상을 체험하는 것을 말합니다. 이러한 현상이 발생하는 대표적인 예지몽 중 하나가 태몽입니다.

태몽이 예지몽과 다른 점은 꿈을 꾸는 사람이 태몽의 주인공인 태아 자신이 아니라는 점입니다. 꿈꾼 이는 임산부인 엄마, 아빠, 할머니, 할아버지, 친척이나 심지어 지인도 됩니다. 임산부는 태아를 자신의 몸 안에서 키우고 있으니 태몽을 꿀 수 있다고 봅니다. 하지만 태몽은 임산부에게만 나타나는 현상이 아니며 그녀의 부모, 남편, 시부모 등 가족이나 심지어 그녀를 아는 사람들도 태몽을 꿉니다. 태몽의 이러한 특징은 새 생명의 탄생이 단순히 임산부의 모성에 한정되지 않고 그녀가 속해 있는 친족이나 사회공동체와도 긴밀히 연결되어 있다는 점을 시사합니다.

이 책에서 태몽현상에 관한 해석은 주로 분석심리학에 토대를 두고 있습니다. 분석심리학의 창시자인 칼 융은 태몽을 연구하진 않았지만 예지몽의 존재에 관해서는 강한 믿음이 있었습니다. 임산부의 꿈에 대한 분석은 그의 제자인 마리 루이제 폰 프란츠 박사에게 영감을 받은 세 연구가에 의해서 시도되었습니다. 그들은 연구 결과를 정리해 책으로 출간했는데, 독일어로 쓰인 이 책은 엄밀히 말하면 태몽이 아니라 트라우마를 겪는 임산부들이 임신기간 중 꾼 꿈에 대한 연구입니다. 이 책에 소개된 꿈 중에는 예지적 태몽과 심리몽이 섞여 있습니다. 필자는 이들 중 태몽에 해당하는 꿈들을 선별하여 소개했습니다.

태몽에서 태아의 상징은 대부분 은유적인 방식으로 나타납니다. 이 상징은 천체·자연현상, 동물, 식물, 보석, 사물 등으로 드러납니다. 사람인 어린아이가 등장하는 태몽도 있지만 그 비중은 높지 않습니다. 분석심리학에서는 이렇게 드러난 상징을 '원형상(archetypal images)'이라고 합니다. 이 원형상은 꿈을 꾼 이가 속하는 공동체에서 오랫동안 간직하고 전승해 온 신화·설화·전설 등의 방식으로 재현됩니다.

일부 민속에서는 태몽이 아이가 장차 성장하여 달성할 업적이나 성취에 대해서도 예지하고 있다고 주장합니다. 이 책에서는 민속에서 해석해 온 방식에 따라 태몽현상을 설명했습니다. 그리고 이 같은 민속적인 해석방식이 현실적으로 타당한지를 확인하기 위해서 장기추적 면담을 시도했습니다.

이 책에서는 다음 자료들을 주로 활용했습니다. 첫째, 필자가 직접 수집한 300여 건이 넘는 태몽 사례입니다. 이들 사례는 구글폼으로 설문지를 만들어 인터넷을 통해 수집했습니다. 설문에 참여한 이들에게는 개별적으로 해석을 해주고, 익명으로 활용에 관한 승인을 받았습니다. 조사는 2022~2023년 동안 세 차례에 걸쳐서 이루어졌습니다. 사례를 제공한 분들의 개인정보 보호를 위하여 인용하는 모든 이름은 실명이 아닌 가명이라는 점을 말씀드립니다.

둘째, 부모나 태몽의 주인공은 태몽이 장래의 삶을 얼마나 예지하고 있는지 궁금해합니다. 태아가 성장하여 실제로 성취한 내용이 무엇인지와 태몽과의 연관성을 확인하기 위하여 15명의 태몽 주인공을 만나서 그들이 살아온 삶을 확인하는 장기추적 면담을 했습니다. 필자가 만난 분들은 삶의 현장에서 마주칠 수 있는 보통 시민들입니다. 이들이 실제 살아온 삶의 여정을 있는 그대로 보면서 태몽이 주는 암시의 범위와 그 한계를 독자들이 스스로 느끼고 판단할 수 있도록 했습니다.

셋째, '태몽은 한국인이나 동양인에게만 나타나는 독특한 현상이 아닌가?'라는 의문에 대한 해답을 찾고자 했습니다. 이 의문에 대한 해답을 얻고자 현대 유럽인들의 태몽 사례에 관한 책을 찾았습니다. 의사와 심리상담사 등 세 전문가가 1996년에 발간한《꿈과 임신: 트라우마를 겪는 임산부의 꿈 연구(Traum und Schwangerschaft: Eine Untersuchung von Träumen schwangerer Frauen)》라는 저서입니다. 이 책은 심리적인 외상을 겪는 임산부의 꿈에 관한 탐색이지, 태몽만을 조사한 연구물은 아닙니다. 그럼에도 이 책에 소개된 180건의 꿈 중 태몽으로 판단되는 것들도 있습니다. 유럽 임산부의 태몽현상을 읽으면서 한국인의 태몽과 비교해 볼 수 있을 것입니다. 참고로 이 책에서 소개하는 유럽인들의 이름도 모두 가명입니다.

이 책의 마지막 부분에서는 태몽과 같은 예지몽이 발생하는 이론적 근거를 제시한 칼 융의 '동시성 현상'을 소개합니다. 또한, 지금까지 밝혀지고 증명된 양자역학 현상이 융의 동시성 현상을 과학적으로 증명할 수 있다고 보고, 양자의 현상에 관한 몇 가지 특성을 살펴봅니다. 끝으로 양자역학을 통해 동시성 현상을 과학적으로 입증하기 위한 필자의 '사고실험(Thought experiment)'을 덧붙였습니다. 사고실험이란 어떤 개념이나 새로운 아이디어를 입증하기 위해 생각만으로 진행하는 실험을 말합니다.

 이 책이 태몽현상을 더 잘 이해하고 임산부가 태몽에 대한 지식을 갖춤으로써 보다 안심하고 아이를 낳을 수 있는 환경을 조성하는 데 도움이 되기를 희망합니다. 대한민국은 인구 소멸이 우려되는 어려운 상황에 처해 있습니다. 저출생 시대에 새 생명의 탄생을 바라는 이 땅의 모든 임산부, 남편, 이들의 가족들에게 응원을 보냅니다.
 끝으로 필자의 태몽 연구에 기꺼이 참여하신 분들에게 깊은 감사를 드립니다. 또한 바쁜 시간을 쪼개어 교정을 봐준 나의 동료이자 친구인 손석창 님과 채규성 님에게도 감사를 드립니다.
 책을 쓰는 동안 지속적인 지원과 격려를 해준 사랑하는 아내에게 감사의 마음을 담아 이 책을 바칩니다.

2024년 여름
국경복

차례

머리말 6

1부 태몽이란 무엇인가요? ——————— 19

1장 용의 태몽을 가진 한 여인 21

2장 신사임당의 태몽 23

3장 태몽은 왜 꾸나요? 26

4장 자식을 바라는 소망 28
    1. 임신, 간절한 소망 28
    2. 임신과 태교 30
    3. 《태교신기》, 조선시대 태교에 관한 최고의 책 30

5장 태몽의 상징과 신화와의 관련성 32
    1. 햇빛 태몽과 신화 32
    2. 현대인의 삶에서도 생명력을 가지는 신화 35

6장 집단무의식에서 나오는 태몽의 상징들 38
    1. 집단무의식에서 드러난 선녀 38
    2. 프로이트, 의식은 기수요 무의식은 말이다 39
    3. 의식·개인무의식·집단무의식과 빙산의 비유 41
    4. 집단무의식, 의미 있는 꿈을 낳는 토양 42
    5. 비너스 태몽과 집단무의식 43

7장 태몽이란 무엇인가요? 45
    1. 꿈과 태몽을 구분하기 45
    2. 태몽은 어떤 특징이 있나요? 48
    3. 재물로 착각한 태몽들 54
    4. 자각몽, 내가 지금 태몽을 꾸고 있네요! 56

2부 역사적 인물들의 태몽과 삶의 궤적 ——————— 61

1장 성인들의 태몽 63
    1. 석가모니 63
    2. 예수 68

2장 고대 중동·서양인들의 태몽 72
    1. 키루스 대왕 72
    2. 알렉산더 대왕 75
    3. 아우구스투스 카이사르 로마 황제 77
    4. 2세기 소아시아 지역의 일반인들 태몽 79

3장 중국의 위인들 83
    1. 공자 83
    2. 이태백 85
    3. 한무제 86

4장 한국의 역사적인 인물들 88
    1. 고려 2대 왕 혜종 88
    2. 세종 대왕 89
    3. 정조 대왕 93
    4. 장군·고승·민족의 지도자 등 위인들 94
    5. 대한민국 대통령들 103
    6. 대한민국을 빛낸 체육인들 107

3부 태몽은 누가, 언제 꾸나요? ——————————— 111

1장 태몽을 꾸는 사람들 113
    1. 임산부 113
    2. 친정 부모 114
    3. 남편 116
    4. 시부모 117
    5. 형제자매 117
    6. 친척 118
    7. 친구·지인 119

2장 현대 서양 임산부도 태몽을 꾸나요? 121

3장 태몽은 특정 종교인들만 꾸나요? 123
    1. 한국인의 태몽은 어떤 종교의 영향을 받나요? 123
    2. 서양인의 태몽에는 어떤 종교가 나타나나요? 130

4장 태몽을 꾸는 시기는 언제일까요? 132
    1. 임신 계획이 없던 때였어요! 132
    2. 임신 중이었어요! 134

5장 숫자로 본 한국인의 태몽 137
    1. 태몽은 누가 꾸나요? 137
    2. 태몽을 꾼 사람들이 믿는 종교는 무엇인가요? 138
    3. 태몽을 꾸는 시기는 언제인가요? 139

4부 태몽에서 느끼는 감정들은 어떤 것일까요? ——— 141

1장 한국인의 감정들 143
    1. 두려움 144
    2. 놀람 146
    3. 행복 150

4. 다중감정 153

         5. 기타 감정 156

         6. 숫자로 보는 감정들 157

2장   유럽 임산부들의 감정 158

5부 태아의 상징인 원형상은 어떤 모습일까요? ——— 161

1장   태아의 원형상은 어떤 모습일까요? 163
2장   천체와 자연(1) 천체, 해·달·별 165

         1. 한국인 165

         2. 유럽인 171

2장   천체와 자연(2) 자연, 물·흙·불 173

         1. 한국인 174

         2. 유럽인 176

3장   신화·전설의 동물들 178

         1. 한국인 178

         2. 유럽인 186

4장   반려동물, 개·고양이 189

         1. 한국인 189

         2. 유럽인 191

5장   가축(1) 윷판에 등장하는 가축들 194

         1. 한국인 194

         2. 유럽인 199

5장   가축(2) 닭·오리 205
6장   야생동물 208

         1. 한국인 209

         2. 유럽인 217

차례 13

7장 새·나비·벌 218

    1. 한국인 218

    2. 유럽인 221

8장 파충류·양서류 224

    1. 한국인 224

    2. 유럽인 233

9장 물속에 사는 동물 237

    1. 한국인 237

    2. 유럽인 243

10장 식물 244

    1. 한국인 244

    2. 유럽인 260

11장 사람 267

    1. 한국인 267

    2. 유럽인 269

12장 보석·사물 273

    1. 한국인 273

    2. 유럽인 276

13장 태아의 상징인 원형상의 변환 279

    1. 한국인 279

    2. 유럽인 282

14장 쌍둥이 태몽 284

    1. 한국인 284

    2. 유럽인 287

15장 임신 사실의 전달자 289

    1. 한국인 290

    2. 유럽인 295

16장　숫자로 본 원형상의 유형별 등장 횟수　297

6부 태몽은 임신·성별과 출산 여부도 암시하나요? ──── 299

1장　태몽이 있으면 임신인가요?　301
　　1. 아이들은 모두 자신의 태몽이 있나요?　301
　　2. 태몽은 임신을 100% 보장하나요?　302
　　3. 태몽을 꾸고 얼마나 기다려야 임신이 되나요?　303
2장　태몽은 출산도 보장하나요?　304
　　1. 이하늬 씨, '어머, 이건 한번 해봐야 돼!'　304
　　2. 태몽은 출산을 100% 보장하나요?　305
　　3. 순조롭지 못한 출산을 암시하는 태몽도 있나요?　311
　　4. 태몽에서 드러난 원형상으로 아이의 성별을 알 수 있나요?　316
3장　태몽은 아이의 삶을 어디까지 예지할까요?　324
　　1. 방탄소년단(BTS) 멤버들의 태몽과 출생 이후의 삶　324
　　2. 임신만 예지하는 태몽과 태어난 이후 삶도 예지하는 태몽　328
4장　숫자로 본 출산 혹은 유산　332

7부 장기추적을 위한 면담자들과의 대화 ──── 333

1장　태몽 주인공들의 실제 삶은 어떠한가요?　335
　　1. 용 태몽을 가진 5명의 삶　336
　　2. 구렁이 태몽을 가진 사람의 삶　348
　　3. 뱀 태몽을 가진 사람의 삶　352
　　4. 돼지 세 마리와 큰 박 2개의 태몽을 가진 사람의 삶　355
　　5. 화초닭 태몽을 가진 사람의 삶　358
　　6. 물고기 태몽을 가진 2명의 삶　361

7. 거북이와 자라 태몽을 가진 2명의 삶 368
   8. 가지와 사과 태몽을 가진 사람의 삶 373
   9. 동자 태몽을 가진 사람의 삶 377
2장 장기추적 면담 참여자의 태몽과 달성 여부 평가 382
   1. 장기추적 조사 참여자들의 삶 비교 382
   2. 어떤 기준으로 인생의 성공을 판단해야 할까요? 383
   3. 자기충족적 예언과 태몽 주인공들의 믿음 385
   4. 태몽이 인간의 모든 삶을 예지하는 것은 아닙니다 386

8부 태몽현상을 과학적으로도 입증할 수 있나요? —— 391

1장 두 거인의 만남과 동시성 이론의 발표 393
   1. 예지적인 꿈의 기이한 현상 393
   2. 정신세계와 물질세계를 탐구했던 두 거인의 운명적 만남 395
   3. 태몽현상을 이론적으로 설명할 수 있는 동시성 현상 397
   4. 숫자로 본 태몽의 동시성 현상 398
2장 양자역학, 인류의 삶을 크게 변화시킨 새로운 불 401
   1. 뇌파의 발견, 정신세계와 물질세계를 연결하는 다리 402
   2. 생각만으로 사물을 움직일 수 있어요! 403
   3. 뇌파를 발생시키는 뇌는 어떻게 작동할까요? 404
   4. 양자세계는 얼마나 작을까요? 405
   5. 양자는 파동이면서 입자이기도 합니다 406
   6. 양자얽힘 현상을 입증하여 노벨상을 받은 과학자들 407
   7. 양자중첩 현상이란 무엇인가요? 409
   8. 양자의 양자터널링 현상은 무엇인가요? 411
3장 태몽현상의 입증을 위한 사고실험을 제안합니다 413
   1. 태몽현상은 양자역학적으로 입증 가능할까요? 413

2. 임산부는 발신자, 꿈꾼 이는 수신자가 될 수 있나요? 415
3. 사고실험을 제안합니다 417

맺음말 420

주 422

찾아보기 440

1부 태몽이란 무엇인가요?

태아는 사람 속에 핀 우주의 꽃이며
우주로부터 비롯된 열매이기 때문에,
태아를 모심은 태아를 '가두어 둠'이 아니라 '키움'이다.

― 19세기 동학사상

1장
용의 태몽을 가진 한 여인

태몽 1 갑자기 달려든 용

송비연 씨의 태몽입니다.

"어머니가 저를 임신하셨을 때 아버지가 꾼 꿈입니다. 저수지 같은 연못에서 이무기가 용으로 변해 하늘로 올라가다가 갑자기 아빠에게 달려들어 품에 안겼습니다. 아버지는 너무 놀라서 용을 쳤는데, 꿈에서 깨어나 보니 자신이 주먹에 피가 날 정도로 방 벽을 세게 치고 계셨다 합니다."

민속적 관점에서 이 꿈을 통해 태어날 아이의 삶에 대해 해석하면 다음과 같습니다.

첫째, 용의 상징적인 의미입니다. 옛사람들은 용이 하늘을 자유자재로 날고, 구름을 모아 인간의 생존에 꼭 필요한 비를 내려 준다고 믿었습니다. 이러한 믿음으로 인하여 용은 최고 통치자, 권세가, 대학자 혹은 유명인을 상징하거나 일 또는 사업적으로는 명예, 권력, 위대한 연구, 업적 등을 암시합니다. 둘째, 전설에 의하면 이무기는 천 년이 지나야 용이 됩니다. 이는 태아가 자신이 처한 환경을 극복하고 성장한다는 암시입니다. 셋째, 용이 아버지의 품에 안김니다. 즉, 태아가 가족의 구성원이 된다는 의미입니다.

요약하면 이 태몽은 태아가 성장하여 유명인이 되거나 일, 연구, 업적, 작품 또는 사업 등에서 이에 상응하는 큰 성과를 거둘 것임을 암시합니다.

이러한 민속적인 해석이 40대 중반에 들어선 그녀의 실제 삶과 얼마나 일치할까요? 2023년 1월, 그녀가 살아온 이야기를 듣고자 태몽의 주인공을 만났습니다. 그녀의 인생 여정은 7부 '장기추적을 위한 면담자들과의 대화' 첫 부분에 자세히 기록해 놓았습니다.

2장
신사임당의 태몽

신사임당(1504~1551)은 조선 중종(1488~1544) 시대의 위인으로 율곡 이이(1536~1584)를 낳기 전에 2개의 태몽을 꿉니다.

1536년 12월, 출산이 임박한 신사임당은 친정인 강릉 오죽헌으로 장소를 옮깁니다. 당시 그녀의 나이는 32세였습니다. 출산을 앞둔 어느 날, 꿈을 꿉니다.

용을 맞이하는 신사임당

태몽 2 침실로 날아든 용

"동해 바다에서 검은 용이 날아와 침실로 들어왔다."[1]

지금도 오죽헌에 들르면 오른쪽 끝 방에 용 꿈을 꾼 방이라는 뜻의 '몽룡실(夢龍室)'이라는 글자가 새겨진 현판이 있습니다.

태몽 3 선녀가 건네준 옥동자

이보다 10개월 앞선 1536년 2월, 신사임당이 강원도 봉평에 살고 있을 때, 또 하나의 꿈을 꿉니다. 이효석의 단편 소설 〈메밀꽃 필 무렵〉의 배경으로도 유명한 바로 그 봉평입니다.

"바닷가에 섰는데, 한 선녀가 살결이 백옥같이 흰 옥동자를 안고 와서 건네주어 받아 안았다."[2]

신사임당은 이 꿈을 꾸고 아기를 잉태합니다. 이같이 태몽은 임신 이전에 임신을 예고해 주기도 합니다. 특이하게도 이 꿈에서는 태어날 아이의 성별이 암시되어 있습니다. 옥동자는 사내아이를 뜻하기 때문입니다. 태몽에서 태아의 성별을 직접 암시하는 경우는 매우 드뭅니다.

율곡 이이

이들 꿈에서 태아의 상징은 '용'과 '옥동자'입니다. 분석심리학의 창시자인 칼 융(Carl Jung, 1975~1961)은 이 같은 상징을 '원형상(archetypal images)'이라고 했습니다. 이 원형상은 태아를 상징하는 것으로 태몽에서 중요한 의미를 지닙니다.

3장
태몽은 왜 꾸나요?

　태몽은 왜 꾸는 것일까요? 결론부터 말하면 임산부나 그 가족에게 아이의 탄생은 매우 중요한 사건이기 때문입니다. 예지적인 꿈의 존재를 인정하는 융은 이러한 꿈을 '큰 꿈' 혹은 '의미 있는 꿈'이라고 했습니다. 사람들은 자기 인생의 중요 단계에서 큰 꿈을 꿀 수 있습니다.
　융의 제자인 마리 루이제 폰 프란츠(Marie Louise von Franz, 1915~1998) 박사는 말합니다. 이 같은 "원형적인 꿈의 모티브는 학교의 시작, 사춘기, 결혼, 인생의 위기, 죽음에 대한 준비, 그리고 임신이나 출산 준비와 같은 매우 중요한 과도기적 단계에서 자주 나타난다"고 말입니다.[3]
　한편, 인간사회에는 삶의 중요한 단계마다 거쳐야 하는 의식이나 의례를 치르는 습속이 있습니다. 우리 조상들은 아이가 태어나면 대문 앞에 금줄을 쳤습니다. 금줄이란 태어난 아이를 보호하기 위하여 외부인의 출입을 금지하기 위한 민가의 습속이었습니다. 프랑스 민속학자 아널드 반 겐넵(Arnold Van Gennep, 1873~1957)[4]은 이러한 의례를 '통과의례(rites of passage)'라고 불렀습니다. 통과의례란 사람이 태어나 자신의 삶을 마감하는 과정에서 중요한 단계마다 거쳐야 하는 의식(ceremony)을 말합니다. 프란츠 박사는 임신을 '세상의 완전한 창조' 행위라고 합니다. 이렇게 중요한 임신 혹은 출산은 통과의례 중 과도기(transition period)에 해당하는데, 이 중요한 단계에서 임산부는 정신감응적인 꿈을 꾸는 체험을 할 수 있습니다.[5]

4장
자식을 바라는 소망

1. 임신, 간절한 소망

임신은 김여희 작가에게 간절한 소망이었습니다. 그녀는 769일 동안 난임의 강을 건너 39주 1일 만에 극적으로 쌍둥이를 낳는 데 성공합니다. 그녀는 자신의 저서 《슬기로운 난임생활》에서 난임으로 인해 받았던 고통과 극복 과정을 솔직하게 밝히고 있습니다. [6]

김여희 작가가 자연임신에 대한 희망의 끈을 놓지 않고 산부인과에 갔을 때, 의사에게 시험관 임신을 권유받고 크게 낙담합니다. 그 후 친정어머니가 "삼신할머니의 점지를 기다려 보자"라고 말하자, "대체, 무슨 말도 안 되는 삼신할머니 이야기를 자꾸 해!"라며 화를 냅니다.

그녀는 여동생이 먼저 아이를 가졌다는 사실을 알고 침울해합니다. 그러자 친정어머니가 다시 위로합니다.

"가까운 누군가가 아가를 가지면 삼신할머니가 질투해서 임신이 되기도 한대."

"엄마! 좀! 그거 미신이잖아!!!"

이렇게 쏘아붙이고는 곧바로 후회합니다.

그녀는 지푸라기를 잡는 심정으로 어느 날 무당 할머니를 찾아갑니다.

"내년엔 이식을 성공할 수 있을까요?"

"사주에 아이가 둘 있소. 내년에, 따뜻해질 때쯤 다시 해보시오."

또 한번은 임신에 관한 영험함으로 유명한 전남 보성의 대원사에서 친정어머니와 함께 간절한 기도를 올립니다. 그녀는 기도하는 중에 다음과 같은 미심쩍은 생각도 합니다.

"내 아이를 위한 엄마의 참회가 하늘에 닿아, 한을 풀고 새로운 생명을 허락할지 의문이 든다."

우연의 일치일까요? 대원사에 다녀온 후 6개월이 안 돼서 임신에 성공합니다.

또 다른 여성의 간절한 사연도 읽은 적이 있습니다. 결혼한 지 10년이 지났는데도 아이가 들어서지 않아 고민이 커져 갔습니다. 시험관으로 아이를 낳기로 결정해서 임신은 되었는데, 이제는 제대로 출산할지 불안해졌습니다. 그녀는 "정화수라도 떠 놓고 신들에게 빌고 싶다"라고 자신의 심경을 밝혔습니다.

정화수는 부정을 타지 않은 깨끗한 물로 이 물을 떠 놓고 건강한 자손을 낳게 해달라고 비는 건 우리 민족의 풍습입니다. 자식을 간절히 바라는 이러한 풍습을 '기자습속(祈子習俗)'이라고 합니다. 기자습속도 자손의 임신과 건강한 출산을 바라는 일종의 통과의례입니다. 한국의 기자습속은 민간 신앙으로 내려오는 무속(샤머니즘)으로 관습화되어 전승되어 왔습니다. 아이를 낳아 대를 잇게 하려는 간절한 소망이 이 같은 관습을 만들었다고 봅니다.[7]

2. 임신과 태교

태몽 4 천인이 내려 준 연꽃

890년 통일신라시대에 건립된 원랑선사탑비의 탑비문에는 고승인 원랑선사(816~883)의 일대기와 태몽이 기록되어 있습니다.

"어머니 화씨가 꿈에 긴 팔을 가진 천인(天人)이 연꽃을 내려 주는 것을 보고서 임신했다."[8]

이 꿈에서 태아의 상징인 원형상은 연꽃입니다. 불교에서 연꽃은 진리를 상징하며, 청정하고 깨끗하여 맑은 향기를 전한다고 합니다. 불교의 영향을 받은 고구려 고분벽화 속 천상세계를 그린 그림에도 연꽃이 나옵니다.

3. 《태교신기》, 조선시대 태교에 관한 최고의 책

임신이 되면 태교 단계로 넘어갑니다. 임신 후 출산 때까지 태아는 정서적·심리적·신체적으로 모체의 영향을 크게 받게 됩니다. 따라서 태교란 임신부가 모든 일에 대해서 조심성을 가지고 나쁜 생각이나 거친 행동을 삼가며 편안한 마음으로 지내야 한다는 태중교육(胎中敎育)을 의미합니다.[9]

태교의 습속은 고려시대를 거쳐 조선시대로 전승됩니다. 조선시대 태교에 관한 최고의 책은 《태교신기(胎敎新記)》입니다. '태교신기'는 문자 그대로 '태교에 대한 새로운 인식과 글쓰기'라는 뜻입니다. 이 책은 이사주당(李師朱堂, 1739~1821)이 썼습니다. 그녀는 자신의 책이 옛것을 그대로 가져온 것이 아니라, 옛것을 바탕으로 새로 연구한 결과물이라고 합니다. 1800년, 그녀의 나이 62세에 한자로 이 책을 편찬했으며 1801년에 아들 류희가 어머니의 글에 주석을 달고 한글로 음과 해석을 덧붙였습니다.[10] 한자를 모르는 백성들도 쉽게 이해할 수 있게 한글로 번역한 것이지요.

《태교신기》에는 "어진 스승의 10년 가르침이 어머니의 열 달 가르침만 같지 못하다"[11]는 문구와 함께 다음과 같은 내용이 있습니다. "임신부가 마음의 평정을 잃지 않도록 가족은 늘 분한 일, 흉한 일, 놀랄 만한 일을 임신부에게 알리지 말라. 임신부가 화를 내면 아이의 피가 병들고, 두려워하면 아이의 정신이 병들고, 놀라면 아이에게 나쁜 병이 들기 때문이다. 즉, 주변 사람은 임신부가 지나치게 희로애락을 느껴서 감정의 소용돌이를 겪지 않게 도와야 한다. 임신부의 곁에 늘 선한 사람을 두어 거동을 돕고, 본받아야 하는 말과 일을 끊임없이 들려주어 게으르고 나쁜 마음이 일어나지 않도록 해야 한다."[12]

《조선 엄마의 태교법》을 쓴 정해은 작가는 "태교는 우리 사회가 한 생명에게 보여 주는 고귀한 태도이자 배려라고 할 수 있다. 잘난 아이를 낳기 위한 헛된 노력이 아니라, 유구한 삶의 역사적 결정체이자 지혜. 생명의 고귀함을 인정하면서 그 생명이 안전하게 세상에 나올 수 있도록 사회 구성원 모두가 노력하는 것이 태교여야 한다"[13]라고 했습니다.

이처럼 태교는 임산부뿐만 아니라 그녀 주위의 사람들이 합심해야 하는 공동체의 양육의식을 기반으로 하고 있습니다. 임신과 태교의 공동체적 특성 때문에 임산부만이 태몽을 꾸지 않고 아이 아빠, 친부모와 시부모, 친척과 심지어 지인까지도 꾸는 것인지도 모릅니다.

5장
태몽의 상징과 신화와의 관련성

1. 햇빛 태몽과 신화

어째서 현대인의 태몽에도 신화, 설화나 전설 등의 내용이 등장하는 것일까요? 《삼국유사》는 우리 민족 신화의 보고입니다. 회화로는 고구려(BC37~AD668) 고분벽화에 천상과 사후세계에 대한 신화적 내용이 풍부하게 그려져 있습니다. 현대인들의 태몽에도 '태양'이나 '햇빛'의 신화적 내용이 어떻게 반영되는지를 살펴보고자 합니다.

태몽 5 얼굴을 비춘 햇빛

최진영 씨가 임신 전에 꾼 꿈입니다.

"그 당시 살고 있는 집 거실에 혼자 있었는데, 창을 통해 햇빛이 너무 강하게 내 얼굴을 비춰서 자리를 옮겨야 했습니다. 그런데 마치 박혁거세 신화 이야기처럼 내가 옮기는 곳마다 햇빛이 따라다니며 얼굴을 눈이 부시게 비추는 바람에 잠에서 깼어요.

첫아이 때처럼 (꿈이) 선명해서 태몽이라 생각했습니다. 출생한 아이는 딸입니다. 총명하고 오감이 예민하게 세상을 향해 열려 있는 아이입니다. 사람의 감정을 읽고 공감하는 능력이 뛰어나며 창의적이고 따뜻한 성격이랍니다."

태몽 6 황금벌판을 비춘 찬란한 빛

진금희 씨가 임신 중에 꾼 꿈입니다.

"논밭 옆을 거니는데 논밭은 황폐해서 아무것도 없었습니다. 다시 길을 가는데 돌담길이 이어져 있고 중간쯤 가다 보니 큰 나무 대문이 있었어요. 문을 열어 보니 황금색 벌판이 끝도 없이 펼쳐져 있어서 황홀하게 바라보았습니다. 하늘에서 찬란한 빛이 황금벌판을 비추고 있었습니다.

너무도 큰 행복감과 충만감을 느끼면서 깨어났습니다. 지금도 그 느낌이 생생하게 기억납니다. 태어난 아이는 딸입니다."

태양과 햇빛은 세상 모든 동물과 식물의 생육과 성장에 꼭 필요한 요소 중 하나입니다. 우리 민족에게는 해를 숭배하는 해신 사상과 해에서 나오는 햇빛을 신성시하는 신화가 있습니다. 우리 민족에게 햇빛은 태양신이 지상으로 보낸 신성한 것입니다. 이 같은 믿음으로 인하여 햇빛은 새로운 생명의 탄생을 상징하기에도 충분하다고 봅니다.

고구려를 건국한 주몽(BC58~BC19)의 탄생 신화에도 햇빛이 등장합니다. 천제의 아들 해모수는 하백(河伯, 물의 신)의 딸 유화(柳花)와 인연을 맺습니다. 유화는 품에 햇빛을 받아 임신합니다. 이윽고 그녀는 알을 낳았는데, 알 위에는 늘 햇빛이 있었습니다. 유화는 몸을 비춘 하늘의 빛, 해신이 땅으로 드리운 손길로 말미암아 주몽을

가집니다.¹⁴

통일신라시대 고승인 보조선사(804~880)의 어머니는 하늘에 떠 있는 둥근 해의 빛이 내려와 배를 꿰뚫는 태몽을 꾼 뒤 그를 임신합니다.¹⁵ 이는 884년에 건립된 보조선사의 탑비에 기록되어 있는 내용으로, 전라도 장흥 보림사에 있는 이 탑비는 지금까지 발견된 것 중 가장 오래되었다고 합니다.

햇빛이 생명의 탄생과 연결된 서사구조가 우리 민족에게만 있는 것은 아닙니다. 그리스와 원나라 신화에서도 찾아볼 수 있습니다. 페르세우스(제우스 신과 다나에의 아들)의 어머니 다나에(Danae)는 방 안에서 햇빛('황금비'라는 표현도 존재)을 받고 그를 잉태했다고 하는데, 이는 주몽 신화와 아주 비슷합니다. 또 원나라의 역사를 기록한 《원조비사》에 의하면, 도븐 메르겐의 미망인인 아란 공주는 침실의 창으로 들어온 황색 빛으로 인해 임신하여 세 아이를 낳았는데 그 막내인 모돈 챨의 12세 자손이 칭기즈칸입니다.¹⁶

태양이나 햇빛은 현대 유럽인의 태몽에도 나타납니다.

태몽 7 꿈에서 목격한 별들과 이집트 태양신

29세 베아트리스(Beatrice)는 첫아이의 임신을 앞두고 꿈을 꿉니다.

"나는 남편과 함께 시골에 있습니다. 밤이 되어 밤하늘을 주의 깊게 관찰하는데, 은하수를 이루는 수많은 별이 황도대(zodiacal) 별자리를 만들어 냅니다. 나는 남편에게 이 특별한 광경을 와서 보라고 재촉합니다. 먼저 전갈자리의 모습이 나타나더니 그다음에는 호루스(Horus) 신의 상(image)이 나타납니다."¹⁷

고대 이집트의 호루스 신은 머리가 매의 모습인 이집트의 하늘신이자 태양신입니다. 고대 그리스·로마인들은 여러 신을 숭배하는 전통이 있었는데, 더 오래된 이집트 신화의 영향을 받은 것입니다. 따라서 서양인의 꿈에 이집트의 호루스 신이 태아의 상징으로 등장하는 것은 크게 놀랄 일은 아닙니다.

서양 역사의 아버지로 불리는 헤로도토스(Herodotus, BC484?~BC425?)는 "그리스 신은 이집트 신에서 배웠다"라며 다음과 같이 말했습니다. "열두 신의 호칭을 정한 것도 이집트인이 처음이고 그리스인은 이집트인으로부터 그것을 배웠다고 한다. 또 신들의 제단이나 신전을 세우는 것도, 돌에 모양을 조각하는 것도 이집트인이 창시한 것이라고 한다."[18]

기독교의 성서에도 빛은 신성한 것으로 나옵니다. 요한복음 첫 장에서 '빛'이라는 단어는 하느님의 진리에 대한 지식으로 비유됩니다. "그 진정한 빛이 이 세상에 와서 모든 사람을 비추었다(요한 1:9)." 예수는 사역 활동 내내 진리의 진정한 빛과 무지, 사탄, 죄악이라는 어둠과의 대조를 강조했습니다.[19]

2. 현대인의 삶에서도 생명력을 가지는 신화

신화적 요소가 현대 한국인이나 유럽인의 태몽에서 다시 재현되는 이유는 무엇일까요? 신화가 인간사회에 미치는 영향에 대한 해답을 찾기 위해 나선 사람이 있었습니다. 그는 헝가리 출신의 문화인류학자인 브로니슬로 말리노프스키(Bronislaw Malinowski, 1884~1942)입니다.

말리노프스키는 영국 런던 LSE 대학에서 인류학을 공부했습니다. 1914년에 그는 오스트레일리아에서 멀리 떨어진 트로브리안드 군도(Trobriand Islands)로 갑니다. 트로브리안드 군도는 호주의 위쪽, 파푸아뉴기니 동쪽에 위치한 작은 산호섬들입니다. 호주 동부에 있는 브리즈번(Brisbane)에서 이들 섬까지는 2,000킬로미터 정도 멀리 떨어져 있습니다. 당시에 이 섬들에는 현대문명과 단절된 원시적인 생활을 하는 원주민들이 살고 있었습니다.

사실 말리노프스키가 이 섬에 간 것은 그가 의도한 바가 아니었습니다. 그는 1차 세계대전이 끝난 뒤 호주를 방문합니다. 당시 독일과 폴란드의 관계 때문에 그는 영연방의 적국에서 온 요주의 인물로 낙인찍혀 호주에서 추방될 위기에 놓입니다. 하지만 동료 학자들과 관리들의 노력으로 호주 내 구금이나 트로브리안드에서의 유배 중 한쪽의 선택을 강요받습니다. 말리노프스키는 유배를 선택했습니다.[20] 그는 자신에게 닥친 불행에 좌절하지 않고 이를 원주민에 대한 신화 연구의 기회로 삼았습니다.

말리노프스키는 원주민들과 약 8년을 함께 살면서 얻은 내용을 바탕으로 《원시 신화론》을 저술합니다. 그는 말합니다. "신화는 사실상 한가한 서사시도 아니며 목적 없이 공허한 상상으로부터 분출되어 나오는 것도 아니다. 오히려 신화는 착실한, 매우 중요한 문화적인 힘(cultural force)을 가지고 있다." 그는 신화의 전승이 원주민들의 일상생활에 밀접하게 연관되어 이들의 도덕적·사회적 생각과 행동을 강하게 구속한다는 사실을 확인합니다.[21]

현대인에게도 신화가 중요한 이유는 신화는 단순히 과거의 이야기가 아니라 현대인의 삶에 지속적으로 영향을 미치는 것이기 때문입니다. 즉, 신화는 문화적으로 전승되면서 그 생명력을 계속 유지합니다. 예를 들면 현대 한국인의 태몽에 가끔 등장하는 용(dragon)도 신화적인 동물입니다. 종종 신화적 요소가 태몽으로 드러나는 이유가 여기에 있습니다.

  그렇다면 신화는 어디서 나온 것일까요? 심리학적 견해로 보면 신화는 집단무의식에서 점진적으로 조금씩 출현하여 그것이 속한 종족의 집단적인 노력에 의해 반복적으로 작업이 진행되다가 변치 않는 형태로 구체화된 것이라고 합니다.[22]

6장
집단무의식에서 나오는 태몽의 상징들

태몽에 등장하는 상징들은 어디에서 나오는 것일까요? 결론부터 말하면 이들 상징은 인간의 뇌에 저장된 '집단무의식'의 산출물이라 할 수 있습니다.

1. 집단무의식에서 드러난 선녀

태몽 8 깜짝 등장한 예쁜 선녀

신선희 씨가 임신 중에 꾼 꿈입니다.

"신랑이랑 제가 피곤해서 쉬려고 집 안방에 들어와 누워 있었어요. 그런데 방 안 옷장에서 갑자기 예쁜 선녀가 나오더니 '뭐 하려고 들어왔어?'라고 저에게 물어봤어요.

그 순간 저는 너무 놀라서 깨어났어요. 이 꿈을 꾸고 나서 주위 사람들에게 물으니, 집에서 선녀가 나온 걸로 보아 여자아이 태몽 같다고 말해 주었어요. 태어난 아이는 아들입니다."

선녀(仙女)는 깊은 산속에 사는 여자 신선으로 우리 민족의 무속

신앙(샤머니즘)에 그 뿌리를 두고 전승되어 왔습니다. 여기에 고구려 시대에 도교가 들어오면서 도교의 신선사상에도 영향을 받습니다. 신사임당의 태몽에서도 옥동자를 건네준 전달자는 선녀입니다.

선녀는 칼 융이 말하는 한 민족이나 공동체가 공통으로 보유하고 있는 집단무의식 안에 있습니다. 융에 의하면 집단무의식 안에는 원형(archetype)이 있는데, 이 원형이 모습(image)으로 나타난 것입니다. 이를 '원형상'이라 한다고 앞서 설명했는데 태몽에서 태아의 상징도 일종의 원형상입니다. 융은 이 원형을 생물학적 DNA와 대비하여 심리적 DNA라고 합니다. 모든 사람은 태어날 때부터 이 원형을 보유한다는 것이지요. [23]

2. 프로이트, 의식은 기수요 무의식은 말이다

정신분석학의 창시자인 지그문트 프로이트(Sigmund Freud, 1856~1939)는 인간 마음이 의식, 전의식과 무의식으로 구성되어 있다고 보았습니다. 우리는 의식이 있으므로 운전을 할 수 있고, 맛있는 요리도 주문할 수 있으며, 미래에 대한 계획도 세울 수 있습니다. 의식(conscious)은 인간이 깨어 있는 동안에 스스로 지각하고 생각하며 정서적인 경험을 자각하는 것 등을 말합니다.

반면에 무의식(unconscious)은 우리가 자각하려고 노력해도 쉽게 의식되지 않는 심리적 경험을 포함합니다. 프로이트에 의하면 무의식에는 성적 욕구, 폭력적 동기, 부도덕한 충동, 비합리적 소망, 수치스러운 경험 등이 있습니다. 이들 무의식이 의식으로 떠오르면 위협적인 것으로 느껴집니다. 따라서 무의식은 이러한 욕구, 감정,

지그문트 프로이트

기억 등을 억압하여 보관합니다.

프로이트는 꿈을 통하여 인간의 무의식적 욕구가 드러난다고 보았습니다. 그래서 프로이트는 꿈이 무의식에 이르는 왕도(royal road)라고 합니다. 24 꿈을 제대로 해석할 수 있다면 인간의 무의식적 욕망이나 감정 등을 알 수 있게 됩니다.

그런데 인간의 의식과 무의식 중 어느 것이 더 강할까요? 프로이트는 진정한 힘은 무의식이 가지고 있다고 봅니다. 그는 의식과 무의식의 관계를 '기수'와 '말'에 비유합니다. 말 위에 올라탄 기수는 의식이고, 말은 기수를 태우고 있는 무의식입니다. 언뜻 보면 기수가 모든 것을 담당한다고 생각할 수도 있겠지만, 사실 진정한 힘의 주인공은 말입니다. 말은 자신이 원하기만 한다면 멈추거나 기수를 떨어뜨리거나 혹은 도망갈 수도 있습니다. 25

융의 견해도 비슷합니다. 융은 무의식이 의식을 낳는 모체이자 기본 토대라고 봅니다. 그런데 융은 무의식을 다시 개인무의식(personal unconscious)과 집단무의식(collective unconscious)으로 구분합니다. 26 여기서 개인무의식은 프로이트가 말한 바로 그 무의식입니다.

3. 의식·개인무의식·집단무의식과 빙산의 비유

'빙산의 일각'이라는 말이 있습니다. 겉으로 드러난 부분은 전체에서 극히 작은 요소에 불과하다는 뜻입니다. 독일의 실험심리학자인 페히너(Fechner)는 의식과 무의식의 관계를 바다에 떠 있는 빙산에 비유합니다. "빙산의 90%는 물 밑에 있다. 그래서 빙산이 움직이는 경로는 표면에 작용하는 바람만이 아니라 깊은 해류에 의해 결정된다."[27]

페히너가 비유한 빙산은 인간의 정신세계 전체입니다. 그에 의하면 의식은 인간의 정신 중 일부분에 불과하며, 무의식을 움직이는 힘이 빙산의 움직임에 크게 영향을 미친다고 합니다.

다음 그림은 융이 말한 의식, 개인무의식, 집단무의식을 바다에 떠 있는 빙산으로 표현한 것입니다. 즉, 겉으로 드러난 부분인 빙산의 윗부분에는 의식, 바다의 수면 아래에는 개인무의식 그리고 그 아래 더 깊은 곳에는 집단무의식이 자리 잡고 있습니다.

의식, 무의식, 집단무의식

4. 집단무의식, 의미 있는 꿈을 낳는 토양

융은 이른바 '큰 꿈' 혹은 '의미 있는 꿈'은 집단무의식에서 비롯된다고 합니다. 또한 이러한 꿈들은 대부분 인생의 중요한 국면(유년, 사춘기, 중년 초기, 죽음 직전 등)에서 꾸게 된다고 합니다.[28]

태몽도 융이 말하는 '큰 꿈' 또는 '의미 있는 꿈'에 속합니다. 따라서 거의 대부분의 태몽은 집단무의식의 산물입니다. 앞에서 예시로 들었던 신사임당과 신선희 씨의 태몽에 등장하는 선녀도 우리 민족의 집단무의식에서 비롯된 것입니다. 융이 말한 집단무의식의 의미를 쉽게 이해하기 위해서 다음 꿈을 살펴보겠습니다.

꿈 황금 그릇을 지키는 커다란 뱀

"한 청년이 지하 금고에 있는 황금 그릇을 지키는 커다란 뱀에 대한 꿈을 꾸었습니다."

청년은 동물원에서 거대한 뱀을 본 적이 있지만, 동화를 연상시키는 것 외에는 그러한 꿈을 불러일으킬 수 있는 어떤 것도 추측할 수 없었습니다. 융은 이러한 경우에 뱀이나 용과 보물 및 동굴의 조합이 영웅의 삶에서 시련을 나타내는 신화로 돌아가야 한다고 말합니다. 그러면 이러한 꿈은 주로 개인적인 경험이 아니라 보편적·집단적 감정에서 비롯된 것임이 분명해진다고 합니다.[29]

융은 집단적 감정이나 집단무의식의 층을 개인적인 경험으로부터 나온 것이 아니고 개인적으로 획득되는 것도 아닌, 태어날 때부터 보유하는 것으로 봅니다. 집단무의식은 개인무의식보다 더 깊은 무의식 층에 자리하고 있습니다. 개인적인 무의식과 대비해서 집단무의식은 대체로 어떤 지역에서나 모든 개인에게 동일하게 보편적으로 존재하는 내용을 가지며 공동의 정신 층을 구성합니다.[30] 융은 황금 그릇을 지키는 뱀을 서양인들이 집단무의식에 보관하고 있는 신화에서 찾고 있습니다.

5. 비너스 태몽과 집단무의식

다음은 집단무의식 안에서 발현되는 원형상이 나오는 한 서양인 임산부의 태몽입니다.

태몽 9 비너스가 태어난 물과 바위

31세의 엠마(Emma)는 둘째 아이를 가진 지 2개월이 지난 후에 꿈을 꾸었습니다.

"나는 나무와 꽃이 있는 해변을 바라봅니다. 이곳이 생명이나 모든 생명체 또는 아이들이 태어나는 원시상태의 해변이라는 설명을 듣습니다. 나는 여행하면서 누군가가 물에서 태어난 장소를 찾고 있습니다. 나만이 비너스(Venus)가 태어난 장소인 물에서 솟아난 바위를 알고 있습니다. 나는 그 바위를 찾은 후 사람들에게 그것이 키프로스(Cyprus, 지중해 동쪽에 있는 섬)에 있다고 말합니다."[31]

비너스는 로마 신화 속 사랑의 여신으로 그리스에서는 아프로디테로 불렸습니다. 자신의 희생자들에게 화살을 쏘아 열정을 불러일으키는 에로스(큐피드)가 그녀의 아들입니다.[32] 아프로디테는 우주의 근본 원리, 즉 생명력의 근원으로 간주되기도 합니다. 로마의 시인 루크레티우스(Lucretius, BC99~BC55)는 한 편의 시를 만들어 비너스 여신에게 헌정합니다.[33]

비너스 여신상

신들과 인간들의 기쁨, 로마의 어머니시여,
활주하는 별빛 아래 사랑스러운 비너스는
많은 항해 길을 충만케 하시고,
대지를 비옥하게 하시네.
살아 있는 모든 것들은 당신을 통해 잉태되나니….

아이의 잉태를 담당하는 비너스와 모든 생명의 근원인 신화적 요소가 임산부인 엠마의 태몽에서 태아의 상징인 원형상으로 등장한 것입니다.

7장
태몽이란 무엇인가요?

1. 꿈과 태몽을 구분하기

다음 3개의 돼지꿈 중에 어떤 꿈이 태몽일까요?

꿈 1 김서현 씨의 꿈
"집에 마당이 있고 나는 그 집 방문 앞 툇마루에 있었는데, 갑자기 대문으로 큰 돼지와 새끼 돼지 일고여덟 마리가 들어오는 모습을 봤습니다."

꿈 2 이찬진 씨의 꿈
"어느 낯선 곳을 가는데 돼지우리에 있던 크고 작은 돼지 여러 마리와 새끼 돼지까지 몽땅 울 밖으로 나와서 나의 길을 막았습니다. 이 돼지들을 비키지 못하고 잠에서 깼어요."[34]

꿈 3 임선희 씨의 꿈
"어떤 시골 가정집이었어요. 방 안 아랫목에 꼬물꼬물 갓 태어난 것 같은 새끼 돼지들이 여러 마리 있었어요. 그 모습을 보고 있다가 귀여워서 그중 한 마리를 가슴에 안았는데, 갑자기 돼지가 품에 안을 수 없을 만큼 커졌어요. 살결이 희고 분홍빛인데 무척 깨끗하고 귀해 보였고 털에서 빛이 났어요. 털에는 힘이 있어서 꺼칠꺼칠했고 눈은 매우 까맣고 예뻤어요. 까만 속눈썹이 길어서 참 고급스럽고 예쁘게 생긴 돼지라고 생각했지요. 그런데 힘이 너무 좋아서 잡고 있기가 버겁다고 느꼈습니다."

결론부터 말하자면 꿈 3이 태몽입니다. 이 꿈을 꿀 당시에 임선희 씨는 자신의 임신 사실을 모르고 있다가 나중에야 알게 되었다고 합니다.

"처음에는 복권 당첨 꿈이라고 보았어요. 나중에 임신 사실을 알고 '복 있는 아이가 태어날 것인가'라고 생각했습니다."

임선희 씨와 마찬가지로 나머지 둘도 돼지꿈을 복권 당첨 꿈으로 생각했습니다. 왜 그랬을까요? 현실에서 돼지는 번식력이 높고 인간에게 수익을 가져다줍니다. 즉, 돼지가 인간에게 유익한 동물이라는 사고가 우리 민족의 집단무의식으로 자리를 잡았기 때문입니다. 따라서 예지적인 꿈에 등장한 돼지가 사물을 뜻하는 경우에는 재물, 작품, 돈, 사업체, 복된 일거리를 암시하며 사람을 의미하는 경우에는 좋은 신분, 지위 등을 암시합니다. [35]

꿈 2를 꾼 이찬진 씨는 복권에 당첨되었습니다. 그는 운전기사였는데 습관적으로 5~6매의 복권을 사 왔습니다. 복권을 사다 놓은 날 밤에 이 꿈을 꾸었습니다.

꿈 1을 꾼 김서현 씨도 돼지꿈을 꾸었으니 당첨될 것으로 믿고 복권을 샀습니다. 그의 표현에 의하면 결과는 '꽝'이었답니다.

"당시 무슨 일이 있었나요?"

필자가 그에게 물었습니다.

"사법시험을 준비하고 있었어요. 이 꿈을 꾼 지 수개월 후 고시에 합격했습니다."

그의 대답에 되물었습니다.

"사법시험에 합격하여 판사가 된 것과 복권 당첨 중 어느 것이 더 좋습니까?"

"당연히 사법시험 합격이죠!"

이 꿈들은 현실에서 모두 크게 기뻐할 일을 예지해 준다는 공통점이 있습니다. 하지만 돼지가 상징하는 의미는 조금씩 다릅니다. 꿈 1의 돼지는 복된 사회적 신분을, 꿈 2의 돼지는 복권 당첨이라는 재물을, 꿈 3의 돼지는 귀엽고 소중한 태아의 임신을 암시합니다.[36]

따라서 꿈을 정확히 해석하기 위해서는 먼저 꿈을 꾼 사람이 처한 객관적이고 주관적인 상황에 대한 이해가 있어야 합니다. 융도 "개인의 상황을 모른 채 꿈을 정확하게 해석하는 것은 운을 기대한다면 모르지만 불가능한 일이다"라고 말했습니다.

꿈을 꾼 당사자들이 처했던 개인적인 상황은 다음과 같습니다. 꿈 1의 당사자는 사법고시 공부를 하는 학생 신분이었고 미혼이었습니다. 꿈 2의 당사자는 남성 운전기사였습니다. 꿈 3의 당사자는 임신 가능성이 있는 여성이었습니다. 이같이 유사한 돼지꿈이라 해도 꿈을 꾼 사람이 처한 상황을 알고 있어야만 정확한 해석과 예측이 가능합니다.

2. 태몽은 어떤 특징이 있나요?

1) 태몽은 임산부만 꾸나요?

많은 경우에 임산부가 직접 꿈을 꿉니다. 하지만 임산부의 주위 사람들도 태몽을 꾼답니다. 임산부의 친정 부모, 남편, 시부모, 언니, 동생 등 가족이나 친척, 심지어 가까운 지인들도 태몽을 꾸는 사례가 있습니다. 다음은 임산부의 남편이 꾼 태몽입니다.

태몽 10 아빠 품으로 뛰어든 호랑이
임산부는 당시 병원에서 진통 중이었습니다. 남편인 범중현 씨는 병원 대기실에서 기다리다가 잠시 졸았다고 합니다.
"꿈에 커다란 호랑이가 나의 품으로 뛰어들어 깜짝 놀라서 깼습니다. 그때, 아기가 '응애~' 하고 태어났어요. 태어난 아기를 보고 너무도 기뻤습니다. 태어난 아이는 딸입니다."
태몽의 이러한 특성은 한 아이의 탄생이 임산부에게만 국한되지 않으며, 그녀가 속한 가족과 사회공동체의 공동과업임을 암시합니다. 임산부와 그녀의 친인척들이 꾸는 태몽은 뒤에서 더 자세히 다루겠습니다.

2) 태몽은 언제 꾸나요?

대부분은 임신 중에 태몽을 꾸지만 임신 이전에도 꿀 수 있습니다. 성다경 씨는 한 태아에 대한 태몽을 여러 번 꿨는데, 다음 꿈은 임신 이전에 꾼 것입니다.

태몽 11 임산부를 덥석 안은 물고기

"2019년 10월에 꾼 꿈이에요. 그때 저희는 아기 계획이 없었습니다. 비 오는 바닷가를 걷고 있었어요. 그러다가 제가 넘어졌는데 뭔가가 물컹해서 깜짝 놀라 일어났지요. 내 키만 한 어마어마하게 큰 물고기가 바로 밑에 있었습니다. 펄떡펄떡 잘 살아 있는 그 물고기가 저를 덥석 안는 바람에 깜짝 놀라 잠에서 깼어요. 태어난 아이는 딸입니다."

필자의 조사에 의하면 태몽을 꾸는 비율은 '임신 전'과 '임신 중'이 각각 26 대 74 정도로, '임신 중'에 꾸는 태몽의 비율이 훨씬 높았습니다.

3) 태몽에는 태아의 상징인 원형상이 반드시 드러나나요?

거의 모든 태몽에는 태아의 상징인 원형상이 드러납니다. 원형상은 천체·자연, 동물, 식물, 인간, 보석이나 사물 등의 형태로 등장합니다. 반면, 손건희 씨가 꾼 다음 꿈에는 태아의 상징인 원형상이 직접 드러나지는 않았습니다. 그런데도 그녀는 임신에 성공합니다.

태몽 12 누군가를 간절히 응원하는 꿈

"어느 날 오후에 꾼 꿈이에요. 제가 경마장 같은 원형경기장 관중석에서 누군가를 간절히 응원하고 있었습니다. 그러다 경기가 끝났는데 제가 이겼다며 두 손을 번쩍 들고는 환호성을 지르면서 옆 사람들과 방방 뛰며 기뻐했어요. 그때 숫자 몇 개가 꿈에 나왔고, 잠에서 깼어요. 복권에 당첨될 숫자인 줄 알고 복권을 샀지만 그건 꽝이었습니다.

며칠 후 임신 사실을 알게 되어 병원에 갔는데, 며칠 차이가 있었지만 꿈에서 봤던 숫자가 아이의 출산 예정일이었어요. 주위에서는 다들 복권 당첨처럼 큰 행운을 줄 아이라고 말했어요. 당시 저는 난소낭종을 제거한 지 얼마 안 된 때여서 임신 가능성이 낮기도 했고, 사회로 진출하기 직전이라 임신 생각이 전혀 없던 때였어요. 태어난 아이는 아들입니다. 15년 전에 꾼 꿈인데, 지금도 기억이 생생하네요."

이 꿈에는 태아의 상징인 원형상이 직접 드러나지 않았습니다. 필자의 연구에 의하면 태아의 상징이 직접 드러나지 않는 경우는 전체 태몽의 1~2% 정도로 아주 낮습니다.

4) 원형상이 드러난 꿈들은 모두 태몽인가요?

앞서 소개한 복권 당첨 꿈이나 사법시험 합격 꿈 사례에서 볼 수 있듯이 원형상이 드러난 꿈들이 반드시 모두 태몽인 건 아닙니다. 당연한 말이지만 태몽이 되려면 임산부나 임신 가능성이 있는 사람이 주위에 있어야 합니다.

5) 임산부가 꾸는 꿈은 모두 태몽인가요?

가임기 여성이 꾸는 꿈들이 모두 태몽인 건 아닙니다. 태몽 여부를 판단하려면 임산부가 처해 있는 객관적이고 주관적인 상황을 알거나 이해하고 있어야 합니다.

다음은 임산부가 꾼 꿈이지만 아이 출산에 대한 불안한 감정이 만들어 낸 심리몽의 사례입니다. 유럽인 어맨다(Amanda)는 임신 중에 어떤 꿈을 꿉니다.

꿈 아이의 기형 출산을 걱정하는 임산부

"꿈에서 남동생은 제 약혼자였고 저는 지금과 같이 아기를 가질 예정이었습니다. 우리는 어린 시절의 모습을 영화로 보고 있었어요. 영화 속 장면은 고향의 경기장이었는데 남동생은 아주 어린 모습으로 퍼레이드 맨 앞에서 행진하고 있고, 저는 그 퍼레이드 제일 끝에서 행진하고 있었어요. 그때 우리가 남매라는 사실을 깨닫고 어떻게 하면 법적으로 결혼할 수 있을지를 고민했어요. 그리고 유전적으로 너무 밀접하게 연결되어 있으므로 아기가 기형으로 태어날까 봐 걱정되기 시작했어요."[37]

기형아 출생에 대한 임산부의 걱정이나 불안한 감정이 이 꿈을 꾸게 한 주요한 원인이 되었습니다.

6) 태몽은 예지몽의 한 종류

인간이 하루에 평균 8시간을 잔다고 하면, 이 중 대략 25%인 120분 동안 꿈을 꿉니다.[38] 별다른 의미 없이 뇌의 자발적 활성화에 의하여 꾸는 꿈, 낮에 겪은 일을 수면 중에 잔상으로 되풀이하는 꿈처럼 중요하지 않은 꿈들은 대부분 깨어나자마자 잊힙니다. 현실에서 받은 강렬한 경험이나 감정이 꿈으로 만들어지는 심리몽도 있습니다. 사람에 따라 차이는 있지만 미래를 예지하는 꿈은 흔치 않습니다. 태몽이 대표적인 예입니다.

꿈의 다양한 종류에 대해서는 〈표 1〉에 정리되어 있습니다.

<표 1> 자극원에 따른 꿈의 유형 분류

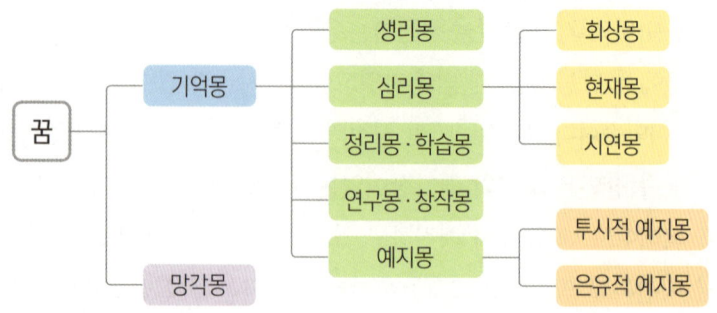

자료: 국경복, 《꿈 심리의 비밀》, 나남, 2019, p.194.

융은 예지적인 꿈에 대해서 이렇게 말합니다.

"언급해야 할 꿈의 또 다른 구성요소는 예지력(telepathy)이다. 이 현상에 대한 신빙성은 오늘날 더 이상 논쟁의 대상이 될 수 없다. 그 증거를 검증조차 하지 않고 부인하는 일은 아주 간단하다. 하지만 그것은 언급할 만한 가치도 없는 비과학적인 과정이다. 나는 경험을 통하여 예지력이 실제로 꿈에 영향을 미친다는 사실을 알게 되었다. 그리고 이 현상은 아주 오래전부터 확인되어 왔다. 어떤 사람들은 특히 이러한 면에 민감해서 때로는 예지적으로 영향을 받는 꿈을 꾼다. (중략) 이러한 현상은 분명히 존재한다."[39]

7) 태몽에는 네 가지 특징이 있습니다

첫째, 태몽은 임산부뿐만 아니라 주위 친인척도 꿀 수 있습니다. 필자가 조사한 305건의 사례 중 임산부가 직접 꾼 꿈은 190건으로 62%였고 친부모, 남편, 시부모 혹은 지인 등 다른 사람이 꾼 꿈은

115건으로 38%를 차지했습니다.

둘째, 임산부는 임신 이전에도 태몽을 꿉니다. 조사대상 305건 중 임산부가 임신 중에 꾼 꿈은 229건으로 74%, 임신 전에 꾼 꿈은 76건으로 26%를 차지했습니다.

셋째, 대부분의 경우 태몽에는 태아의 상징인 원형상이 드러납니다. 원형상의 종류로는 천체·자연, 동물, 과일을 포함하여 식물, 귀금속과 광물 등 사물이 대부분입니다. 어린아이와 같이 사람이 직접 등장하는 태몽도 있지만 그 비중은 그다지 높지 않습니다.

넷째, 태몽은 다른 예지몽과 마찬가지로 꿈이라는 정신현상과 임신 혹은 출산이라는 신체적·물리적 현상이 시간과 공간을 초월하여 의미상 일치현상(meaningful coincidence)이 발생합니다.

태몽 10의 범중현 씨는 부인이 출산을 진행하는 중에 꿈을 꾸었습니다. 시간상으로는 동시에 발생하지만 꿈은 남편이 꾸고 출산은 임산부가 하여 공간적으로는 다릅니다. 또한 태몽 11의 성다경 씨는 임신 전에 장차 아이를 가질 것을 예고하는 꿈을 꾸었습니다. 이 경우에는 정신현상인 꿈과 신체현상인 임신 사이에 시간적인 간격이 있습니다. 이와 같이 태몽에서는 정신현상인 '꿈'과 물리적 현상인 '임신'이 시간과 공간을 초월하여 의미상 일치하는 현상이 발생하기도 합니다. 융은 이를 '동시성 현상(Synchronicity phenomena)'이라고 합니다.

정리하면 태몽이란 임산부나 임산부의 친인척 등이 임산부의 임신 이전이나 임신 중에 꾸는 꿈으로 임신 또는 출산을 예고합니다. 또한 태몽에는 대부분의 경우 태아의 상징인 원형상이 나타나며, 시간과 공간을 초월하여 정신현상인 꿈과 물리적 현상인 임신 사이에 의미상 일치를 이루는 동시성 현상이 발생합니다. 융의 동시성 현상에 대해서는 책의 마지막 부분에서 자세히 설명하겠습니다.

3. 재물로 착각한 태몽들

태몽 12의 손건희 씨는 경마장에서 응원하다가 숫자를 암시받는 꿈을 꾸고 나서 복권을 샀는데 '꽝'이었다고 합니다. 그러다 나중에 그 숫자가 아이의 출산 예정일 숫자와 아주 유사했다는 사실을 알게 됩니다. 당시 그녀는 임신 계획도 없었습니다. 이런 경우에는 태몽인지 재물에 관련된 꿈인지 헷갈리게 됩니다.

또한 앞에서 예를 든 3개의 돼지꿈에서도 꿈을 꾼 이들은 모두 재물과 관련된 꿈으로 해석했지만 그중 복권 당첨 꿈은 하나뿐이었습니다. 그럼에도 태몽과 재물 획득에 관한 예지몽 사이에는 공통점이 있었습니다. 바로 현실에서 기쁘고 행복한 경험을 할 것이라는 점입니다. 아이의 탄생은 부모에게 더없는 기쁨이고, 출생한 아이에게는 세상의 문이 열리는 일생일대의 큰 사건이기 때문입니다.

다음도 태몽을 재물 꿈으로 잘못 해석했던 사례들입니다.

태몽 13 엄마가 건네준 별똥별

친오빠(남성진 씨)가 꾼 꿈을 임산부가 들려주었습니다.

"친오빠가 꿈에서 엄마랑 밤에 산책을 하는데, 뒤쪽 하늘에서 앞으로 별똥별이 '슝~' 하고 날아가다가 땅에 떨어졌다고 합니다. 저희 엄마가 막 뛰어가서 다른 아줌마보다 빨리 쥐고 오더니 오빠에게 주었습니다.

오빠는 꿈에서 깬 후 두근거리는 마음으로 복권을 샀는데 꽝이었답니다. 오빠가 저의 임신 소식을 듣고 '그게 태몽이었나 보다'라고 얘기해 주었어요. 검색해 보니 별똥별은 딸 꿈이라고 하네요. 태어난 아이는 딸입니다."

태몽 14 솟구친 불기둥과 범람한 물

김성진 씨의 임신 중에 남편이 꾼 꿈입니다.

"길을 가는데 불기둥이 솟구쳐서 그 광경이 놀랍고 신기해 구경하다가 집에 왔습니다. 거실에 앉아 창밖을 보는데 이번에는 물이 범람하고 있었어요. 그런데 물이 깨끗해서 신기했습니다.

처음에는 재물과 관련된 꿈인 줄 알고 새로 산 코인 주식을 기대했는데 결과는 그리 좋지 않았습니다. 임신 중인 아내가 태몽이 없던 터라, 꿈이 생생해서 뭔가 다른 의미일지를 생각하다가 태몽이 아닌가 싶었습니다. 태어난 아이는 딸입니다."

태몽 15 조바심을 내며 잡은 큰 물고기

명진영 씨의 임신 중에 시어머니가 꾼 꿈입니다.

"길가 넓은 개천에 혼자 서 있는데 물고기들이 우글우글했어요. 큰 물고기를 잡고 싶어서 작은 물고기들은 잡고 나서 놓아주었습니다. 그러다 큰 물고기가 보여서 손으로 잡아 건져 올렸습니다. 크기가 크고 길이도 길어서 잡았을 때 한 아름이었습니다. 큰 물고기를 잡아야 한다는 생각에 조바심이 났었는데, (잡은 물고기가) 큰 물고기라 마음이 매우 흐뭇했습니다."

명진영 씨가 덧붙인 말입니다.

"저희 부부는 마흔이 되도록 아기를 가질 마음이 없었기에 꿈을 꾸신 어머님은 태몽인 줄 몰랐다고 합니다. 어떤 사람은 복권을 사라고 했는데 사지 않으셨어요. 3일 연속으로 같은 꿈을 꾸셨는데 그게 이상해서 동네 할머니께 얘기했더니 태몽이라고 해서 알게 되었답니다. 그 무렵 아기가 생긴 지 6주가 되어서 저희가 말씀드렸어요. 시어머니는 태몽인 줄 아신 후 물고기 꿈이 여자아이라는 얘기를 들으시고는 딸이 귀한 집이라 은근히 기대하셨어요. 그러나 저희 부부가 워낙 아기 가질 마음이 없던지라 어머님은 딸이든 아들이든 낳으면 좋겠다는 생각만 늘 하셨다고 합니다. 태어난 아이는 아들입니다."

이들 태몽의 상징은 각각 별똥별, 불기둥과 범람한 물, 돼지와 물고기로 만약 태몽이 아닌 다른 예지몽이라면 재물이나 복된 일을 의미합니다. 실제로 복권 당첨자들은 '1과 7이 어른거렸다'와 같이 숫자를 암시하는 꿈, '집에 불이 나서 깜짝 놀라 깼다'와 같이 불이 난 꿈, '우리 집 돼지우리에서 많은 돼지가 놀고 있는 모습을 보았다'는 꿈, '큰 물고기를 잡았다'는 등의 꿈을 꿨다고 합니다.[40] 이들 꿈은 태몽에서 드러나는 상징 및 전개 과정과 매우 유사하다는 특징이 있습니다. 따라서 꿈을 꾼 사람이 처한 개인적인 상황을 모르면 태몽과 복권 당첨같이 횡재를 하는 꿈을 구분하기가 쉽지 않습니다.

4. 자각몽, 내가 지금 태몽을 꾸고 있네요!

잠을 자는 동안에는 외부에 대한 인식이 상실되어 주변 세계에 대한 지각이 멈추게 됩니다.[41] 수면 중에 꿈을 꾸는 사람은 자신이 꿈을 꾸고 있다는 사실을 알지 못합니다. 하지만 드물게 자신이 꿈을 꾸고 있음을 자각하는 꿈도 있습니다. 이를 '자각몽(lucid dreams)'이라고 하는데, 태몽에도 이러한 자각몽이 있습니다.

태몽 16 배 속의 아이라고 예감한 아기 코끼리

서해진 씨는 임신 6개월쯤에 꿈을 꿉니다.

"제가 기차를 타고 알프스산맥처럼 푸른 초원이 펼쳐지는 곳을 가고 있었는데 기분이 참 좋았습니다. 여행하던 중에 바다처럼 끝이 보이지 않는 큰 호숫가에서 손으로 물을 찰방거리자 흰 아기 고래가 다가왔어요. 그 아기 고래는 밖으로 나와서 흰 아기 코끼리로 변했습니다. 아기 코끼리가 엄청나게 컸음에도 무섭지 않았고 제가 쓰다듬자 코끼리가 아기 짓을 했어요. 꿈을 꾸면서도 '흰 아기 고래, 흰 아기 코끼리가 나의 배 속 아기구나'라고 생각했습니다.

지금도 꿈이 생생히 기억납니다. 태어난 아이는 딸입니다."

태몽 17 임산부를 쏜 꿀벌

최지수 씨가 임신 중에 꾼 꿈을 요약한 내용입니다.

"꽃집에서 주먹만 한 분홍 꽃 세 송이를 추천해 줬어요. 마침 갓 발급받은 국민행복카드(임신바우처카드)가 있어서 그 카드로 결제했지요. 즐겁게 직장으로 되돌아가는데, 평소 다니던 길목이 꽃나무 활짝 핀 과수원길처럼 화사하게 변해 있었어요. 눈부신 햇살 같은 노란 꽃이 가득 피어 있는 꽃나무 밑을 지나가는데 꿀벌들이 윙윙거리며 날아다니는 소리와 촉감이 느껴졌어요. 어느 순간 꿀벌 한 마리가 제 오른손 손등에 1.5센티미터 정도 되는 벌침을 쏘고 달아났어요.

손등을 보니 침이 박혀 있고 너무 아픈 느낌이 들어서 근처 한의원을 찾아갔어요. 한의사는 나이가 몇이냐며, 젊은 사람들은 이런 거 그냥 둬도 빠진다고 했어요. 다시 보니 진짜로 벌침이 저절로 빠지고 아픈 느낌이 사라졌어요. 혹시나 해서 벌에 쏘이면 위험한 건 아니냐고 물었더니, 지금 건강에 이상 있는 데가 있냐고 물어요. 곰곰이 생각해 보니, 내가 임신을 한 상태라는 자각이 들었어요. 그 순간, '아! 이거 혹시 태몽?'이라는 생각이 들면서 잠에서 깼어요.

지인들은 꽃 꿈을 꾼 걸로 보아 딸 꿈이라고 하더군요. 태어난 아이는 아들입니다."

태몽 18 소중하게 꼭 안은 사과

신지혜 씨는 임신 전에 꿈을 꿨습니다.

"삼신할머니란 분이 큰 쟁반에 크고 탐스러운 사과 3개를 들고 있다가 그중 하나를 나에게 주었어요. 꿈에서도 직감적으로 이것이 태몽이란 사실을 알고 매우 소중하게 꼭 안았어요. 사과가 없어질까 봐 불안한 마음에 한입 베어 무는데 천상의 맛처럼 아주 싱싱하고 맛있었습니다. 태어난 아이는 아들입니다."

태몽 19 봉황이 날고, 하얀 새가 던져 준 꽃 화환

황신희 씨는 임신 초기에 꿈을 꿨습니다.

"꿈꾸는 도중에 정신이 명료해지며 혹시 '이게 태몽인가?'라고 생각했어요. 붉은 칸나꽃이 가득한 동산에 봉황 여러 마리가 날아다녔어요. 그다음에 파란 하늘을 날던 하얀 새가 나에게 꽃 화환을 던져 주었어요. 기분이 좋았고 태어날 아이가 딸임을 직감했어요.

주위에서는 딸 태몽 중에서도 아주 귀한 최고의 꿈이라고 했습니

백제 금동대향로(국보 287호) (자료: 국립공주박물관)

다. 하지만 예상과는 반대로 아들을 낳았답니다."

이 꿈에서는 전설의 동물인 봉황이 등장하여 태아의 잉태를 축하해 줍니다. 백제 금동대향로를 보면 맨 위에는 봉황이 있고, 맨 아래는 용이 향로를 받쳐 주고 있습니다.

필자가 조사한 305건의 태몽 중에서 자각몽은 모두 5건으로 전체의 1.6%에 불과합니다. 나머지 1건은 쌍둥이 태몽 부분에서 소개하겠습니다.

자각몽은 주로 안구가 빠르게 움직이는 렘(REM; Rapid Eye Movement)수면 동안에 발생합니다.[42] 자각몽을 꾸면 렘수면 중에는 보통 쉬는 뇌의 전두영역(frontal region)이 더욱 활성화됩니다.[43] 전두영역은 기억, 사고, 추리, 계획, 문제해결과 판단 등의 기능을 담당합니다. 보통은 잠을 자는 동안 전두영역은 쉬고 있습니다. 자각몽을 꿀 때, 우리 뇌는 무의식과 의식의 경계를 오가는 것으로 보입니다.

2부 역사적 인물들의 태몽과 삶의 궤적

임신은 세상의 완전한 창조이다.

– 마리 루이제 폰 프란츠

1장
성인들의 태몽

1. 석가모니

태몽 20 하늘에서 내려온 하얀 코끼리

기원전 563년경, 부처의 어머니 마야(Maya) 부인은 뜨거운 열기가 식은 여름밤의 시원한 바람에 깊게 잠들어 꿈을 꿉니다.

"6개의 이빨을 황금으로 치장한 하얀 코끼리가 허공에서 내려오고 있었다. 일곱 부위가 땅에 닿는 거대한 코끼리는 놀랄 겨를도 없이 성큼성큼 다가와 옆구리로 들어왔다."

알 수 없는 상쾌함을 느끼며 잠에서 깬 왕비는 왕을 깨워 꿈 이야기를 들려주었습니다. 그리고 이른 아침, 궁전 뜰은 왕의 부름을 받고 달려온 바라문(승려)과 선인(仙人)들로 분주했습니다. 모인 이들에게 왕이 물었습니다.

"들으시오. 왕비가 간밤에 6개의 이빨을 가진 코끼리가 오른쪽 옆구리로 들어오는 꿈을 꾸었소. 무슨 징조이겠소?"

"경하드립니다. 태몽입니다."

국사 마하나마(Mahanama)가 앞으로 나와 설명했습니다.

마야 부인과 코끼리

"6개의 이빨을 가지고 일곱 부위가 땅에 닿는 흰 코끼리는 잠부디빠를 통일할 전륜성왕(인도 신화에서 세계를 통일·지배하는 이상적인 제왕)만이 가질 수 있는 보배입니다. 왕비께서 전륜성왕이 되실 왕자를 잉태하신 것이 분명합니다."

나이 마흔이 넘도록 자식이 없던 왕에게 왕비의 회임은 더 없는 경사였습니다. 같은 해 초파일, 왕비는 한 나무 근처에서 산기를 느끼고 아이를 낳았습니다.[1] 부처가 태어난 장소는 지금의 네팔 룸비니 동산이라고 합니다.

마야 부인의 태몽에 대한 다른 기록들도 있습니다.

"하얀 코끼리가 하늘에서 내려와 자궁 속으로 들어오는 태몽을 꾸고 싯다르타를 잉태했다."[2]

또 다른 기록에는 "부처의 어머니 마야는 아름다운 6개의 몸통을 가진 흰 코끼리가 궁전과 침대 주위에 세 번이나 큰 소리로 나팔을 불며 달려오는 꿈을 꾸었다. 코끼리는 그녀의 갈비뼈 오른쪽을 통해 자궁으로 뛰어들었다"[3]라고 합니다.

이 태몽의 민속적인 해석은 다음과 같습니다.

첫째, 하늘은 무한하게 크고 넓으며, 끝을 알 수 없는 아주 높은 세계입니다. 사람들은 우주를 육안으로 보이지는 않지만 성스러운 실체가 존재하는 곳이라고 믿었습니다. 이 때문에 하늘이나 창공은 성스러움과 신성함을 의미합니다.[4] 즉, 태몽에서 하늘 혹은 창공은 제일가는 권세나 도덕, 깊은 진리 등을 상징합니다. 또한 국가나 사회의 최고 권력, 사회적·종교적 기반이나 사업의 기반을 뜻하기도 합니다.

둘째, 태아의 상징인 원형상은 하얀 코끼리입니다. 고대 인도의 신화에서 코끼리는 세상을 지탱하는 존재를 의미합니다. 인도에서 코끼리는 군주가 타고 다니는 위풍당당한 동물로 선한 군주에게 필요한 덕성인 위엄, 지성, 신중함, 평화, 풍부한 추수, 비 등을 포함한 전반적인 긍정적 이미지를 지닙니다. 코끼리는 평화와 번영의 상징이며 온화함, 힘, 영리함, 위엄을 나타냅니다.

셋째, 코끼리의 색인 흰색은 정의, 쇄신, 새로운 세상 등을 상징합니다. 불교에서 흰색은 정화를 뜻하며, 업장(카르마)을 소멸하는 기도를 관상(觀想)할 때 흰색을 떠올린다고 합니다. 신화나 당시 풍습이 태몽의 재료로 활용되었습니다.[5] 요약하면, 이 태몽은 태어날 아이가 장차 새로운 진리나 최고의 권세를 성취하여 세상에 큰 영향을 미치게 될 것임을 암시합니다.

넷째, 태아를 상징하는 하얀 코끼리가 어머니가 될 마야 부인의 몸속으로 들어옵니다. 이는 어머니가 아이를 잉태한다는 은유적인 표현입니다.

이러한 태몽을 가진 부처(Buddha, BC563?~BC483?)가 실제로 어떠한 삶을 살았는지 간단히 살펴보겠습니다. 아버지는 숫도다나

(Suddhodana)로 까삘라왓투(지금의 네팔 남쪽의 국경 근처)를 다스리는 왕이었고, 어머니는 마야 부인입니다. 왕은 바라문(승려)과 선인들을 초청하여 태어난 왕자의 운명을 묻습니다. 이들은 '무력을 쓰지 않고 전 세계를 지배하는 전륜성왕이 될 것'이라고 예언합니다. 왕은 행복과 감격에 겨운 목소리로 말합니다.

"왕자의 이름을 '싯다르타'라고 하리라. 나의 아들이 온 세상의 주인이 되게 하리라."

싯다르타란 '모든 것을 성취한 자'라는 의미입니다. 하지만 왕자가 태어난 지 일주일 만에 출산의 후유증으로 어머니 마야는 세상을 떠납니다.[6]

왕자는 어린 시절, 왕궁을 나와 힘들게 살아가는 농부들을 보고 사색에 잠깁니다. 19세가 되자 아소다라와 결혼합니다. 자신은 궁중에서 호화로운 생활을 하지만 성문 밖에서 사는 사람들은 고통스럽게 사는 모습을 목격합니다. 29세에 아들 라훌라를 낳고, 그해에 출가를 결심합니다. 싯다르타의 세속적인 성공을 바랐던 숫도다나 왕은 아들을 만류하지만 결심을 꺾을 수는 없었습니다. 싯다르타는 깨달음을 얻기 위해 스스로 수행 길에 오릅니다. 갖은 고행과 유혹을 극복하고 마침내 가장 높고 바른 깨달음을 얻게 됩니다. 기원전 589년 12월 8일 보리수나무 아래에서였습니다. 싯다르타가 출가하여 수행한 지 5년 만인 35세 때입니다.

아들 싯다르타가 고행 끝에 최상의 깨달음을 얻어 많은 이들에게 설법을 전한다는 소식을 듣게 된 숫도다나 왕은 자신의 왕궁으로 싯다르타를 초청합니다. 그가 출가한 지 7년째 되던 해였습니다.

성대한 법회가 마련되자, 싯다르타의 부인 아소다라는 일곱 살이 된 아들 라훌라를 데리고 참석합니다. 아소다라는 아들에게, "애

보리수나무 아래의 부처

야, 저분이 너의 아버지란다. 가서 아버지께 너의 유산을 달라고 해라"라고 말합니다. 싯다르타는 아들에게 일곱 가지 보물을 물려 줍니다. 이 보물은 믿음, 계율, 양심, 부끄러움, 많이 배움, 보시, 지혜였습니다. 결국 아들 라훌라도 출가하게 됩니다. 싯다르타는 43년간 여러 곳을 다니면서 설법과 가르침을 전하다가 기원전 482년 80세의 나이로 열반에 듭니다.[7]

싯다르타가 힌두교인으로 태어났기 때문에 불교에는 업보와 윤회 같은 힌두교의 여러 근본 교리가 담겨 있습니다. 그러나 불교는 특별한 방식들로 힌두교의 뿌리에서 벗어납니다. 2021년 현재 불교 신도 수는 약 5억 명으로 전 세계 인구의 7%입니다. 불교는 주로 중국, 태국, 한국, 일본 등을 포함한 아시아-태평양 국가들에 교세가 뻗어 있습니다.[8]

2부 역사적 인물들의 태몽과 삶의 궤적

2. 예수

태몽 21 성령으로 잉태된 예수

마리아는 성령으로 예수를 잉태합니다. 하느님은 가브리엘 천사를 마리아에게 보내 자기 아들 예수의 탄생을 미리 알립니다. [9] 또한 마리아의 약혼자인 요셉의 꿈에도 천사가 나타나 다음과 같이 말합니다.

"다윗의 자손 요셉아, 두려워하지 말고 마리아를 아내로 맞아들여라. 그 몸에 잉태된 아기는 성령으로 말미암은 것이다. 마리아가 아들을 낳으리니 그 이름을 '예수'라 하여라."[10]

요셉이 이 꿈의 계시를 받기 이전에, 마리아는 약혼자 요셉에게 자신의 잉태 사실을 알립니다. 요셉은 그녀를 처녀로 알았기 때문에 그 소식을 듣고서 충격을 받습니다. 당시 목수였던 요셉은 신붓감으로 열여섯 살 정도 된 마리아를 데려오기로 되어 있었습니다. 요셉은 법대로 사는 사람이었고 또 마리아의 일을 세상에 드러낼 생각도 없었으므로 남모르게 파혼하기로 마음먹었습니다. 그 무렵 요셉의 꿈에 천사가 나타나 이같이 알려 주었던 것입니다. 요셉은 천사가 알려 준 대로 마리아를 아내로 받아들입니다. [11]

이 예지적인 꿈은 장차 태어날 아기인 예수(BC4?~AD30?)가 이 세상에 큰 영향을 미치는 위대한 인물이 될 것임을 암시하고 있습니다. 그 이유는 다음과 같습니다.

첫째, 꿈에 나타난 천사는 하느님의 말씀을 대신 전달하는 메신저 역할을 합니다. 태몽에는 종종 이러한 전달자가 등장합니다. 주님의 기도는 처음에 '하늘에 계신 우리 아버지'로 시작합니다. 하늘

필리포 리피, 〈수태고지〉 (자료: 런던 내셔널 갤러리)

이나 우주가 상징하는 바는 앞의 부처 태몽에서 살펴보았습니다.

둘째, 아이는 성령으로 잉태되었습니다. 이는 장차 태어날 아이가 성스러운 임무를 맡게 될 것임을 암시하고 있습니다. 예수의 태몽에서는 태아의 상징인 원형상은 나타나지 않고 천사가 아이의 탄생을 말로 전달합니다.

이 같은 예지적인 꿈을 꾸고 4~5개월 뒤에 이스라엘을 속령으로 지배하고 있었던 당시의 로마 황제 아우구스투스(재위기간 BC27~AD14)는 세금을 거두기 위하여 호구조사령을 내립니다. 이스라엘 사람들은 자신의 고향에서 등록을 해야 했고, 요셉과 마리아는 둘 다 다윗의 가문이었으므로 베들레헴으로 가야 했습니다. 당시에 마리아는 임신 중이었으며 신체 강건한 10대 여성이었습니다. 이들이 베들레헴에 도착하자 마리아는 달이 차서 드디어 아들을 낳습니다(루가 2:7).[12]

새로운 왕이 태어났다는 소문을 듣고 헤롯 왕은 자신의 권력을 잃어버릴까 봐 두려웠습니다. 그래서 베들레헴과 그 일대에 사는 두 살 이하의 사내아이를 모조리 죽여 버립니다(마태 2:16). 하지만

예수

헤롯도 그로부터 몇 주 후에 죽게 됩니다. 요셉은 꿈에서 다시 계시를 받고 이집트에 피신해 있다가 헤롯이 죽었다는 소식을 듣고서 가족과 함께 갈릴래아의 나자렛으로 돌아옵니다.[13]

　예수는 서른 살이 되어서 공적인 생애를 시작합니다. 예수의 가르침은 신약 성경에 자세히 기록되어 있는데 핵심은 사랑입니다. 하느님을 사랑하고 이웃을 자기 몸처럼 사랑하라는 가르침입니다. 예수는 사람들을 위해 자신의 목숨을 내어놓은 행위로 대단원에 도달합니다. 예수는 로마 제국의 총독인 본시오 빌라도와 당시 유대의 왕 그리고 유대교 지도자들에 의해 십자가에 못 박히는 형을 받습니다. 예수는 죽은 후 사흘 만에 부활합니다.[14]

　역사가 폴 존슨은 평합니다. "예수는 잔인하고 생각 없는 세상에서 살았고, 그의 삶과 죽음은 그런 세상을 반대하는 강력한 항의였습니다. 그는 하나의 대안을 제시합니다. 혁명과 개혁을 추구하는 외적 생활이 아니라 온유와 사랑, 관용과 자비, 용서와 희망의 내적 생활을 영위해야 한다고 촉구합니다. 21세기의 세계는 지식, 대학, 통신수단, 전문기술 등이 풍부하지만 그래도 우리는 잔인하고 생각 없는 세상에서 살고 있습니다. 따라서 예수의 대안은 아직도 유효적절합니다."[15]

예수는 기독교의 창시자이고 신앙의 대상입니다. 2021년 현재 전 세계의 기독교 신도 수는 약 23억 명으로, 기독교는 지구상 인구의 32%가 따르는 세계에서 제일 큰 종교입니다. 초기에는 유럽, 북아메리카 지역 위주였으나 점차 아프리카, 라틴아메리카 등으로 교세가 확장되었습니다.[16]

2장
고대 중동·서양인들의 태몽

1. 키루스 대왕

태몽 22 소아시아를 덮은 포도나무

기원전 6세기, 약소국인 페르시아는 메디아(기원전 7~6세기의 왕국, 이란 서부 고원 지역)의 지배를 받고 있었습니다. 메디아의 왕 아스티아게스(BC585?~BC550?)에게는 만다네라는 딸이 있었는데, 만다네가 태어날 때 왕은 다음과 같은 꿈을 꾸었습니다.

"어느 날 딸이 오줌을 싸서 그 오줌이 전 도시를 덮고, 나아가 소아시아 전역에까지 범람하는 꿈을 꿉니다."

왕은 해몽가에게서 해몽을 듣고 공포에 빠집니다. 그래서 왕은 딸이 자라 나이가 찼을 때, 그 꿈에 대한 두려움 때문에 지위에 어울리는 메디아인 사위를 고르지 않고 캄비세스라고 하는 페르시아인에게 딸을 시집보냅니다. 이 사나이는 성질도 얌전했으며 메디아인보다는 훨씬 낮은 지위에 있다고 생각했기 때문이었습니다.

그런데 딸이 시집간 첫해에 아스티아게스 왕은 또 다른 꿈을 꿉니다.

"딸의 음부에서 한 그루의 포도나무가 자라 그 나무가 소아시아 전역을 뒤덮었습니다."

왕은 임신 중인 딸을 불러서 엄중하게 감시했습니다. 아이가 태어나면 그 아이를 죽일 생각이었습니다. 딸이 낳는 아이가 그를 대신해서 왕이 될 것이라는 해몽가들의 말 때문이었습니다. 마침내 외손자 키루스가 태어나자, 왕은 메디아인 중에서 가장 충실한 자기의 신하인 하르파고스를 불러 아이를 죽이라고 명령합니다.[17] 하지만 하르파고스는 아이를 죽이지 못합니다. 아이는 한 소치기의 가정에서 자라나 후에 페르시아에 있는 부모에게 돌아옵니다.[18]

기원전 559년, 40세의 나이로 페르시아의 왕이 된 키루스 2세(The Great Cyrus, BC576?~BC530 또는 BC590?~BC530)*는 먼저 외할아버지 아스티아게스의 나라인 메디아와 3년에 걸친 전쟁 끝에 아스티아게스를 사로잡습니다. 기원전 550년에는 메디아의 수도를 정복하고, 기원전 545년에는 리디아와 맞붙어 리디아 왕 크로이소스를 사로잡아서 수도 사르디스를 정복합니다. 기원전 539년에는 바빌로니아 왕 나보니두스를 물리칩니다. 이로써 4개의 세력 가운데 이집트 하나만을 남겨 두고 키루스는 근동 지역의 패권을 완전히 장악합니다. 기원전 530년 키루스는 아락세스강을 넘어 마사게타이인과 전투를 하다가 전사합니다. 키루스의 꿈은 그의 아들 캄비세스 2세가 이집트를 정복함으로써 이루어집니다.

이렇게 해서 세계 역사상 가장 강력하고 거대한 왕국 중의 하나인 아케메니드 페르시아 왕조(The Achaemenids, BC550~BC330)의 키

---

* 이란인들에게는 건국의 아버지로 인정받은 키루스 2세는 유대인들을 바빌로니아에서 해방시켜 고향으로 돌아가게 해주었다고 한다. 구약 성경에는 '고레스 왕'으로 기록되어 있다.

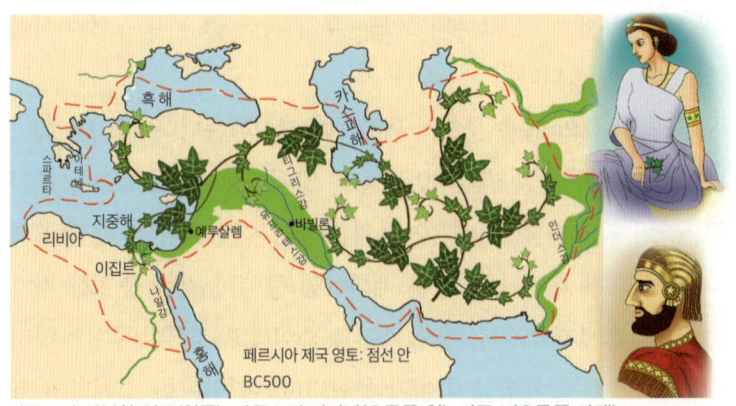

키루스가 정복한 영토(왼쪽), 키루스의 어머니(오른쪽 위), 키루스(오른쪽 아래)

루스 2세는 소아시아(지중해, 흑해, 에게해 등에 둘러싸인 광대한 지역) 전역을 지배하게 됩니다.

키루스는 광대한 제국을 건설했지만 정복한 나라들의 종교와 전통, 지배 계층을 인정하는 등 관용을 베풀었습니다. 그래서 사람들은 키루스를 '왕 중의 왕'이라고 불렀습니다.[19] 사후에 여러 민족으로부터 칭송을 받은 왕은 찾아보기 힘듭니다. 유대인들은 그를 '하나님에게 기름 부음을 받은 자', '하나님의 목자'로 칭송했고, 적국이었던 그리스에서도 위대한 군주로 칭송을 했습니다.[20]

키루스에 대한 기록은 크세노폰이나 헤로도토스 같은 그리스 역사가가 저술한 책과 구약 성경의 기록이 전부였습니다. 그런데 1879년 영국인 고고학자 호르무즈 라삼이 에사길라(바빌론의 마르두크 신전) 터에서 한 실린더(글씨가 새겨진 원통형 용기)를 발견하면서 그에 대한 기록이 역사적인 사실로 밝혀지게 됩니다. 키루스 실린더에는 바빌론을 평화롭게 정복한 키루스의 업적을 칭송하는 내용과, 그가 다른 곳에서 끌려온 이방인들에게 각자 그들의 고향으로 돌아가 자신들의 신들을 섬기며 평화롭게 살라고 했다는 내용이 기록되어 있습니다. 실린더의 이 내용은 최초의 국제 인권선언으로 평가받고 있으며 복제품은 유엔본부 건물 복도에, 원본 실린더는 런던 대영박물관에 전시되어 있습니다. [21]

2. 알렉산더 대왕

태몽 23 봉인된 흔적의 사자 문양

필리포스 왕이 왕녀 올림피아스와 결혼식을 올린 날 밤, 신부는 이상한 꿈을 꿉니다.

"벼락이 몸에 떨어져 불이 붙고, 번개가 불꽃을 흐트러뜨리며 사라집니다."

얼마 후, 이번에는 필리포스 왕이 또 다른 꿈을 꿉니다.

"아내의 몸에 봉인(밀봉한 자리에 도장을 찍음)을 했는데, 그 봉인의 흔적이 사자의 모습을 하고 있었습니다."

해몽가 아리스탄테스는 필리포스 왕에게 말합니다.

"이 꿈은 왕자님의 잉태를 나타내는 것이 틀림없습니다. 그리고 그 왕자님은 사자처럼 용맹스럽고 강한 분이 되실 거라는 계시입니다."[22]

알렉산더(Alexander, BC356~BC323) 대왕은 기원전 356년 11월, 마케토니아 왕 필리포스 2세와 어머니 올림피아스 사이에서 태어납니다. 필리포스 왕은 아들을 위해서 그 시대에 가장 이름난 철학자이자 플라톤의 제자인 아리스토텔레스를 스승으로 모셔 옵니다. 알렉산더는 스승인 아리스토텔레스에게서 고대 그리스 작가인 호머의 작품을 비롯해 문법, 음악, 기하학, 수사학, 의학, 철학 등 그리스의 선진 학문을 배웁니다. 알렉산더는 호머의 〈일리아드〉에 나오는 트로이 전쟁 이야기에 완전히 매료되었습니다. 후일 페르시아 원정 중에도 호머의 책을 갖고 다니며 읽었고 취침 시에는 그 책을 단도와 함께 베개 밑에 넣고 잘 정도였다고 합니다.[23]

아버지 필리포스 왕이 기원전 336년에 암살되자 알렉산더는 20세에 왕위에 오릅니다. 기원전 335년 가을, 21세의 알렉산더는 그리스를 평정합니다. 그는 당시 오리엔트 지역을 지배하던 페르시아 제국을 멸망시키고 동쪽으로는 인더스강 유역, 서쪽으로는 그리스, 남쪽으로는 이집트를 정복하여 대제국을 건설합니다. 기원전 221년에 중국을 통일한 진시황제보다 100여 년을 앞선 대제국의 건설이었습니다.

당시에 알렉산더는 동서양에 걸친 강력한 군대와 제국의 거대한 재력을 한 손에 쥐고 있는 위대한 정복왕이었습니다. 그는 신들이 내린 과업을 성취한 초인적인 영웅으로서 암몬(이집트 주신)의 아들인 자신이 이미 신의 반열에 들어서 있음을 확신했습니다. 이제 알렉산더는 자신이 제우스(그리스 주신), 암몬의 아들이며 신의 화신임을 인정할 것을 공식적으로 요구하는 사신을 그리스의 모든 도시국가에 보냅니다. 대다수의 그리스 국가가 그의 요망에 부응하여 그를 신으로 인정합니다.

기원전 323년 6월, 새로운 원정을 앞두고 알렉산더는 열병에 걸려 33세의 나이로 사망합니다. 그가 수행한 정복 전쟁으로 인한 파괴와 살상의 흔적에도 불구하고 알렉산더는 헬레니즘(Hellenism)이라는 새로운 문명의 탄생을 가능하게 했습니다. 헬레니즘과 그리스문화는 유럽뿐 아니라 근동문화의 토대가 됩니다. 이러한 헬레니즘 문명은 세계 제국 로마로 유입되어 서양문명의 근간으로 뿌리내렸고, 이후 역사 전반에 영향을 미치면서 오늘날까지도 서양문명의 핵심 요소로 자리 잡고 있습니다. [24]

3. 아우구스투스 카이사르 로마 황제

태몽 24 별 위로 날아오른 창자

아우구스투스 카이사르의 어머니 아티아(Atia)는 꿈을 꿉니다.

"나의 창자가 별 위로 날아올라 모든 땅과 바다에 뻗어 있었습니다." [25]

이 태몽에서 태아의 상징인 창자와 그 행태는 그녀에게서 태어날 아이가 방대한 지역에서 엄청난 영향력을 행사할 것임을 암시하고 있습니다. 그 당시에 창자는 아이를 뜻했습니다. 일반적으론 아들을 그렇게 불렀습니다. [26]

아우구스투스 카이사르(Augustus Caesar, BC63~AD14)는 기원전 63년 9월 23일, 아침 해가 뜨기 직전에 로마 팔라티움 구(district)의 황소머리 거리에서 태어납니다. 아버지는 가이우스 옥타비아누스, 어머니는 아티아입니다. [27] 출생 시 그의 이름은 가이우스 옥타비우스였고 그의 어머니 아티아는 율리우스 카이사르(BC100~BC44)의 누나인 율리아의 딸이었습니다. 즉, 그의 어머니 아티아는 율리우스 카이사르의 조카딸이었습니다. 옥타비우스가 네 살 때 아버지가 세상을 떠나자 그는 율리우스 카이사르의 누나이자 자신의 외할머니인 율리아 카이사르의 손에서 자랍니다.

기원전 44년 3월 15일, 율리우스 카이사르는 브루투스를 비롯한 로마 귀족들에 의하여 암살당합니다. 율리우스 카이사르가 죽은 후 그의 유언장이 공개되었는데, 유언장에는 누나인 율리아의 외손자 셋이 상속인으로 적혀 있었습니다. 그가 소유한 재산의 4분의 3은 옥타비우스에게 남기고, 나머지 4분의 1은 남은 외손자 둘에게 절반씩 나누어 주도록 했습니다. 그리고 제1의 후계자인 옥타비우스를 양자로 입적하여 그에게 '율리우스 카이사르'라는 성을 주도록 했습니다. [28] 기원전 44년, 19세인 옥타비우스는 율리우스 카이사르의 후계자가 되어 가이우스 율리우스 카이사르 옥타비아누스로 불립니다.

기원전 43년 11월, 옥타비아누스는 안토니우스, 레피두스와 함께 군사정권인 2차 삼두정치 동맹을 맺습니다. 기원전 31년에 있었던 그리스 서북부의 악티움 해전에서 옥타비아누스는 안토니우스를 물리칩니다. 레피두스는 이미 정치무대에서 사라졌기 때문에 옥타비아누스는 최고 권력자의 자리에 오릅니다. 기원전 27년에 로마 원로원은 그에게 '존엄한 자, 신성한 자, 위대한 자'라는 뜻의 '아우구스투스' 칭호를 수여합니다. 그의 나이 33세였습니다.

황제가 된 아우구스투스는 군인으로서뿐 아니라 정치가로서도 탁월한 업적을 남겨, 41년의 통치기간 동안 소위 '로마의 평화(Pax Romana)'라는 전무후무한 번영의 시대를 열었습니다. 그리고 기원후 14년, 44년 동안 로마 제국의 일인자로 군림하던 아우구스투스는 남이탈리아를 돌아보던 중에 병으로 사망합니다. [29]

그가 통치한 로마의 영토는 라인강 서쪽 땅과 에스파냐(스페인) 반도, 북아프리카와 이집트, 소아시아와 오늘날의 튀르키예, 그리스 그리고 이탈리아반도 뒤쪽에 있는 아드리아해 맞은편의 해변 지역

아우구스투스 카이사르

을 아우른 광대한 영역으로서 지중해까지 감싸고 있었습니다.³⁰

아우구스투스 황제 시대에 그가 추진한 정책은 예수가 탄생한 베들레헴과도 연관이 있습니다. "그 무렵 아우구스투스 황제에게서 칙령이 내려와, 온 세상이 호적 등록을 하게 되었다. 그래서 모두 호적 등록을 하러 저마다 자기 본향으로 갔다. 요셉도 갈릴래아 지방 나자렛 고을을 떠나 유다 지방, 베들레헴이라고 불리는 다윗 고을로 올라갔다. 그가 다윗 집안의 자손이었기 때문이다. 그는 자기와 약혼한 마리아와 함께 호적 등록을 하러 갔는데, 마리아는 임신 중이었다. 그들이 거기에 머무르는 동안 마리아는 해산 날이 되어, 첫아들을 낳았다."³¹

4. 2세기 소아시아 지역의 일반인들 태몽

2세기 그리스의 리디아 지역에서 태어난 아르테미도로스(Artemidoros)는 《꿈의 열쇠(Oneirocritica)》라는 책을 썼습니다. 당시 그리스는 로마 제국의 지배를 받고 있었는데, 그는 여러 해 동안 많은 지역을 직접 다니면서 꿈의 사례를 수집했습니다. 다음은 그가 수집한 꿈 중 태몽과 그 해석입니다.

태몽 25 요 속의 밀알

"어떤 사람이 꿈을 꾸었는데, 자기 요 속에 목화솜 대신 밀알이 있었다.

그에게는 아내가 있었는데 아직 아이가 없었다. 그해 그녀는 임신하여 사내아이를 낳았다. 요는 아내를 의미했고 밀알은 정자를 의미했다."[32]

태몽 26 독수리가 꺼낸 내장

"어떤 사람이 꿈을 꾸었는데, 독수리가 발톱으로 그의 배를 가르고 내장을 꺼내고는 도시를 가로질러 사람들로 가득 찬 극장까지 가지고 가서 그것을 대중 앞에 보였다.

그에게는 아이가 없었는데 이 꿈을 꾼 다음에 아들을 하나 얻었고, 그 아이가 총명하여 도시에서 두각을 나타냈다. 독수리는 아이가 세상에 나올 해를 의미했다. 내장은 아이를 뜻했다(사람들은 일반적으로 아들을 그렇게 부른다). 극장까지 이동한 것은 장차 아이의 뛰어남과 명성을 예고했다."[33]

태몽 27 7개의 출산 의자

"아이를 고대하는 어떤 여자가 꿈에 바다 위로 물결치며 오는 7개의 출산 의자를 보았다.

그 후 그녀는 임신을 했는데, 어머니가 되지는 못했고 그녀가 낳

은 일곱 아이들은 일찍이, 아직 배내옷 속에 있을 때 죽었다."³⁴

태몽 28 껍질을 벗겨 먹은 반숙 달걀

"어떤 노예가 꿈에 그의 정부에게서 반숙 달걀을 하나 받아 껍질을 벗겨 먹었다.

정부가 임신을 해서 사내아이를 낳았다. 그녀는 죽었으나 꿈을 꾼 사람은 어린아이를 얻었고, 정부의 남편으로서 아이를 키웠다. 이처럼 외부 껍질은 어떤 가치도 없는 버릴 것이었던 반면, 그 내용물은 꿈을 꾼 사람에게 생존 수단을 제공했다."³⁵

태몽 29 떨어져 나온 성기

"어떤 여자가 꿈에 남편의 몸에서 떨어져 나온 성기를 자기 손에 쥐고 있었다. 그녀는 그것에 신경을 써서 보존하는 데 필요한 일을 했다.

그녀는 남편에게서 아들을 하나 얻었고, 그 아들을 키웠다. 성기는 아들을 나타냈다. 거기서 아들이 생겼기 때문이다. 그러나 그것이 몸에서 분리되어 있었기에, 그녀는 아들을 키우기 시작한 후 남편과 헤어졌다."³⁶

태몽 30 황금 아프로디테와 포도나무 그루터기

"어떤 사람에게 미혼의 딸이 둘 있었는데, 꿈에 큰딸의 머리에는 황금으로 된 아프로디테가 매어져 있었고, 둘째 딸의 머리에는 포도나무 그루터기가 돋아났다.

큰딸은 결혼했고 둘째 딸은 죽었다. 아프로디테는 '혼인'과 '출산'을 상징한다. 더구나 그 재료가 고가인 것은 '혼인의 즐거움'을 의미했고, 황금 또한 아프로디테와 관계가 있다. 마지막으로 끈은 혼인이 파기 불가능함을 의미했다. 포도나무는 죽음의 표시로서 둘째 딸에게 일어났는데, 그것이 땅에서 나오고(시체가 분해되는 곳 역시 땅이다) 정점에 이르렀을 때는 열매를 빼앗기기 때문이다."[37]

3장
중국의 위인들

1. 공자

태몽 31 어머니의 방 벽에 붙은 푸른 용

기원전 551년경, 공자의 어머니 징(徵)은 공자를 잉태할 때 꿈을 꿉니다.

"푸른 용 두 마리가 하늘에서 내려와 징의 방 벽에 붙었다."[38]

중국 등 동양에서 용은 훌륭한 인물, 권세나 권력, 영향력 등을 상징합니다. 용이 하늘에서 내려와 어머니 징의 방 벽에 붙었다는 것은 범상치 않은 인물이 잉태될 것임을 예고하는 은유적인 표현입니다.

공자(BC551~BC479)는 춘추전국시대(BC770~BC221)의 정치가, 사상가, 교육가이며 유교의 시조입니다. 그는 노나라의 몰락한 귀족 가문 후손으로 지금의 산둥반도 남쪽에 있는 '취푸(曲阜)'라는 지역에서 출생했습니다. 하급 무사였던 부친 숙량흘은 공자의 나이 3세 때 세상을 떠났는데, 공자가 태어났을 때 그의 나이가 60대 후

반이었음을 생각한다면 충분히 예상할 수 있는 사별이었습니다. 공자는 부친의 죽음 이후 매우 어려운 생활을 이어 간 것으로 알려져 있습니다. 39

공자는 10대 후반에 이르러 국가의 곡식 창고를 지키고 장부를 정리하는 낮은 급수의 관리가 되었고 결혼도 했습니다. 20대 후반에는 어머니마저 잃게 됩니다. 50대에 들어서 노나라의 '대사구'라는 높은 직책에 오르는데, 대사구는 지금으로 따지면 법무부 장관이나 대법원장급에 해당하는 높은 직위입니다. 하지만 그의 출세를 달가워하지 않은 세력의 견제로 관직에서 떠나게 됩니다. 56세 때 제자 몇 명과 함께 노나라를 떠나 13년 동안의 정치적 유랑생활을 합니다. 위, 조, 진, 채, 초 등 주변 국가를 두루 돌아다니며 자신의 정치적 이념을 정책으로 시행해 줄 기회를 얻고자 했으나, 결국 실패하고 67세의 나이에 다시 고향으로 돌아옵니다. 73세로 세상을 뜨기 전까지 제자들을 가르치고 책을 펴내며 여생을 보냈습니다. 40

공자는 인간 안에 있는 어진 마음을 사회관습과 사회제도로 만들어 언제나 고민 없이 시행할 수 있도록 하는 삼강오륜(三綱五倫)의 사회규범을 제기합니다. 먼저, '삼강'은 임금과 신하, 어버이와 자식 그리고 남편과 아내 사이에 마땅히 지켜야 할 도리입니다. 이는 유교에서 강조하는 가장 자연스러운 사회관계의 출발점이 되기도 하며, 수직관계를 대표합니다. '오륜'은 아버지와 아들의 관계는 친애에 있고, 임금과 신하의 도리는 의리에 있으며, 남편과 아내 사이에는 마땅히 지켜야 할 도리가 있고, 어른과 어린이는 차례와 순서가 있고, 친구 간의 도리에는 믿음이 있어야 한다는 것입니다. 41

공자의 중심 사상은 그가 제자들과 나눈 문답 형식의 언행집인 《논어》에 있습니다. 공사의 사상을 한마디로 요약하면 '인간이 취

하여야 할 모든 행동의 궁극적 지향점은 인(仁)에 있다'고 할 수 있습니다. [42]

2. 이태백

태몽 32 도사가 준 바둑알

어느 날 이백의 어머니가 꿈을 꿉니다.

"도사 둘이 방 밖에서 바둑을 두기에 가서 관전하니, 그중 한 도사가 바둑판 위의 흰 바둑알 하나를 집어서 주기에 받았습니다."

이로부터 잉태하여 얼마 후 이백을 낳습니다. [43]

꿈속의 신령이나 도사는 권위자, 지도자, 스승이나 현자 등을 상징합니다. 꿈에서 이들이 주는 음식을 먹거나 주는 물건을 받는 행위는 가임기 여성에겐 임신이나 출산을 암시합니다.

이태백(701~762)은 당나라 측천무후의 집권시기인 701년에 서역의 쇄엽에서 태어났습니다. 그는 유가적인 입신출세 사상에 입각하여 국가에 관심을 가졌고, 현종의 부름으로 한림학사로도 임명됩니다. 하지만 두 차례에 걸친 정치활동을 모두 실패하게 됩니다. 55세에는 안사의 난에 연루되어 유배까지 갑니다. 일생 동안 명산을 찾아 유람하기를 좋아하여 자연 풍경을 묘사한 시를 많이 지었습니다. 시가, 부, 산문 등 1,000여 건을 남깁니다. 이백은 두보와 함께 중국 역사상 가장 위대한 시인으로 꼽힙니다. [43]

3. 한무제

태몽 33 입안에 넣은 태양

한경제(漢景帝, BC157~BC141)는 일찍이 다음과 같은 꿈을 꾸었습니다.

"천상의 선녀가 양손에 아주 뜨거운 태양을 받들고 그것을 왕미인의 입안에 넣었다."

한경제가 즉위한 해에 왕지 부인이 아들을 낳습니다.

또 다른 꿈도 꾸었습니다.

"꿈속에서 붉은 돼지를 보았는데 머리와 꼬리를 흔들며 멀리서 내려와 바로 한나라 궁실 숭방각으로 뛰어들었다."

경제가 꿈에서 깨어나 급히 살펴보니 과연 숭방각 밖에 붉은 안개가 용처럼 감돌았고 한나라의 궁실에는 한 줄기의 노을이 피어오르고 있었습니다.

점쟁이 오용이 한경제에게 이 꿈을 해몽해 줍니다. "이것은 크게 길할 징조인 듯합니다. 그리고 이 궁궐 안에 반드시 하늘이 내린 인물이 태어나서 오랑캐를 몰아내고 훌륭한 업적을 이루어 유씨 황실의 위대한 성군이 될 것입니다."

이에 경제는 크게 기뻐하여 숭방각을 기린전(麒麟殿)으로 이름을 바꾸고, 하늘의 뜻에 맞도록 왕미인으로 하여금 그 궁에 들어와 살게 했습니다. 또한 유철(한무제의 어린 시절 이름)이 태어난 후 한경제는 그를 위해 '길(吉)'이라는 아명까지 지어 주었으니, 그 길한 징조를 기리기 위함이었습니다. [45]

한무제(BC156~BC87)는 한나라 경제의 열한 번째 아들이며 효경

황후 왕씨의 소생으로 16세에 황제로 즉위합니다. 그는 유학을 바탕으로 나라를 다스렸으며 북방 실크로드를 개척하여 유럽과 교류했고, 해외 원정을 통해 흉노를 무찌름과 동시에 한족 역사상 두 번째로 넓은 영토를 확보해 전한시대 전성기를 열었습니다. 하지만 그의 비판자들은 그가 관리와 백성들을 무수히 죽였으며 민간의 재산과 노동력을 고갈시키고 개인의 향락을 위해 사치가 극에 달했고, 그로 인해 국고가 텅 비어 천하의 백성들이 떠돌다가 죽은 이들이 절반을 차지했다고 합니다.

그는 우리 민족과도 연관이 있는데, 기원전 108년 한무제는 고조선을 멸망시킵니다. 《한무제 평전》에는 다음 기록도 있습니다. "고조선이 대략 기원전 1000년 전후로 이미 경작과 양잠기술을 터득했으며, 비교적 안정된 사회를 유지했다."[46]

4장
한국의 역사적인 인물들

1. 고려 2대 왕 혜종

태몽 34 몸속으로 들어온 황룡

나주 호족의 딸 오씨 처녀는 왕건(877~943)을 만나기 며칠 전에 꿈을 꿉니다.
"바다의 용이 배 속으로 들어왔다."[47]

민속에서는 용의 상징적 의미를 다음과 같이 설명합니다. "우리 조상들은 용이 되기 위해서는 뱀이나 이무기가 지상에서 천년을 묵어야 하고, 천신(天神)의 인정을 받아야 한다고 믿었다. 이러한 잠재지식은 세력을 잡는다는 관념적 상징물로 사용되어 왔다. 그래서 왕의 자리를 용상이라고 했고, 과거에 급제하면 등용문에 오른다고 했으며, 군대의 군기나 사찰의 문주, 또는 일용품의 문장이나 호신용 칼자루에까지 용트림을 위용과 득세의 상징으로 아로새겼으니 어디에서나 용은 득세의 상징물로 상식화되었다. 꿈에서 드러난 용은 이 상징적 의미를 그대로 인용하고 있다."[48]

오씨 처녀와 왕건의 만남에는 다음의 일화가 있습니다. 왕건이 전남 나주 지방에 군사를 이끌고 행군하던 중, 목이 말라 말을 타고 우물을 찾고 있었습니다. 그때 열일곱 살쯤 되어 보이는 예쁜 처녀가 우물가에서 빨래를 하는 것을 보고 물을 청하자, 처녀는 바가지에 버드나무 잎을 띄워 건네줍니다. 왕건이 버드나무 잎을 띄운 까닭을 물었더니 처녀는 "장군께서 급히 물을 마시다가, 혹 체할까 염려되어 그리했나이다" 하고는 얼굴을 붉히면서 고개를 떨구었습니다. 이에 감동한 왕건은 그녀의 아버지를 찾아가 처녀와의 혼인을 청해 승낙을 받았습니다. [49]

그 처녀가 바로 태조 왕건의 맏아들 혜종(고려 2대 왕, 912~945)을 낳은 장화왕후 오씨입니다. 혜종은 912년 나주에서 출생하여 921년에 왕위 계승자가 됩니다. 936년에는 후백제 정벌전쟁에 참가하여 1등 공신이 되었다가, 태조가 죽은 후 943년에 고려 제2대 왕위에 오르게 됩니다. 혜종이 왕위를 이었으나 반발 세력과의 치열한 권력투쟁이 있었습니다. 그의 아버지 태조 왕건이 왕권 안정책의 일환으로 혼인정책을 추진했기 때문입니다. 태조 왕건의 부인은 29명이었고, 아들이 25명, 딸은 9명이었습니다. 혜종은 왕위 찬탈을 노리는 이복동생들의 위협에 시달리다가 병을 얻어 945년에 34세의 젊은 나이로 생을 마감합니다. 재위기간은 2년 4개월이었습니다. [50]

2. 세종 대왕

태몽 35 태양을 삼킨 동자

어느 여름날, 세종의 어머니인 정녕옹주 민씨가 남편인 정안군 이

방원에게 꿈 얘기를 합니다.

"지난밤 한 꿈을 꾸었는데, 어찌나 신기하던지요."

"어떤 꿈이요? 말해 보시오."

정안군이 묻자 옹주는 얼굴을 약간 붉히며 대답합니다.

"아, 글쎄 붉은 해와 검은 황소를 보았습니다."

"그거 길몽인 것 같소. 큰 경사가 아니면 풍년이 들려는가 보오. 어디 자세히 말해 보오."

정녕옹주가 약간 머뭇거리다가 말문을 엽니다.

"제가 여기쯤 앉아서 경복궁을 바라보고 있으려니까 난데없이 큰 황소 한 마리가 구름을 타고 북악산 위에 나타났는데, 그 소의 뿔 사이에 붉은 해가 빛을 발하며 끼어 있질 않겠어요."

"그래서요?"

정안군이 재촉합니다. 정녕옹주는 눈을 크게 뜨고 말합니다.

"그런데 소가 봉우리를 헛디뎌서 붉은 해가 활활 타며 산 밑으로 떨어지는데, 궁이며 마을도 다 태워 버릴 것만 같았어요."

"그래서요?"

옹주는 자세를 가다듬으며, "그런데 어디선가 붉은 옷을 입은 동자가 나타나서 그 해를 삼키더니, 놀라 떨고 있는 제 품으로 들어와 안기는 것이었어요"라고 하며 남편을 쳐다봅니다.

"거 심상치 않은 꿈 같소. 나도 지난밤에 꿈을 꾸었는데 이삭들이 잘 팬 벼를 바라보며 매우 흡족해했소."

"그랬어요? 아마도 올해 풍년이 되려나 보지요."

"아니, 그보다도 혹시 태몽이 아니겠소?"

"아이, 나리도 별말씀을 다…."

정녕옹주는 그 달부터 태기가 있었습니다. [51]

세종 대왕의 태몽

이 태몽은 장차 태어날 아이가 최고의 권력을 잡거나 그의 사상 등이 세상에 막대하게 미칠 영향력을 예지합니다. 그 이유는 다음과 같습니다.

첫째, 태양의 상징입니다. 현생에서 해는 생명의 근원이며, 인간의 생존에 절대적인 영향을 미치는 존재입니다. 또한 온 세상에 하나밖에 없는 하늘의 제왕입니다. 태양으로부터 나오는 빛은 세상의 모든 곳에 영향을 미칩니다. 예지적인 꿈에서 태양이 기관을 뜻할 때는 국가 또는 사회를 상징하고, 인물일 때는 국가 최고 지도자나 통치자·위대한 인물·유명인 등을, 일일 때는 위대하거나 명예로운 업적 또는 진리 등을 상징합니다. 이러한 이유로 태양은 태아가 성장하여 이와 같은 인물이 되거나 그에 상응하는 업적을 달성할 것임을 암시합니다.

둘째, 그 태양이 붉습니다. 붉은색은 정력, 열정, 불붙는 연정 혹은 공격성을 상징합니다. 붉은 과일은 성숙을 상징하고 붉은 꽃은 애정, 충성심, 명예 등을 가리킵니다. 붉은 옷은 전투적이고 의지적이며 열성적인 일과 동일시됩니다.[52]

세종(1397~1450)은 1397년 5월 15일에 후일 원경왕후가 된 어머니 정녕옹주의 셋째 아들로 태어납니다. 당시 아버지 이방원은 31세였습니다. 이윽고 대문에는 금줄이 처지고, 고추가 매달렸습니다. 세종이 태어난 장소는 서울 경복궁 서쪽 준수방으로 지금의 종로구 통인동 137번지 일대로 알려져 있습니다. [53]

태종 이방원은 첫째 아들인 양녕대군을 세자로 앉혔으나, 나중에 그를 폐하고 세종에게 왕위를 계승시킵니다. 그때가 세종의 나이 22세인 1418년입니다. 재임기간에 세종은 탁월한 업적을 많이 세웠습니다. 1442년에 이천과 장영실이 측우기를 제작했고 혼천의, 간의, 앙부일구 같은 혁신적인 과학기술품을 발명했습니다. 4군 6진의 개척과 영토의 확장, 궁중음악체계 정비 등 세종이 남긴 많은 업적은 오늘날 우리 삶에도 영향을 미치고 있습니다.

특히 1443년에 창제한 한글은 우리나라뿐만 아니라 인류문화사에 길이 빛날 업적으로 평가받고 있습니다. 하버드대학 라이샤워와 페어뱅크 교수는 "한글은 오늘날 사용되고 있는 모든 문자 중에서 가장 과학적인 체계일 것"이라고 했습니다.

세종 대왕

《총균쇠》의 저자로 유명한 과학자 재레드 다이아몬드의 찬사는 한글에 대한 숱한 찬사들의 종합 편입니다. "한글은 인간의 창조성과 천재성에 대한 위대한 기념비적인 문자이며, 간결하고 우수하기 때문에 한국인의 문맹률은 세계에서 가장 낮다. (한글이) 세계에서 가장 뛰어난 문자체계라고 칭송받는 것은 당연하다."[54]

3. 정조 대왕

태몽 36 창경궁 안으로 들어온 용

정조 대왕의 아버지인 사도 세자(1735~1762)가 어느 날 한 꿈을 꿉니다.

"여의주를 품에 안은 용이 창경궁 경춘전으로 들어왔다."

이 꿈은 혜경궁 홍씨(1735~1815)가 정조를 잉태하기 두세 달 전에 꾸었습니다. 경춘전은 사도세자와 혜경궁 홍씨가 처소로 사용하던 곳으로 정조가 태어난 장소이기도 합니다.

"침실로 들어온 용은 여의주를 가지고 한참을 놀다가 사도 세자의 품으로 들어왔다. 용이 갑자기 자신의 품으로 들어오자 깜짝 놀라 잠에서 깬 사도 세자는 이 꿈이 왕재의 탄생을 알리는 태몽임을 직감했다. 사도 세자는 이 태몽을 기념하여 꿈에서 본 용을 하얀 비단에 그려서 경춘전 침실에 걸어 두었다."[55]

1752년 9월 22일, 정조(1752~1800)는 사도 세자와 혜경궁 홍씨 사이에서 태어납니다. 영조는 아들인 사도 세자와는 달리 손자인 정조를 예뻐했습니다. 정조가 열한 살 때인 1762년, 아버지 사도 세자가 뒤주에 갇혀 죽는 불행한 일이 일어납니다. 그 후 정조는 1776년 영조가 생을 마감한 후 왕위에 오릅니다. [56]

  정조는 집권 초기에 권세를 누리던 외척 세력들을 제거한 후, 노론·소론·남인을 고루 기용하는 탕평책을 실시합니다. 자신의 권력과 정책을 뒷받침하기 위해 왕실도서관인 규장각도 설립합니다. 또한 수원 화성을 건설하여 개혁의 이상을 과시했습니다. 정조는 개혁정책을 추진했는데, 수령이 향촌의 자치규약인 향약을 직접 주관하게 함으로써 지방 사족들의 향촌 지배력을 억제하고 백성에 대한 국가의 통치력을 강화했습니다. 농업기술의 발전을 위해 노력하고 광산 개발을 장려했으며, 통공정책을 실시하여 자유로운 상업 활동을 어느 정도 보장했습니다. 서얼 출신 학자를 규장각 검서관에 기용하고 공노비 해방을 추진하는 등, 서얼과 노비에 대한 차별을 개선하기도 했습니다. 나아가 문물제도의 정비를 반영한 다양한 편찬 사업도 벌였습니다. [57]

4. 장군·고승·민족의 지도자 등 위인들

1) 자장율사

태몽 37 가슴으로 떨어지는 별
신라시대의 자장율사 어머니의 꿈입니다.
"상서로운 별이 내 가슴으로 떨어졌습니다."

김무림은 진한 왕족의 후예로 진골 출신이자 신라의 소판(정승)이었습니다. 그는 슬하에 자식이 없어서 걱정이었습니다. 김무림은 아들을 얻고자 보시와 공양 그리고 관음 불상을 조성하기도 했습니다. 얼마 뒤, 그의 아내가 가슴으로 별이 떨어지는 꿈을 꾼 뒤 아이를 가졌고, 열 달 뒤인 4월 8일 부처님 오신 날에 아이를 낳았습니다. 부모는 아이의 이름을 '선종랑'이라 지었는데 그 아이가 성장하여 훗날 세상에 이름을 떨친 자장율사(590~658)입니다. [58] 자장율사는 신라에 화엄사상을 최초로 소개한 승려로 경남 양산 통도사를 창건했으며 신라 율종의 시조입니다.

2) 김유신 장군

태몽 38 자신에게 내려온 2개의 별

595년 김유신의 아버지 김서현은 경진일 밤에 꿈을 꿉니다.
"형혹성(화성)과 진성(토성) 두 별이 나에게로 내려왔습니다."
또한 그의 어머니 만명은 신축일 밤에 다음과 같은 꿈을 꿉니다.
"한 어린이가 황금 갑옷을 입고 구름을 타고서 집 안으로 들어왔습니다."
만명은 아버지의 강한 반대에도 불구하고 만노군(현재의 충북 진천)의 태수가 된 김서현을 따라갑니다. 열렬한 연애결혼이었습니다. 만명은 임신하여 20개월 만에 아들을 낳습니다. 김서현은 아들이 태어난 날인 경진일과 비슷한 발음을 빌려와 아들 이름을 '유신'이라고 지었습니다. [59]

김유신(595~673)은 경주 사람으로 가야국 김수로왕의 13세손이자 진골 귀족 출신이며 아버지는 김서현, 어머니는 만명 부인입니다. 609년에 화랑이 되어 낭도를 이끌었고, 자신의 여동생 문희를 김춘추의 정실부인으로 시집보냅니다. 654년 3월 진덕 여왕(재위기간 647~654)이 후사 없이 사망하자 김춘추(태종 무열왕, 재위기간 654~661)를 왕으로 추대합니다. 그는 660년 7월 신라군 5만 명과 소정방이 이끈 당나라군 13만 명을 연합하여 백제를 멸망시킵니다. 또한 당나라 군사를 축출하는 데 힘써 한강 이북의 고구려 땅을 수복하기도 합니다. [60]

《삼국유사》에 의하면 김유신은 김춘추와 함께 신통한 계획으로 힘을 합하여 삼한을 통일하고 국가에 큰 공을 세웠습니다. 반면에 신채호는 이러한 방식의 삼국통일을 부정적으로 평가합니다. "민족 전체로 보면 민족적 역량과 영토의 축소를 가져왔으며, 외세와 결탁한 반민족적인 것이며, 사대주의적 나쁜 요소를 심었다."[61]

3) 일연 스님

태몽 39 어머니의 배를 뚫고 들어온 태양 빛

일연 스님의 어머니가 꾼 꿈입니다.
"모친은 밝은 태양의 빛줄기가 배를 뚫고 들어오는 꿈을 꾸었다."
이 꿈을 꾼 후에 임신이 되었고, 열 달 뒤 일연이 태어납니다. [62]
또 다른 기록에는 "해가 방 안에 들어와 배를 비췄고 사흘 만에 잉태했다"고 되어 있습니다. [63]

1206년, 일연 스님(1206~1289)은 아버지 김언정과 이씨 성을 가진 어머니 사이에서 태어납니다. 고향은 당시 경북 경주의 속현이던 장산군(경산)입니다. 태몽의 영향으로 어릴 때 이름은 '밝음을 보았다'

라는 의미의 견명(見明)이었습니다.⁶⁴

일연은 1214년에 지금의 광주 지방인 해양 무량사에서 학문을 닦았으며, 1227년에는 승과에 응시하여 상상과(上上科, 장원)로 급제합니다. 당대의 고승으로 승려 중에서 최고 높은 국사의 지위에 오릅니다.

충렬왕은 일연을 "도와 덕이 높고 성대하여 사람들이 모두 우러르는 바이다"라고 평가했습니다. 또한 연세대 연구교수 고운기는 일연을 "밝은 해가 비치는 태몽 끝에 태어난 사람, 그러나 어두운 시대를 살아가며 끝내 그 밝음과 어둠을 하나로 보려 했던 사람"이라고 평했습니다.

일연 스님이 살았던 13세기 고려는 고난과 어둠의 시기였습니다. 무신정권의 소용돌이와 몽골의 침입 및 지배로 얼룩졌고, 그로 인해 백성들의 삶은 처참하고 피폐했습니다. 이런 날들 속에서도 그는 말년에 《삼국유사》를 집필합니다. 집필 연도는 1277년에서 1281년으로 추정됩니다.⁶⁵

《삼국유사》의 역사적 가치에 대해서, 전 동국대학교 총장인 권상로는 "우리나라의 시조가 단군임을 전한 것이 이 책 밖에 또 어디에 있던가. 《삼국유사》의 〈고조선〉 조가 없었던들 단군에 관한 문헌적 신빙성이 있을 리 없고, 따라서 단군에 관한 학문적인 연구의 동기도 있을 수 없었을 것이며, (중략) 우리나라 상고사를 혼자 떠맡고 있는 문헌이라고 할 만도 하다"라고 평가합니다.⁶⁶

육당 최남선은 《삼국유사》를 다음과 같이 평가합니다. "우리의 고대사에 관한 신전이라 말할 수 있고, 예기가 되며, 신통지 내지 신화전설집이 될 수 있으며, 민속지와 사회지가 될 수 있고, (중략) 신앙 특히 불교사의 재료가 될 수 있고, 일사집이 될 수 있다."⁶⁷ '일사집'이란 기록에서 빠지거나 알려지지 않아서 세상에 드러나지 않은 사실을 의미합니다. 《삼국유사》에는 김부식의 《삼국사기》에 빠져 있거나 일부러 빼버린 많은 사실이 수록되어 있습니다.[68]

현대인들의 태몽에 등장하는 태아의 원형상도 상당한 부분이 《삼국유사》에 기록된 신화나 설화 등에서 비롯된 것입니다. 《삼국유사》가 우리 민족 신화와 설화의 보물창고인 이유입니다.

4) 이순신 장군

태몽 40 쓰러져 가는 나무를 떠받치는 한 젊은이
이순신 장군의 어머니가 꾼 꿈입니다.
"한 젊은 남자가 쓰러져 가는 나무를 떠받치는 꿈입니다."[69]

이순신(1545~1598)은 1545년 3월 8일, 지금의 서울 중구 인현동 부근인 건천동에서 아버지 이정과 어머니 변씨의 셋째 아들로 태어납니다.

22세에 무과에 도전했으나 떨어지고, 32세인 1576년에야 무과에 합격합니다. 첫 발령지는 함경도 동구비보('삼수갑산'에서 삼수라는 고을)였고 직책은 권관(종구품)이었습니다. 49세인 1593년에 삼도수군통제사인 종이품에 오릅니다. 그리고 1592년 4월 13일(양력 5월 23일), 선조 25년에 임진왜란이 발발하자 이순신은 이틀 후인 4월 15일에 경상우수사 원균의 구원 요청을 통해 전쟁이 일어났음을 알게 됩니다. 당시 전라좌수사(정삼품)였던 이순신은 출정에 앞서 선조에게 전쟁에 임하는 결의를 밝힙니다.

"원컨대 한 번 죽음으로써 나라의 부끄러움을 만분의 일이나마

이순신 장군 어머니의 꿈

씻으려 하옵거니와, 성공과 실패에 대해서는 신이 미리 헤아릴 바가 아닙니다."

이순신 장군은 1592년 5월 7일 옥포해전을 시작으로 1598년 11월 19일 노량해전에 이르기까지, 23전 23승리로 쓰러져 가는 조선을 구했습니다.

그리고 자신의 마지막이 될 노량해전을 앞두고 하늘에 제사를 지냅니다. "오늘 진실로 죽음을 각오하니, 하늘에 바라옵건대 반드시 이 적을 섬멸하게 하여 주소서." 승리는 했지만 이순신 장군은 총에 맞아 쓰러집니다. "싸움이 급하니 부디 내 죽음을 말하지 말라." 이것이 그가 남긴 마지막 말입니다.

이순신은 거북선을 만들고, 전쟁 중에도 훗날 세계기록유산으로 등록된 《난중일기》를 씁니다. 전쟁 중에 어머니와 아들을 잃었고, 파직과 고문을 당한 후 백의종군을 합니다.

역사가 황현필은 평합니다. "이순신이 없었으면 430년 전 조선은 망했을 것이고, 우리는 300년 더 일찍 일본의 식민 지배를 경험해야 했을 것이다."[70]

장군복을 입은 이순신 장군

　일본의 전쟁 이론가인 사토 테츠타로는 이순신과 영국의 넬슨을 이렇게 비교합니다. "역사상 최고의 제독은 동방의 이순신과 서방의 호레이쇼 넬슨이다. 거기에 넬슨은 인간적·도덕적인 면에선 이순신보다 떨어진다. 이순신은 조선에서 태어났다는 불행 덕분에 서방에 잘 알려져 있지 못하다."

　또한 일본의 해군 제독인 도고 헤이하치로는 러일전쟁 승리 직후 축사를 듣고 나서 이렇게 말합니다. "나를 넬슨에 비하는 것은 가하나 이순신에게 비하는 것은 감당할 수 없는 일이다."[71]

5) 김구 선생

태몽 41 붉은 밤 하나
김구 선생의 어머니가 꾼 꿈입니다.
"푸른 밤송이 속에서 붉은 밤 하나를 얻어서 감춰 두었습니다."

　백범 김구(1876~1949)는 1876년 황해도 해주 해운방 텃골에서 아

버지 김순영과 어머니 현풍 곽씨의 아들로 태어납니다. 당시 어머니의 나이는 열일곱이었습니다. [72]

백범은 평생 대한민국의 자주독립을 위해 헌신한 독립운동가로 대한민국 임시정부 주석을 지냈습니다. 1932년 일본 동경에서 일왕에게 폭탄을 던진 이봉창(1900~1932) 의거와 상해 홍구공원에서 일본군 대장에게 폭탄을 던진 윤봉길(1908~1932) 의거 등을 지휘했습니다. 1945년 광복 후에는 나라의 완전한 자주독립을 위한 통일정부 수립을 위해 노력하다가, 1949년 6월 26일 서울 경교장에서 육군 소위 안두희의 흉탄에 맞아 운명했습니다.

백범은 자서전 《백범일지》에서 자신이 원하는 우리나라에 대해 이렇게 말합니다. "나는 우리나라가 세계에서 가장 아름다운 나라가 되기를 원한다. 가장 부강한 나라가 되기를 원하는 것은 아니다. 내가 남의 침략에 가슴이 아팠으니 내 나라가 남을 침략하는 것을 원치 아니한다. 우리의 부력은 우리의 생활을 풍족히 할 만하고 우리의 강력은 남의 침략을 막을 만하면 족하다. 오직 한없이 가지고 싶은 것은 높은 문화의 힘이다. 문화의 힘은 우리 자신을 행복되게 하고 나아가서 남에게 행복을 주기 때문이다."[73]

전 서울대 교수 신용하는 그에 대해 이렇게 평가합니다. "백범 김구 선생은 우리들이 모두 아는 바와 같이 온 생애를 겨레와 조국의 자유해방 독립통일에 바치신 우리 민족의 위대한 지도자요, 영원한 스승이시다. 백범 선생은 우리나라가 통일되고 자유로우며 높은 문화를 가진 진정한 민주주의 국가가 되어 전 세계 인류와 함께 손잡고 세계평화를 형성, 발전시켜 나갈 것을 간절히 소원하셨다."[74]

6) 안중근

태몽 42 7개의 별

안중근의 어머니 조마리아가 꾼 꿈입니다.
"서북쪽에 7개의 기이한 별이 나타나 상서로운 빛이 찬란했다."[75]
또 다른 기록에 따르면 그의 아버지는 다음과 같은 꿈을 꿉니다.
"호랑이 한 마리가 크게 두려워하는 꿈을 꾸었습니다."[76]

안중근(1879~1910)은 1879년 황해도 해주에서 아버지 안태훈과 어머니 조마리아의 장남으로 태어납니다. 16세인 1894년 동학군과의 싸움을 위해 부친이 일으킨 의병에 참가했고, 1897년에는 빌렘 신부에게서 세례를 받아 천주교 신자가 됩니다. 31세인 1909년 단지동맹을 결성하여 자신의 손가락을 자르고 태극기에 '대한독립'이라는 혈서를 씁니다. 1909년 10월 26일에는 조선 침략의 주범이자 일본 초대 총리를 지낸 이토 히로부미를 하얼빈역에서 처단합니다. 1910년, 안중근은 32세에 《동양평화론》을 집필해 설파했고, 일본 검찰관이 이토를 처단한 이유를 묻자 열다섯 가지 항목을 밝힙니다. 그 일부 내용은 다음과 같습니다. '한국의 왕비를 살해한 죄, 한국 황제를 폐위시킨 죄, 조약을 강제로 체결한 죄, 무고한 한국민을 학살한 죄, 정권을 강제로 빼앗은 죄.'[77]

1910년, 사형 선고를 받은 안중근에게 어머니 조마리아는 마지막 당부를 전합니다. "네가 항소를 한다면 그것은 일제에게 목숨을 구걸하는 짓이다. 네가 나라를 위해 이에 이른즉, 다른 마음 먹지 말고 죽으라. 옳은 일을 하고 받는 형(刑)이니, 비겁하게 삶을 구하지 말고 대의에 죽는 것이 어미에 대한 효도다."[78]

1962년 대한민국 정부는 독립운동가 안중근의 공훈을 기리어 건국훈장 대한민국장을 추서합니다. 안중근은 자신의 태몽대로 민족의 영원한 별이 되었습니다.

5. 대한민국 대통령들

1) 노태우 대통령

태몽 43 온몸을 휘감은 구렁이

노태우 대통령의 어머니 김태향이 꾼 꿈입니다.

"어느 날 집에서 멀지 않은 파금재 산 중턱 콩밭에 김을 매러 갔다가, 그곳에 숨어 있는 시퍼런 구렁이 한 마리를 발견했습니다. 나는 너무 놀라서 집으로 달려왔는데, 그 구렁이가 집에까지 따라왔습니다. 부엌에 숨으려고 하자 시퍼런 구렁이가 나의 발뒤꿈치를 물고 온몸을 휘감았습니다. 깜짝 놀라 깨어 보니 꿈이었습니다."

이 꿈을 꾼 후 바로 태기가 있어 아이를 낳았습니다. 사실 모친 김태향은 시집을 와서 수년 동안 태기가 없어, 그와 시어머니는 늘 경건한 마음으로 아들을 얻게 해달라고 기도했습니다. 기도한 지 8년째에 드디어 아들 노태우를 낳았습니다.[79]

노태우(1932~2021)는 1932년 12월 경상북도 달성군 공산면 신용리(현재의 대구 동구 신용동)에서 아버지 노병수와 어머니 김태향의 장남으로 태어납니다. 그는 육군사관학교를 졸업한 후, 육군 9사단장이던 1979년 12월 12일에 육사 11기 동기생인 전두환을 중심으로 한 신군부 '하나회' 세력의 핵심으로서 군사 쿠데타를 주도합니다. 쿠데타 성공으로 신군부의 이인자로 떠오른 노태우는 수도경비사령관, 보안사령관을 거친 뒤 대장으로 예편, 정무2장관으로 정계에 입문합니다. 이어 초대 체육부 장관, 서울올림픽조직위원장, 민정당 대표를 거치면서 정치인이 됩니다.

1987년 6월 민주화 항쟁으로 대통령 직선제 개헌이 이루어지고, 같은 해 연말 대선에서 대통령에 당선됩니다. 노 대통령은 직선제 대통령으로 선출된 뒤 올림픽의 성공적 개최, 민주주의 정착, 외교적 지위 향상과 토지공개념 도입 등으로 국가 발전에 크게 이바지합니다.

노 대통령의 재임시기(1988~1993)는 시대적 전환기였습니다. 1988년 7월 7일 '민족자존과 통일번영을 위한 특별 선언'에서 남북한 관계 개선과 사회주의권과의 관계 개선에 대한 의지를 표명합니다. 이른바 '7월 7일 선언'으로도 알려진 이 선언은 남북 동포의 상호교류 및 해외 동포의 남북 자유왕래 개방, 이산가족 생사 확인 적극 추진, 남북교역 문호 개방, 비군사 물자에 대한 우방국의 북한 무역 용인, 남북 간의 대결외교 종결, 북한의 대미·일 관계 개선 협조 등의 내용을 담고 있습니다. 이 선언을 계기로 북방정책, 즉 공산권과의 국교 수립 및 교류 확대가 이어졌습니다. 또한 1990년 소련과 수교, 1991년 남북한 유엔 동시 가입, 1992년 중국·베트남과 수교 등 성과를 내며 대한민국의 외교적 지평을 크게 넓혔습니다.[80]

노 대통령이 집권하던 시기는 소련 및 동유럽의 사회주의권이 붕괴하고 독일이 재통일되는 등 국제질서가 탈냉전으로 재편되던 때입니다. 노태우 정부는 이러한 국제질서의 변화에 적절하게 대응하며 소련, 중국, 베트남을 포함한 구동구권 국가들 그리고 북한과의 새로운 관계 개선을 이끌어 냅니다. 이러한 북방정책의 성과는 오늘날에도 한국의 국제관계와 통상환경에 지대한 영향을 미치고 있습니다. [81]

그러나 대통령 퇴임 후 12.12 군부 쿠데타 주도, 5.18 광주 민주화 운동 무력 진압, 수천억 원 규모의 비자금 조성 등의 혐의로 전두환 전 대통령과 함께 감옥에 수감되고, 법원에서 징역 17년형과 추징금 2,600억여 원을 선고받는 등 한국 현대사의 어두운 한 면도 장식합니다. 2002년 암 수술 후 병마와 싸우다가 2021년 10월 26일에 세상을 떠났습니다. [82]

2) 김대중 대통령

태몽 44 품에 안은 호랑이

김대중 어머니의 꿈입니다.
"호랑이를 품에 안고 있었습니다."
이후 그의 어머니는 김대중에게 이렇게 당부합니다.
"너는 높은 데서 나왔으니 몸을 함부로 굴리지 말거라."[83]

김대중(1924~2009)은 1934년 전라남도 무안군(현 신안군) 하의면 후광리에서 아버지 김운식과 어머니 장수금의 아들로 태어났습니다. 그의 삶을 요약하면 다음과 같습니다.

'김대중의 삶은 곧 20세기 한반도의 역사이다. 1924년 남녘의 외딴 섬마을에서 태어나 2009년 8월 세계인의 애도 속에 고단한 몸을 누일 때까지, 그는 파란으로 가득 찬 한반도 현대사의 한복판을 헤쳐 왔다. 전쟁의 참화를 딛고 일어선 청년기에는 촉망받는 사업가로, 30여 년에 걸친 군사정권의 통치기에는 민주주의의 뜨거운 상징으로, 21세기로 건너오는 길목에서는 겨레의 새 길을 여는 대한민국 제15대 대통령(재임기간 1998~2003)으로, 그는 거대한 생애를 실로 숨 가쁘게 살아 냈다.'

김대중 대통령에 대한 빌 클린턴 전 미국 대통령의 평가입니다. "저는 김 대통령의 재임 중 의미 깊은 순간은 평양 방문이라고 생각합니다. 바로 한국전쟁 이후 남한과 북한의 첫 정상회담이 이루어진 순간입니다. 김대중 대통령의 햇볕정책은 한반도 문제에 외교와 협력으로 접근한다는 그의 믿음에서 비롯되었습니다. 그리고 햇볕정책은 고립이 아닌 파트너십이 남북한 모두에게 한층 더 밝은 미래를 가져다줄 것이라는 그의 확신을 보여 주었습니다. 햇볕정책은 그 어느 때보다 남북한의 지속적인 평화와 화해의 희망을 드높여 주었던 심대한 연대의 표현이었습니다. 만약 그가 꿈꾸었던 파트너십을 실현할 수 있었다면, 우리는 지금 더욱 안전하고 공명정대한 세상에서 살고 있을 것입니다. 김대중 대통령은 용기 있는 민주주의의 투사였고, 인권과 평등의 수호자였습니다. 경제 위기로부터 한국을 구출했고, 국가안보를 증진했습니다. 그의 업적은 노벨평화상을 수상하고도 넘칠 만한 것입니다."[84]

또한 리하르트 폰 바이츠제커 전 독일 대통령의 평가입니다. "우리는 김대중 대통령의 자서전을 통해 위대한 인격을 지닌 가장 비범하고 감동적인 인물을 들여다봅니다. 지칠 줄 모르는 용기로 온갖 역경과 시련을 극복하고 나아간 한 사람의 놀라운 인생 역정, 엄청난 좌절, 경이로운 성공의 이야기를 담고 있습니다. 거짓과 증오, 폭력 속에서, 감옥과 가택 연금 속에서, 그는 조국을 지키며 한 발 한 발 더 많은 자유와 민주주의, 더 활발한 화합과 긴장 완화

(détente), 한반도에 사는 모든 이들의 한층 더 인간적인 모습을 위해 노력했고, 승리했고, 성공했습니다. 그러나 과거의 적과 반대자들에게 어떠한 원망도 보복도 하지 않았습니다. 한국의 대통령으로서 그는 북한에 대해 햇볕정책을 추진했습니다. 김 대통령은 가혹하게 분단된 조국이 겪었던 고통을 줄이고, 평화 통일을 위한 반석을 만들기 위해 노력했습니다."[85]

6. 대한민국을 빛낸 체육인들

1) 육상 선수 황영조

태몽 45 목격한 용

황영조 선수의 어머니가 꾼 꿈입니다.
"용을 보았습니다."
또한 그의 할머니도 용꿈을 꾸었다고 합니다.[86]

　　황영조는 1970년 강원도 삼척시 근덕면 초곡리에서 아버지 황길수와 어머니 이만자 사이의 2남 2녀 중 장남으로 태어났습니다. 아버지는 어부, 어머니는 해녀였으며 집안은 가난했습니다. 고향에서 초·중학교를 마치고 강릉의 명륜고등학교에 진학한 후 마라톤을 시작했습니다.[87] 1991년 7월 영국 셰필드 하계 유니버시아드대회 마라톤에서 대회 최고기록으로 금메달을 땄으며, 1992년 8월 스페인 바르셀로나 올림픽 마라톤에서도 금메달을 땄습니다. 1994년 4월 보스턴 마라톤에서 한국 최고기록을 수립했고, 1994년 10월 일본 히로시마 아시안게임 마라톤에서 금메달을 석권합니다. 이는 세계 최초의 국제종합대회 석권이었습니다. 또한 그는 한국인 최초의 2시간 8분 47초로 '마의 10분 벽'을 무너뜨렸습니다.

사람들은 흔히 마라톤을 '올림픽의 꽃'이라고 합니다. 마라톤은 인간 육체의 한계에 가장 격렬하게 도전하는 종목이자 인간이 보여줄 수 있는 가장 감동적인 드라마이기 때문입니다.[88] 1992년 바르셀로나 올림픽에서 금메달을 딴 황영조 선수는 국민적 영웅이 됩니다. 그가 올림픽 금메달을 따자 일제 강점기에 올림픽 금메달리스트였던 손기정 선수는 "이제 죽어도 여한이 없다"고 말했습니다.[89]

2) 골프 선수 박세리

태몽 46 발이 달린 큰 가물치

박세리 선수의 아버지가 꾼 태몽입니다.

"광주에서 살 때인데, 하루는 밤에 꿈을 꾸니까 가물치가 커다란 저수지에 가득하게 바글바글해요. 그중에 무지무지하게 커다란 가물치가 있었는데 야광처럼 파랗게 빛났어요. 그런데 그 큰 가물치에는 악어처럼 발이 달려 있었어요. 이 커다란 가물치가 나무 있는 곳으로 움직이니까 그 수많은 조그만 가물치들이 고물거리며 일시에 큰 놈한테 새까맣게 몰려가는 겁니다. 깨어 보니 꿈이에요. 그래서 나는 세리가 사내인 줄 알았어요."[90]

이 태몽을 해석해 보겠습니다.

첫째로 출산 가능 여부입니다. 꿈 내용을 통해 순조로운 출산을 예측할 수 있습니다. 즉, 이 꿈을 꾼 아버지가 태아의 상징인 가물치의 움직임을 바라보는 행위가 이루어졌기 때문에 출산 가능성이 높습니다. 필자의 연구에 의하면 꿈을 꾼 이와 태아의 원형상 사이에 상호관계가 긍정적으로 이루어지면 96% 이상의 확률로 출산이 가능합니다.

둘째, 아기의 성별 암시 여부입니다. 특정한 원형상(호랑이, 용, 꽃 등)이 태아의 성별을 암시하진 않습니다. 딸 태몽에도 호랑이, 용 등이 나오며 아들 태몽에도 꽃이 등장합니다. 오늘날에는 여성들도 남성 못지않게 활발한 사회 활동을 합니다. 극히 예외적으로 '수탉이 임산부를 노려보았다' 또는 '암탉이 임산부를 향하여 다가왔다' 등으로 성별을 암시하는 경우는 있습니다. 박 선수의 아버지가 거대한 가물치의 뒤를 작은 가물치들이 따라가는 모습을 목격하고 아들이라고 추측한 것은 잘못된 해석입니다.

셋째, 아이가 성장하여 달성할 업적도 암시하는지 여부입니다. 이 부분은 태몽에서 드러난 내용이 어디까지인가에 달려 있습니다. 예컨대 김구 선생의 태몽은 '붉은 밤 한 알'이었습니다. 이 태몽은 태아의 임신이나 출산까지만 암시하고 있습니다. 반면에 박 선수의 태몽은 그녀가 성취할 업적까지도 암시하고 있습니다. '거대한 가물치', '빛나다', '수많은 작은 가물치들이 그 뒤를 따른다' 등에서 박 선수가 미래에 빛나는 업적을 이룰 것과 그로 인해 추종자들이 따를 것을 예견할 수 있습니다.[91]

박세리 선수는 1977년 대전광역시 유성구 봉명동에서 아버지 박준철과 어머니 김정숙 사이에서 둘째 딸로 태어났습니다. 당시 그녀의 집안은 가난했습니다. 그녀는 아버지의 권유로 초등학교 때부터 골프를 시작했고, 1998년 US 여자 오픈 연장전에서 극적인 우승을 거두었습니다. 그녀는 국민이 IMF 외환 위기로 큰 실의에 빠져 있을 때, 악전고투 끝에 우승하는 투혼을 보여 주면서 사람들에게 희망을 준 국민적 영웅으로 떠올랐습니다. 박세리 선수는 LPGA 투어 우승 25회를 달성하여, 2007년 골프 선수들에게는 최고의 영예인 '세계 명예의 전당'에 올랐습니다. [92]

3부
태몽은 누가, 언제 꾸나요?

나는 인간의 자아나 영혼의 어떤 부분은
시간과 공간의 법칙에 얽매이지 않는다고 단순히 믿는다.

- 칼 융

1장
태몽을 꾸는 사람들

태몽은 임산부 본인뿐만 아니라 친정 부모, 아이 아빠, 시부모, 친척과 심지어 임산부와 혈연관계가 아닌 지인도 꿉니다. 아이의 탄생은 임산부 본인뿐만 아니라 가족, 친척 그리고 사회공동체와도 연관된 중대한 사건이기 때문입니다.

1. 임산부

태몽 47 발을 물려는 아기 돼지들

임산부인 석민선 씨의 꿈입니다.

"들판 같은 곳에 있는데, 조그만 아기 돼지들이 다가와 발을 물려고 했습니다. 저는 깜짝 놀랐어요. 태어난 아이는 딸입니다."

태몽 48 품에 안은 큰 잉어

김진혜 씨가 임신 초기에 꾼 꿈입니다.

"신생아 정도로 꽤 큰 잉어를 제가 양손으로 두 팔 가득 안고 있었습니다. 잉어는 파닥거리면서 아주 생기 있어 보였지요. 잉어는 아주 시커먼 색깔은 아니었고, 엷은 금색에서 밝은 검은색 빛이 모두 보였어요. 저는 '놓치지 말아야지', '엄청나게 팔딱거리네'라고 생각했습니다. 잉어를 소중하게 안으면서, 팔딱거리는 잉어를 내려다보고 신비로움을 느꼈어요.

오랜 시간이 지났지만 아직도 선명하게 기억에 남아 있습니다. (꿈에서 깨어나) 바로 태몽인 줄 알았어요. 태어난 아이는 아들입니다."

태몽 49 남편 친구가 건네준 목걸이

김성희 씨가 셋째를 임신했을 때 꾼 꿈입니다.

"꿈에서 우리 집을 리모델링하고 있었어요. 남편 친구가 화장실 변기에서 목걸이를 주워 와 저에게 주었지요. 내 것이 아니었지만 받아서 목에 걸었어요. 너무 예쁘고 화려해서 갖고 싶기도 했고, '내 것이 아닌데 받아도 되나' 하는 의구심도 들었어요. 마음이 들뜨고 신기했어요."

2. 친정 부모

필자의 조사에 의하면 임산부 다음으로 태몽을 많이 꾸는 사람은 친정어머니입니다. 딸과의 깊은 정서적 유대관계가 임산부 다음으로 꿈을 많이 꾸게 하는 것으로 보입니다. 또한 친정어머니만큼은 아니지만 친정아버지도 태몽을 꿉니다.

태몽 50 자루에 힘껏 담은 뱀들

정성미 씨의 친정어머니가 꾼 꿈입니다.

"꿈에서 발밑에 있는 많은 뱀을 보고 굉장히 무서웠어요. 무서운 감정과는 별개로 왠지 이 뱀들을 담아야 할 거 같아서 옆에 있던 자루에 뱀들을 힘껏 담았습니다.

꿈에서 깨자마자 매우 놀랐고, '태몽이다!' 싶었습니다. 주위에서는 뱀이 나왔으니 아들이라고 해석해 주었어요. 태어난 아이는 아들입니다."

민가의 믿음과는 달리 뱀 태몽이 반드시 아들을 암시하지는 않습니다. 태아의 성별을 상징하는 원형상에 대해서는 뒤에서 더 자세히 살펴보겠습니다.

태몽 51 나물 캐듯이 주워 담은 금반지

황금선 씨가 임신 중일 때 친정어머니가 꾼 꿈입니다.

"나무가 보이고 돌들이 많은 계곡 근처에 있었습니다. 돌 틈에서 반짝이는 금반지를 나물 캐듯이 치마 한가득 주워 담았어요. 충만한 기분을 느꼈고, 돌 틈에서 반짝반짝 빛나는 금반지가 나올 때마다 너무 기뻤습니다.

태어난 아이는 아들이고요, 이마가 볼록 나왔는데 빛이 나고 울음소리도 우렁차며 순합니다. 모유 수유만으로도 체중이 무럭무럭 늘어나고 있습니다. 인물이 점점 훤해집니다."

태몽 52 다가오는 커다란 호랑이

강수지 씨가 임신 중일 때 그녀의 친정아버지가 꾼 꿈입니다.

"꿈에서 고향 집에 있었습니다. 크고 노란 호랑이가 집으로 들어오고 있었어요. 너무 놀라 소리를 지르다가 꿈에서 깨어났습니다.
이 꿈을 꾸고 나서 며칠 후에 딸에게서 임신 사실을 전달받았습니다. 태어난 아이는 여자아이입니다."

3. 남편

친정 부모 다음으로 태몽을 많이 꾸는 사람은 임산부의 남편입니다.

태몽 53 놀고 있는 아기 돼지들

임산부의 남편인 최상진 씨의 꿈입니다.
"꿈속에서 동물 농장 같은 곳을 둘러보고 있었어요. 울타리 안에 검은색 아기 돼지들이 놀고 있는 모습을 보았습니다. 편안한 느낌이 들었어요."

태몽 54 배추와 바꾼 예쁜 연시

홍정미 씨가 임신 초기일 때 그녀의 남편이 꾼 꿈입니다.
"무와 배추를 한 트럭 가지고 있는 상태로 그것들을 팔려고 했어요. 내 친구가 예쁜 연시(감)를 하나 들고 있는데, 그게 너무도 탐이 났습니다. 저는 친구에게 나의 배추랑 무 전체를 다 줄 테니 바꾸자고 했어요. 그 예쁜 연시를 받은 후, 내 차에 가져다 놓았어요. 아내 자리인 조수석에 놓았는데 기분이 무척 좋았습니다. 태어난 아이는 장녀이고, 예쁨받으면서 건강하고 똑똑하게 자라고 있습니다."

4. 시부모

태몽 55 품으로 들어온 비둘기
정평화 씨의 시아버지가 꾼 꿈입니다.
"커다랗고 예쁜 비둘기가 내 품으로 들어왔습니다."

태몽 56 치마폭으로 들어온 방울뱀
소진영 씨가 임신하기 이전에 시어머니가 꾼 꿈입니다.
"잔디와 나무가 있는 장소를, 화장을 하고 치마도 입은 예쁜 모습으로 즐거워하면서 걸어가고 있었습니다. 사과나무 아래서 사과를 구경하고 있는데, 방울뱀 하나가 치마폭으로 들어왔지요. 여자아이가 태어났습니다."

5. 형제자매

태몽 57 우리 엄마라고 가리킨 아이
친언니의 꿈 이야기를 손미정 씨가 얘기해 주었습니다.
"꿈에 한 아이가 놀고 있어서 언니가 '너의 엄마는 누구니?'라고 물었다고 해요. 그런데 갑자기 동생인 제 얼굴이 나오더래요.
다음 날 언니가 저에게 연락을 했어요. '네가 임신한 것 같으니 병원에 가서 초음파검사를 해 봐'라고 했어요. 자꾸 권하기에 병원에 가서 임신 사실을 확인했어요. 태어난 아이는 딸입니다."

태몽 58 구름 위에 앉아 있는 용

친언니의 꿈 이야기를 신명신 씨가 들려주었습니다.

"첫째 딸 태몽과 마찬가지로 둘째인 아들 태몽도 언니가 꿨어요. 대단히 큰 용이 구름 위에 앉아 있었대요.

첫째 딸 임신 때와 같이 이번에도 언니에게서 임신을 확인해 보라는 연락이 왔어요. 확인해 보니 임신이었습니다. 태어난 아이는 아들입니다.

여섯 살 손위의 친언니는 저를 끝까지 보살펴 주셨어요. 저에게는 친정어머니 같은 분이에요."

6. 친척

태몽 59 임산부를 업고 달리는 호랑이

정명숙 씨가 임신 초기일 때 그녀의 이모가 꾼 꿈입니다.

"호랑이가 임산부를 등에 업고 달려갔습니다."

정명숙 씨가 덧붙인 말입니다.

"제가 임신했다는 소식을 전달하기 이전이었는데, 이모님이 이건 태몽이 분명하다고 확신하면서 먼저 꿈 얘기를 해주셨습니다. 태어난 아이는 딸입니다."

정진화 씨 친정 오빠의 부인인 새언니가 2개의 꿈(태몽 60, 61)을 꿉니다.

태몽 60 꽃이 만발한 벚나무

"꿈에 제가 올케(임산부) 집에 갔는데, 집 안 한가운데에 벚나무가 있고 꽃이 만발해 있었습니다. 저는 '집 안에 꽃이 핀 나무가 다 있다'라면서 신기해했습니다."

태몽 61 손에 들고 바라본 다이아몬드

"꿈에 제가 올케(임산부) 집에 갔는데 집에 다이아몬드 원석이 있어서 손에 들고 바라보았습니다. '집에 다이아몬드가 다 있네'라면서 신기해했습니다."

정진화 씨가 추가로 한 말입니다.

"새언니는 제가 임신한 사실을 모를 때 이 꿈들을 꾸었습니다. 새언니는 꿈들이 꼭 태몽 같아, 저에게 혹시 임신을 했는지 물었습니다. 당시는 결혼 초기여서 임신 사실은 알았지만 미처 말하지 못했었습니다. 제가 '임신이 맞다'라고 하니, 새언니가 이 꿈들을 이야기해 주었답니다."

7. 친구 · 지인

태몽 62 그릇에 수북이 쌓인 보석들

박보영 씨가 임신 중일 때 친정어머니의 친구가 꾼 꿈입니다.

"꿈에서 저희 어머니가 항아리같이 뚜껑이 있고 크기는 밥그릇보다 큰 그릇을 들고 있었습니다. 친구분이 '그게 뭐냐'고 물어보니 어머니는 '몰라도 된다'라고 했답니다. 친구분이 무엇인지 궁금하니 보자고 해서 살펴보니 어머니가 들고 있는 그릇이 금이었답니다. 금

그릇을 열어 보니 큼지막한 보석들이 수북이 쌓여 있었다고 합니다. 보석들이 너무 이뻐서 친구분이 자기도 달라고 하니, 어머니께서 이건 '우리 것이니까 못 준다'고 하면서 '너도 다른 데 가서 사라'고 하셨답니다.

깨어나 주위에 물어보았지만 임신한 사람도, 임신 가능성이 있는 사람도 아무도 없어서 저희 어머니에게 물었답니다. 어머니는 그동안 딸이 임신 초기라 비밀로 했다고 말씀하셨답니다. 친구분은 보석 항아리를 들고 있는 사람이 어머니였다고 말하면서 '그럼 너희 태몽이네'라고 말씀하셨대요. 원래 친구분이 그런 꿈을 선명하게 잘 꾸신다고 합니다."

태몽 63 신나게 주운 금붙이

금보영 씨가 임신 중인 때, 그녀의 친구가 꾼 꿈입니다.

"제 친구가 길을 걸어가는데 금, 금목걸이, 금팔찌 등이 거리에 엄청 많이 나와 있어서 정신없이 신나게 막 주웠답니다.

친구는 꿈이 너무도 생생해서 태몽이라고 생각했다 해요. 친구는 저에게 꿈을 사라고 하면서 이 꿈 이야기를 해주었습니다. 태어난 아이는 아들입니다."

지인의 태몽을 대신 꿀 수는 있지만, 예지적인 꿈은 사고팔 수 있는 것이 아닙니다.

2장
현대 서양 임산부도 태몽을 꾸나요?

"태몽은 한국이나 동양에만 나타나는 특이한 현상이 아닌가요?"라는 질문을 종종 받곤 합니다. 결론부터 말씀드리면, 현대 서양인들도 태몽을 꿉니다.

융 학파인 마리 루이제 폰 프란츠 박사의 지도하에 세 연구가는 1990년대 유럽 임산부들이 꾸었던 700여 개의 꿈을 수집한 후, 그중 180개의 사례를 선별하여 책으로 엮었습니다.[1] 필자가 보기에 이들 임산부가 꾼 꿈들에는 심리몽과 예지적인 태몽이 섞여 있습니다. 이번 장에서는 이 꿈들 중 태몽만을 일부 소개합니다. 나머지 태몽들은 해당하는 부분에서 서술하겠습니다.

태몽 64 하늘에서 떨어진 별

29세인 안나(Anna)는 임신 3개월 차에 꿈을 꿉니다.

"하늘에서 별 하나가 땅으로 떨어집니다. 그 별이 폭발했는데 매우 아름다웠어요. UFO 한 대가 X 마을에 착륙합니다."[2]

태몽 65 모든 것을 덮쳐 버린 파도

24세의 엘레나(Elena)는 첫아이를 임신한 첫째 달에 꿈을 꿉니다.
"우리는 바닷가에 서 있었습니다. 파도가 그다지 높지 않았고, 멀리서 바람이 불어오는데 아주 깊게 우르릉거리는 소리가 들렸어요. 나는 곧바로 파도가 더 커질 것으로 예상했지만 아무 일도 일어나지 않았습니다. 그때, 저 멀리서 아주 다양한 모양의 높은 파도가 솟아오르는 것이 보였습니다. 정말 대단하고 으스스해 보였어요. 하지만 수평선 너머로 멀리 떨어져 있었기에 그토록 큰 파도가 압도적인 힘으로 다가오는 것은 전혀 예상치 못했어요. 파도가 모든 것을 덮쳤습니다."[3]

그녀는 출산 예정일보다 5주 빠르게 건강한 딸을 낳았습니다.

태몽 66 달려드는 고양이

31세인 가브리엘(Gabrielle)은 임신 5개월 차에 꿈을 꿉니다.
"우리 집 검은 고양이가 발톱과 이빨을 드러내고서 몇 번이고 나에게 달려듭니다."[4]

태몽 67 손가락에 낀 반지

올리비아(Olivia)는 첫아이를 임신하던 중에 꿈을 꿉니다.
"나는 땅바닥에서 많은 반지를 발견하여 그 반지들을 모든 손가락에 끼웠어요. 그런데 어떤 낯선 남자가 반지를 모두 빼앗아 가려고 해요. 그때 어떤 할머니가 나타났어요. 할머니는 그 무례한 남자의 어머니였지요. 자기 아들에게 내가 가질 수 있도록 루비 반지 하나만을 주라고 했어요."[5]

3장
태몽은 특정 종교인들만 꾸나요?

태몽은 특정 종교인들만 꾸지 않습니다. 태몽은 종교의 영향을 받기도 하지만, 자신이 믿는 종교와 무관하게도 꿀 수 있습니다.

1. 한국인의 태몽은 어떤 종교의 영향을 받나요?

1) 샤머니즘과 도교

무교(巫敎, 샤머니즘)의 영향을 받은 태몽들이 있습니다.

현실에서 믿는 종교가 없던 신지혜 씨는 임신 전에 꾼 꿈에서 삼신할머니를 만납니다. 삼신할머니는 그녀에게 사과 하나를 건네줍니다(태몽 18). 이 태몽에서 등장하는 삼신할머니('삼신할매' 또는 '삼승할망'과 동일)는 아이를 낳아서 기르는 산육(産育)을 관장합니다. '삼신'은 아기를 점지해 주는 세 신령으로, 《삼국유사》에 나오는 환인·환웅·단군을 말합니다. 무속에서는 이 세 분을 우리 민족의 조상신으로 모시고 있습니다.[6]

분석심리학자 이부영은 말합니다. "모든 한국인의 성격 밑바닥에는 샤머니즘이 있다. 그것은 인간의 원초적 행동양식, 융이 말하는 집단적 무의식의 내용을 담고 있기 때문이다."7

고대 우리 조상들이 맨 처음 믿던 종교는 샤머니즘인 무교입니다. 우리 민족의 무교는 5세기 중국에서 전래된 유교, 불교, 도교 등을 접하면서 융합되어 전승되었습니다. 지금도 절에 가면 산신당, 칠성당(북두칠성을 신으로 모신 사당) 등을 볼 수 있는데 이들 사당은 무교를 불교에서 받아들인 흔적입니다.8 북두칠성에 대한 신앙9은 도교에도 있습니다.

현실에서 믿는 종교가 없는 신선희 씨의 꿈에도 예쁜 선녀가 등장합니다(태몽 8). 선녀는 산에 사는 여자 신선입니다. 민속학자 손진태에 따르면 우리나라 산에 머무는 산신은 원래 여성이었다고 합니다. 우리 조상들은 여자 신선을 숭배하여 제사를 지내기도 했습니다.10 다시 말해 선녀도 고대 샤머니즘이나 도교의 영향을 받은 것입니다.

다음은 도교의 신선사상에 영향을 받은 태몽입니다.

태몽 68 할아버지가 안겨 준 아이

불교 신자인 정유나 씨는 임신 중에 꿈을 꿉니다.

"복숭아꽃이 활짝 핀 산에 맑은 냇물이 흐르고 있었어요. 그때 하얀 할아버지가 아기를 안고 나타나 냇가를 건너와서는 나에게 아기를 안겨 주었어요."

꿈에서 아이를 안겨 준 할아버지는 신선이나 산신령으로 보입니다. 원래 도교는 중국의 토착 종교로 중국 전국시대(BC403~BC221)에 유행했던 신선(神仙) 신앙에 바탕을 두고 있습니다. 신선 신앙은

〈진관사 독성전 신선과 호랑이〉

속세를 떠나 수련을 통해 불로장생하고 선인(仙人, 신선이나 도사)이 되어 인간을 구제하길 바라는 사상입니다.¹¹ 중국 도교의 3대 근원은 원시종교 숭배(무술 행사 등 샤머니즘), 방선(불로장생과 신선 되기) 신앙, 도가(노자, 장자 등) 사상에 근거를 두고 있습니다.¹² 도교는 고구려에 624년 전파되었습니다.¹³

불교 신자인 정유나 씨의 꿈에 등장하는 산신령인 '하얀 할아버지'는 지금도 사찰에 가면 볼 수 있습니다. 〈진관사 독성전 신선과 호랑이〉(서울시 유형문화유산 제12호)는 서울시 은평구의 진관사 독성전에 소재한 산신령과 호랑이 그림입니다.

태몽 69 맛있게 따 먹은 복숭아

불교 신자인 정성화 씨도 임신 중에 삼신할머니가 등장하는 꿈을 꿉니다.

"어느 날 산에 올라갔는데 과수원에 과일이 가득 열려 있었어요. 포도가 먹고 싶어서 담을 넘어 포도를 따 먹으려고 했습니다. 그러자 어떤 할머니가 나타나서 지팡이로 저를 찰싹 때리면서 '그건 네

거 아냐! 네 건 저기 있다'라고 했습니다. 제가 다시 담을 넘어 옆으로 가니 복숭아나무가 가득 있었어요. 저는 복숭아를 맛있게 따 먹었습니다.

꿈에서 깨어나 그 할머니가 삼신할머니인 것 같다고 느꼈습니다. 포도를 먹었으면 아들이지 않을까? 생각했습니다. 태어난 아이는 딸입니다."

우리 민족 신화를 그림으로 표현한 고구려 고분벽화에는 신선들이 등장합니다.

"고구려 무용총 벽화에는 하늘을 나는 사람들이 여럿 나옵니다. 어떤 강한 기운에 끌려 날아가는 듯이 보이는 인물도 있고, 백학 여러 마리를 말처럼 앞세우고 하늘을 나는 사람도 나옵니다."[14]

고구려 고분벽화 전문가인 전호태는 하늘로 날아오르는 연꽃 봉오리와 연꽃 사이에 자리 잡은 이 인물들을 '선인'이나 '신선'이라고 합니다.[15] 북한 평안남도 강서군에 있는 강서대묘 벽화에도 이 신선들의 모습이 나옵니다.

고구려 강서대묘 벽화 (자료: 동북아역사재단)

2) 불교

태몽 70 스님이 주신 곡식과 물

불교 신자인 송비연 씨가 임신 중에 꾼 꿈입니다.

"언덕길을 한참 올라가니 꼭대기에 절이 나오는데, 절 앞에 큰 자루들과 곡식 같은 것들이 있었습니다. 언니가 먼저 가서 자루에 곡식을 담기 시작했지만 많이 못 담는 것을 보았어요. 나도 담으려 하는데 스님이 나타나셔서 대신 해주었지요. 많이 담아 주셨고 그 안에 맑은 생수 같은 걸 가득 부어 주셨어요. 옆에서 쳐다보던 언니가 괜히 직접 담아 더 많이 못 담았다고 투덜댔습니다. 나는 기분이 좋았고 언니처럼 욕심 안 부리길 잘했다고 생각했어요. 너무 감사해서 시주를 하고 싶었으나 돈이 없어서 나중에 와서 해야겠다고도 생각했습니다."

태몽 71 절에서 본 호랑이

임신 중이었던 이서연 씨도 불교 신자입니다.

"다니던 시골 산에 절이 있는데, 그 절에 올랐더니 호랑이가 있어 절을 했습니다. 어미 호랑이 뒤로 새끼 호랑이 두 마리가 양옆으로 빼꼼하게 내다보고 있었는데 그 모습이 친근하고 귀여웠습니다. 낳은 아이는 딸입니다."

태몽 72 절 안에서 문을 열어 준 아이

불교 신자인 박정선 씨가 임신 전에 꾼 꿈입니다.

"남편과 함께 뭔가에 쫓기던 중에 작은 절 같은 곳이 보였어요. 살려 달라고 문을 두들기자 어린아이가 열어 줘서 안으로 들어갔습니다. 아이의 안내로 방 안으로 들어가 몸을 한참 숨겼는데 그러는 내내 아이의 목소리는 들어 본 적이 없었어요. 부르면 시선을 맞추기도 했고 말도 알아듣는 듯했으나, 남아인지 여아인지는 몰랐습니다. (몸을 숨긴 것에 대한) 안도감과 함께 답답함을 느꼈습니다."

3) 기독교

태몽 73 집사 부부가 쓰다듬은 송아지

개신교 신자인 손진향 씨가 꾼 태몽입니다.

"꿈에 제가 아는 집사님 부부가 매우 밝은 금빛이 돌고 눈이 아주 큰 송아지를 이리저리 살펴보면서 머리를 쓰다듬으며 고르는 장면을 보았어요. 그 장면을 보는 나도 기분이 좋았고, 집사님 부부도 매우 만족스러운 표정이었어요. 2009년쯤 이 꿈을 꾸었는데 지금도 생생하게 기억납니다."

손진향 씨에게 필자가 물었습니다.

"이 꿈을 집사님 부부는 어떻게 해석했나요?"

"현실에서도 집사님 부부는 임신을 기다리고 있었어요. 제가 송아지를 쓰다듬으며 고르시던 꿈속 장면을 말씀드렸어요. 그러자 집사님이 '우리 두 사람 모두 소띠고, 임신한 아기도 2009년생 소띠'라고 하시며 태몽이라고 무척 반가워하셨어요. 출생한 아이는 딸입니다."

태몽 74 교회로 도망치다 마주친 뱀

개신교 신자인 이지연 씨가 임신 중에 꾼 꿈입니다.

"넓은 꽃밭 또는 초원 같은 곳에 서 있는데, 풍경이 무척이나 아름다워서 감탄하며 보고 있었어요. 그때 갑자기 뭔가가 보였어요. 정말 작고 예쁘게 생긴 뱀이 다가왔는데, 꼭 만화에 나오는 것 같이 꽃 하나를 머리에 '뿅' 달고 있어서 귀엽고 웃겼어요. 그런데 그 뱀이 너무 무서워서 저는 달아나기 시작했어요. 뱀은 계속 쫓아왔고, 초원을 계속 달리다 보니 교회가 나와서 들어가려 했지만 문이 열리지 않았지요. 뱀이 다가와서 결국 마주했는데 가까이서 보니 귀여워서 살살 만져 주었어요."

태몽 75 수녀님이 주신 초콜릿

천주교 신자인 전상희 씨는 임신 중에 그녀의 숙모가 꾼 꿈을 전해 들었습니다.

"명절 때 외에는 연락하지 않는 숙모가 제 임신 소식을 전해 들으시더니, '얼마 전 네 꿈을 꾸었는데 그게 태몽이었나보다'라고 말씀하셨어요.

꿈에서 수녀님이 수녀원 마당 같은 넓은 야외에서 초콜릿이 여러 개 들어 있는 바구니를 저에게 주었답니다.

초콜릿 태몽은 처음 들어봐서 '튼튼한 아기 혹은 까무잡잡한 아기가 태어나려나 보다'라고 농담 삼아 얘기했어요. 태어난 아이는 아들입니다."

다음 그림 '한국인의 종교 분포'에서 보는 바와 같이 한국인의 종교문화 배경은 중층적이고 다층적입니다.[16] 분석심리학자 이부영은 한국인의 집단무의식 가장 밑바닥에 샤머니즘 문화가 있고, 바로 그 위층에 유교 문화가 자리하고 있다고 봅니다. 3층에는 기독교 문화와 불교 문화가 독자적·병렬적으로 있는데, 도교 문화는 불교 문

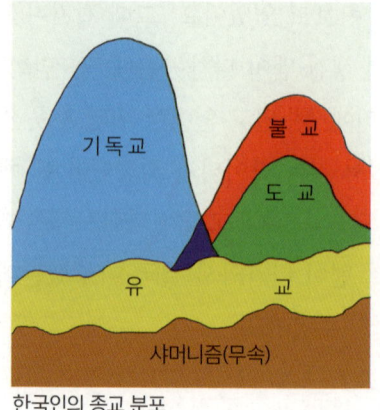

한국인의 종교 분포

화에 포섭되어 있습니다. 이 그림은 분석심리학자 이부영의 그림[17]을 약간 수정한 것입니다. 천주교와 불교 신자는 서로 배척하지 않고 존중합니다. 서로를 인정한다는 면에서 부분적으로 겹치는 부분이 있다고 봅니다. 또한 한국인 중 일부는 기독교나 불교 신자라고 하더라도 때로는 무당을 찾기도 합니다.

2. 서양인의 태몽에는 어떤 종교가 나타나나요?

서양인의 집단무의식에는 기독교의 사상이 자리하고 있습니다. 이들의 태몽에는 종종 성인, 십자가, 천사 등이 나타납니다.

태몽 76 성인의 축복을 받은 아이

임산부 이블린(Evelyn)은 딸이 태어나기 이틀 전에 꿈을 꿉니다.
"아시시의 성 프란시스가 저와 제 딸을 축복해 주는 꿈을 꾸었습니다."[18]

이 꿈에는 기독교인들의 존경을 받는 성인이 등장합니다. 아시시의 성 프란시스(Saint Francis of Assisi, 1181~1226 또는 1182~1226)는 평화와 약자의 보호자였습니다. 분석심리학에서는 이와 같은 성인을 노현자(old sage)의 상징(원형상)으로 봅니다. 다음은 분석심리학자가 해석한 일부 내용입니다. "이 성인은 젊고 버려진 어머니에게 자신의 운명을 받아들이고 어려운 길을 갈 수 있도록 영적 힘을 주고 있습니다."[19]

태몽 77 금반지에 새겨진 십자가

사라벨(Sarabel)이 임신 7주 차에 꾼 꿈입니다.

"이본느(Yvonne)가 저에게 시어머니의 열쇠를 가져다주었어요. 상자 안에는 십자가와 둥근 모양의 투명한 보석이 박힌 둔탁한 금반지가 들어 있었지요. 그 보석을 들여다보니 십자가 가운데에 모든 것이 최상으로 집약된 것처럼 부드러운 붉은색의 장미가 보였습니다. 건강한 여자아이가 태어났습니다."[20]

4장
태몽을 꾸는 시기는 언제일까요?

1. 임신 계획이 없던 때였어요!

다음은 임산부가 임신하기 이전에 꾼 태몽들입니다.

태몽 78 목욕을 시켜 준 호랑이

박영순 씨가 꾼 꿈입니다.

"거실 소파에 엄청나게 큰 갈색 호랑이가 앉아 있기에 '씻고 자야지!'라고 말했어요. 그랬더니 호랑이가 내 옆으로 천천히 걸어서 욕실로 들어갔어요. 내 옆을 스칠 때 반갑고 기분이 좋았어요. 욕실에서 샤워기로 목욕시켜 주니 호랑이가 발라당 누워서 무척이나 좋아했어요. 고양이 같다고 생각했답니다. 호랑이가 좋아하면서 씩 웃던 모습이 아직도 생생합니다.

 주변 분들이 모두 태몽이고 순한 아이가 태어날 거라고 얘기해 주었어요. 태어난 아이는 아들입니다."

태몽 79 품에 안긴 강아지

강선희 씨의 친정어머니가 꾼 꿈입니다.

"흰 강아지가 파란색 벨벳으로 만든 옷을 입고 걸어와 제 무릎에 안겼습니다. 흰 강아지의 파란 옷은 반짝이는 천으로 만들어졌고 보석과 장신구가 주렁주렁 달려서 화려하고 예뻤습니다. 현실에서 실제로 키우던 강아지도 그곳에 있었는데, 그 강아지는 시무룩해서 떠났습니다. 태어난 아이는 아들입니다."

태몽 80 예쁘고 사랑스러워 안아 준 아기

윤희라 씨는 첫째 아이에 관한 꿈을 꿉니다.

"자동차를 타고 운전 중이었어요. 언덕 오르막길을 힘겹게 올라가고 있는데 뒷좌석에 한 남자아이가 앉아 있었어요. 어딘가에 도착해서 차에서 내렸는데, 뒤에 타고 있던 남자아이가 내리자 뒤이어 빨간 코트를 입은 아이도 따라 내려서 의아해했어요. 그 아이가 아장아장 뛰어오는데 눈동자가 까맣고 눈이 커서 인형처럼 이쁘고 사랑스러워 안아 주었어요. 꼭 모 광고 속 아이스크림 소녀 같은 느낌이었어요. 꿈에서 본 아이의 눈이 크고 너무 예뻐서 여자아이인 줄 알았어요. 실제로는 눈이 크고 이쁜 남자아이를 낳았답니다."

태몽 81 손에 끼워 본 예쁜 반지

송빛나 씨는 하루 일과를 마치고 잠에 들었습니다.

"꿈에 친정엄마가 오셨는데, 평소 보석을 좋아하시는 엄마가 보석함을 가져와 새로 산 보석들을 보여 주셨습니다. 보석함 속 화려하게 반짝이는 팔찌와 귀걸이, 목걸이 등을 구경했지만 딱히 마음에 드는 건 없었어요. 그러다가 루비, 사파이어 등 화려한 반지들 사이로 아주 심플하고 단정한 백금 다이아몬드 반지가 눈에 들어왔습니다. 너무 예쁘고 아름다워서 눈을 뗄 수가 없었지요. 디자인이 화려한 다른 것들보다 더욱 밝게 빛이 나는 그 반지를 손에 끼워 보니 거짓말처럼 아주 딱 맞았습니다. 엄마에게 가지고 싶다고 하니 흔쾌히 그러라고 하셨습니다. 너무 기쁘고 행복한 마음으로 여러 번 손을 들여다보며 좋아하다가 꿈에서 깼습니다.

이후 임신하여 자연주의 출산을 통해 분만했습니다. 태어난 딸아이는 순한 기질로 어디를 가든지 예쁨을 받는 아이예요. 화려하게 예쁜 것이 아니라 단아한 아름다움을 가지고 있습니다. 마치 그때 그 반지처럼요."

2. 임신 중이었어요!

다음은 임산부가 임신 중에 꾼 태몽들입니다.

태몽 82 보리수나무 아래로 지나가는 하얀 코끼리

김수아 씨의 꿈입니다.

"석가가 수도 중인 보리수 같은 나무 아래로 하얀 코끼리가 지나가는 모습을 보았어요. 태어난 아이는 딸입니다."

태몽 83 엄마 품으로 들어온 호랑이

송선영 씨의 꿈입니다.

"아기 호랑이가 내 품으로 들어왔어요. 주위에서는 아들이라고 해석해 주었습니다. 태어난 아이는 딸입니다."

태몽 84 서랍 안의 총천연색 구렁이

김화영 씨가 꾼 꿈입니다.

"집 안에 하얀색의 예쁜 5단 서랍장이 놓여 있었어요. 내가 서랍을 열어 보니 새하얗고 커다란 굵은 구렁이 한 마리가 있었지요. 구렁이에게는 초록색, 진분홍색, 노란색 등 총천연색의 꽃무늬가 있었어요. 징그럽거나 무섭다는 생각은 들지 않았습니다.

주위에서는 딸 꿈 같다고 했어요. 실제로 피부가 하얀 딸이 태어났답니다."

태몽 85 팔뚝을 깨문 멧돼지

소유진 씨가 꾼 꿈입니다.

"숲속으로 난 길이 꿈에 나왔어요. 양쪽 길가에 나무들이 죽 늘어서 있는데 그 길을 걸어가고 있었습니다. 그런데 앞쪽에서 시커먼 멧돼지 여러 마리가 마구 달려와서 도망을 쳤어요. 그중 제일 크고 힘센 멧돼지가 이빨로 제 팔뚝을 꽉 깨무는 바람에 아파서 눈을 떴습니다.

힘이 세고 강한 녀석이었는데, 저 자신도 태몽이라고 생각했습니다. 태어난 아이는 둘째 아들입니다."

태몽 86 손으로 한 아름 딴 목화

손아름 씨의 꿈입니다.

"목화밭에서 목화를 손으로 한 아름 땄습니다. 태어난 아이는 딸입니다."

태몽 87 한 아름 안은 꽃

이정화 씨가 꾼 꿈입니다.

"넓은 들판에 혼자 서서 꽃을 한 아름 안고 있었어요. 날씨는 화사하니 푸르고, 주변에도 다채롭고 탐스러운 꽃이 가득했습니다.

주위에서는 꽃이니 딸인 것 같다고 했어요. 태어난 아이는 딸입니다."

민가의 해석처럼 태아의 상징인 원형상이 꽃이라고 해서 딸을 암시하는 건 아닙니다. 이와 관련한 자세한 내용은 책 뒷부분에서 다루겠습니다.

태몽 88 임산부가 목격한 선명한 빨간 꽃

선명신 씨가 꾼 꿈입니다.

"크고 무성한 굵은 나무에 잎이 가득했는데 꼭대기에 선명한 빨간 꽃이 몇 개 있었습니다. 나무가 튼실하고 푸른데, 꽃도 누런 잎이 하나도 없이 싱싱해서 기분이 좋았습니다."

5장
숫자로 본 한국인의 태몽

1. 태몽은 누가 꾸나요?

필자가 조사한 전체 태몽 305건 중 임산부 본인이 꾼 꿈은 62%인 190건으로 제일 비율이 높습니다. 그다음은 친정부모가 46건으로 15%를 차지합니다. 아이 아빠는 21건으로 7%입니다. 즉, 임산부의

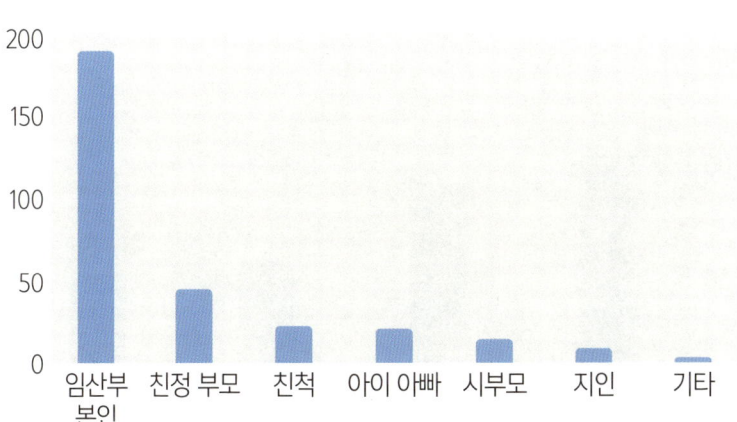

〈표 2〉 태몽을 꾼 사람의 유형과 분포

자료: 국경복, 〈태몽현상을 통한 임신·출산·성별예측에 대한 통계검증〉, 《미래연구》 8권 1호, 2023, p.34.

친부모가 남편보다 태몽을 꿀 가능성이 더 큽니다. 이 결과는 적어도 아이의 임신과 출산에 관해서는 임산부가 친정 부모와의 심리적 관심이나 애착이 더 강하기 때문으로 생각됩니다.

이 같은 결과는 민속학자 김재희의 연구와도 유사합니다. 그가 수집한 240건의 태몽 사례 중 임산부 본인이 꾼 꿈은 43%, 친정어머니의 꿈은 15%, 임산부의 남편 꿈은 10%의 순입니다. [21]

2. 태몽을 꾼 사람들이 믿는 종교는 무엇인가요?

〈표 3〉과 같이 설문에 참여한 사람들의 종교 분포는 전체 305건 중 무종교 104건(34%), 개신교 92건(30%), 불교 57건(19%), 천주교 52건(17%)의 순으로 나타났습니다. 즉, 설문에 참여한 분들은 자신이 믿는 신앙과는 무관하게 태몽현상을 경험합니다. 참고로 이는 2015

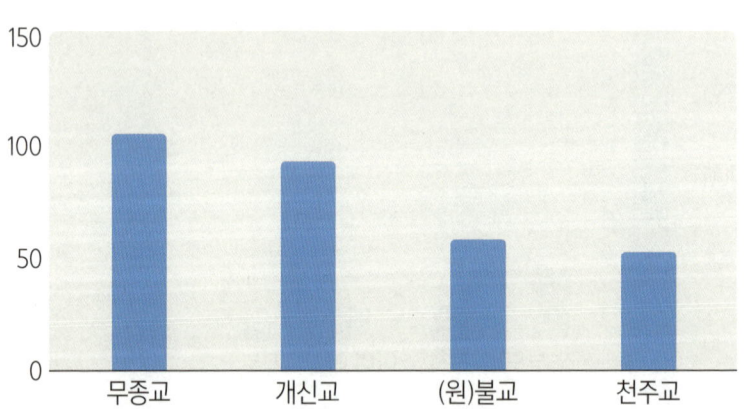

〈표 3〉 태몽을 꾼 사람의 종교 분포

자료: 국경복, 〈태몽현상을 통한 임신·출산·성별예측에 대한 통계검증〉, 《미래연구》 8권 1호, 2023, p.35.

년에 통계청이 발표한 〈인구총조사〉의 순서와도 유사합니다. 전체 인구 중 무종교 56%, 개신교 20%, 불교 16%, 천주교 8%의 순으로 비율이 나타났습니다. [22]

3. 태몽을 꾸는 시기는 언제인가요?

'임신 전'과 '임신 중'에 꾸는 태몽의 비중은 어떨까요? 조사한 전체 305건 중 '임신 중'이 229건으로 75%, '임신 전'은 76건으로 25% 입니다.

민속학자 김재희의 연구에도 유사한 결과가 확인됩니다. 즉, 그가 제시한 태몽 사례 240건 중 '임신 중' 태몽은 84%, '임신 전' 태몽은 38건으로 16%를 차지하고 있습니다. [23]

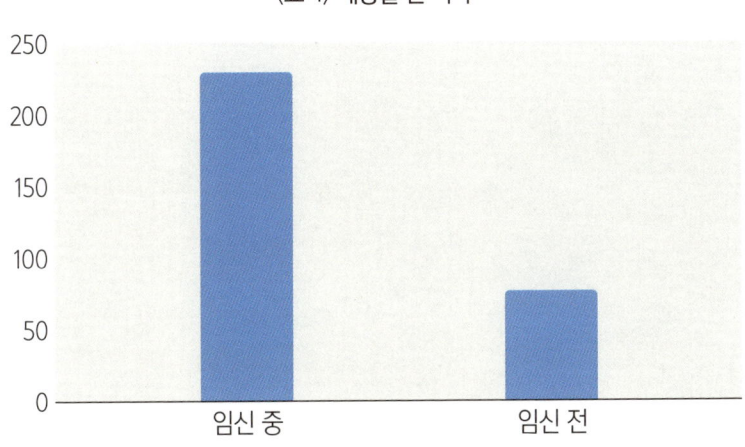

〈표 4〉 태몽을 꾼 시기

자료: 국경복, 〈태몽현상을 통한 임신·출산·성별예측에 대한 통계검증〉, 《미래연구》 8권 1호, 2023, p.37.

4부

태몽에서 느끼는 감정들은 어떤 것일까요?

어진 스승의 10년 가르침이
어머니의 열 달 가르침만 같지 못하다.

— 이사주당

1장
한국인의 감정들

임신과 출산은 새 생명을 품고 탄생시키는 소중한 통과의례입니다. 태몽을 꾼 이들이 새 생명의 탄생을 어떠한 감정으로 맞이하는지 살펴보겠습니다.

심리학자 폴 에크먼(Paul Ekman, 1934~)은 사람에게 '행복, 분노, 혐오, 슬픔, 두려움, 놀람'과 같은 여섯 가지의 근원적 감정이 있다고 합니다. 그는 인간의 원초적 감정을 연구하기 위하여 1960년대 후반에 태평양의 폴리네시아 섬들로 갔습니다. 그곳에는 원시적인 삶을 사는 원주민들이 살고 있었습니다.[1]

이 폴리네시아 섬들은 신화연구가 말리노프스키가 1914년에 찾아갔던 바로 그 섬들입니다. 에크먼은 원주민들에 관한 연구를 통해 인간의 표정은 학습된 것이 아니라 선천적으로 타고난다는 사실을 밝혀냅니다.

태몽을 꾼 이가 태아의 상징인 원형상과 마주쳤을 때는 주로 '두려움, 놀람, 행복감'이란 세 가지 원초적 감정 중 하나를 체험합니다. 때로는 둘 이상의 감정이 합쳐진 다중감정을 느끼기도 합니다.

1. 두려움

사람이 두려움이나 공포를 느낄 때는 꼼짝하지 않고 얼어붙거나, 도피하거나, 피할 수 없으면 싸우는 행동을 합니다. [2]

태몽 89 목과 얼굴에 비벼 댄 용

전수영 씨가 임신 사실을 알기 이전에, 그녀의 친정어머니가 꾼 꿈입니다.

"목욕탕에 있었는데 사람들 틈에서 목욕을 하고 있었어요. 갑자기 용이 나타나 목을 길게 빼고는 두리번거리다 나를 찾아냈어요. 용이 나에게 다가와서 목과 얼굴에다 비벼댔답니다. 무서워서 다른 곳으로 도망 다녔는데도 계속해서 쫓아와 무서워 혼났습니다. 태어난 아이는 딸입니다."

태몽 90 입을 크게 쩍 벌린 큰 뱀

성다경 씨가 임신 중에 꾼 꿈입니다.

"어마어마하게 큰 뱀이 나왔는데 무척이나 무서웠어요. 꿈에서 나는 엄청나게 비싸고 예쁜 목걸이를 갖고 싶었는데, 그 뱀이 그걸 가져가려고 했지요. 그래서 신문지를 먹으라고 주고 목걸이를 다시 가졌어요. 뱀이 입을 쩍 벌리고 신문지를 먹었어요. 그러고는 화장실 문짝에 대롱대롱 달려 있었어요. 처음에는 검정 뱀인 줄 알았는데 노란 무늬가 있는 흰 뱀이었습니다. 저는 굉장히 무서웠는데도 침착했어요. 도망가지도 않았고 뱀을 쫓아내지도 않았어요. 그냥 그 뱀이랑 같이 사는 것 같았어요. 태어난 아이는 딸입니다."

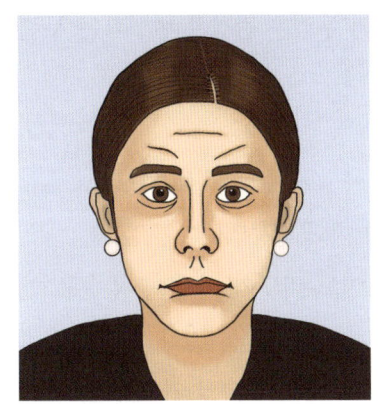

공포에 질린 표정

태몽 91 놓아주고 싶었던 거북이

임산부인 박지민 씨의 꿈입니다.

"바닷물이 찰랑거리는 바닷가를 거닐고 있었어요. 그때 친정아버지가 나타나 작은 거북이 두 마리를 코트 주머니에 넣어 주고 가셨답니다. 저는 주머니 속에 거북이가 있다는 사실을 알았을 때 바닷가에 놓아주고 오고 싶었어요. 바닷가가 이 거북이들에게 더 맞을 것 같았고, (주머니 속에 있다는 사실이) 걱정되고 두려웠어요. 어디에 놓고 올지 고민하며 적당한 장소를 찾고 고민하다가 결국 못 놓고 잠에서 깨어났답니다.

첫아이여서 걱정도 되었고, 버리고 오려고 했던 이 꿈을 태몽으로 인정하고 싶지 않았습니다. 지금도 그 꿈이 계속 이미지로 남아 있어요. 태어난 아이는 딸입니다. 벌써 열 살이네요."

그녀는 태아의 상징인 거북이가 살아갈 자신의 주머니 속이 적합하지 않을지도 모른다는 생각에 꿈에서 걱정과 두려움을 느낍니다. 이 꿈의 핵심 메시지는 친정아버지가 임산부에게 태아의 상징인 거북이를 전달했다는 것입니다. 즉, 임신 사실에 대한 암시입니다. 꿈속에서 느낀 걱정과 두려운 감정은 현실과는 무관하니 걱정할 필요가 없습니다.

태몽 92 임산부가 훔친 보석 목걸이

임산부인 심보영 씨의 태몽입니다.

"갯벌이 펼쳐진 어느 바닷가 마을이 홍수로 인해 피해를 보았어요. 사람들은 어디론가 피난을 가고 있었지요. 그 마을에 엄청나게 부유한 집안이 있는데, 홍수로 가보 같은 보석이 휩쓸려서 사람들이 갯벌을 뒤지며 찾느라 분주한 모습이었어요. 그러던 중 제 눈에 뭔가가 보여서 집어 들었더니 밤톨만 한 큰 보석이 달린 목걸이였어요. '사람들이 찾는 것이 이것이구나!' 하는 생각이 들어서 나도 모르게 얼른 그것을 옷 속에 감췄습니다. 순간 저 사람들이 애타게 찾고 있는데 찾았다고 말할지 망설이다가, 주변을 살피고 떨리는 마음으로 그 목걸이를 숨긴 채 빠르게 걷다 잠에서 깼습니다. 태어난 아이는 아들입니다."

2. 놀람

놀람은 뜻밖의 일이나 무서움에 가슴이 두근거리며 뛰거나, 신기한 것을 보고 크게 감동하는 상태를 말합니다. 놀람은 모든 감정 중에서도 가장 짧아 기껏해야 몇 초밖에 지속되지 않습니다. 무슨 일이 일어나고 있는지 알게 되면 이 감정은 곧바로 지나가고, 다음 순간에는 그 놀람이 두려움, 즐거움, 안도감, 분노, 혐오 등의 감정과 하나 됩니다. 어떤 감정과 하나가 되느냐는 우리를 놀라게 한 것

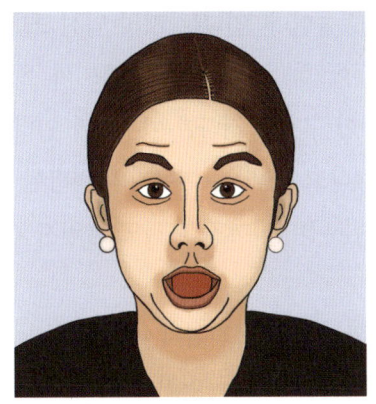
놀란 표정

이 무엇인지에 따라 좌우됩니다. ³

태몽 93 하늘에 빼곡하게 빛나는 별들

최진영 씨의 태몽입니다.

"임신을 계획하며 사랑을 한 날 밤, 집에서 꿈을 꾸었어요. 야외에서 밤하늘을 올려다보니 구름 한 점 없는 하늘에 별들이 빼곡하게, 그리고 너무 아름답게 반짝이고 있었어요. 밤하늘에 그렇게나 별이 많고 반짝이는 모습을 본 적이 없어 별빛의 선명함과 수에 크게 놀라 눈을 번쩍 떠보니 꿈이었어요.

전에는 자다가 놀라 깨어 본 적이 없었고, 그렇게 생생한 느낌도 처음이라 태몽이라고 확신했어요. 그달에 첫아이가 찾아왔답니다. 이제는 고등학생이 된, 굉장히 총명한 아들입니다."

태몽 94 갑자기 확 달려든 이무기

사촌 언니가 꾼 꿈을 지승선 씨가 전해 들었습니다.

"사촌 언니가 저의 임신 소식을 듣고 '아! 그게 네 태몽이구나'라면서 이야기를 해줬습니다. 언니는 저의 임신 초기에 이 꿈을 꾸었어요. 커다란 나무에 화려하게 생긴 이무기가 올라가고 있는 모습을 보고 있었다고 합니다. 그러다가 이무기가 언니한테 확 달려들어서 놀라 잠에서 깼다고 하네요. 이무기의 정확한 색은 기억나지 않는데 너무도 생생한 나머지 깨고 나서도 꿈인지 현실인지 헷갈렸다고 합니다.

꿈에 이무기가 활발하게 움직여서 머리를 들어 한참을 올려다봤다는데, 이미 애가 셋인 언니는 이건 어떻게 봐도 태몽인지라 누구의 태몽인지 궁금해서 주위 사람들한테 다 물어보았다네요. 가족들이 꿈 얘기를 듣고 이무기는 아들 태몽이라고 하셨기에 내심 딸을 바라던 저는 조금 실망하기도 했고 아쉬운 마음도 들었어요. 성별을 알 수 없는 시기였지만 느낌상 아들이라고 여겨지니 뭔가 아쉬운 마음이 컸어요. 실제로도 아들을 낳았고, 아이는 태어날 당시 평균보다 크고 건강했어요. 지금도 평균 대비 키가 크고 마른 편이나 잔병치레 없이 잘 자라고 있습니다. 이제는 세 살로 매우 활발하고 외부 활동을 좋아한답니다."

태몽 95 임산부에게 달려든 호랑이

정성화 씨의 태몽입니다.

"꿈에서 저는 결혼 전에 살던 집 화장실 양변기에 앉아 있었어요. 갑자기 화장실 좁은 창문으로 요란한 소리를 내면서 아주 큰 수리부엉이가 자동차 한 대 길이만큼 크고 힘찬 날갯짓으로 들어오더니 앉아서 나를 응시했어요. 곧 부엉이가 강한 힘과 민첩함, 강렬한 눈빛을 가진 호랑이 혹은 재규어 같은 큰 동물로 갑자기 변하더니 저에게 달려들었어요.

저는 너무 놀라 소리치면서 깼어요. 그 후 임신이 되어 낳은 아이는 딸입니다. 호기심이 무척이나 많고 힘이 있으며 독특한 개성과 창의적인 성격을 가지고 있는 아이예요. 잠이 별로 없고 몰입하면 끝날 줄 모르며 에너지가 많아 육아하는 내내 힘들었어요. 이 아이를 알기 위해 심리학 공부를 시작했고, 저를 지금의 직업으로 이끌고 완성시키는 데 아주 큰 계기를 마련해 준 아이랍니다."

태몽 96 임산부의 손등을 꽉 깨문 호랑이

임정아 씨는 임신 초기에 친정집에서 꿈을 꿉니다.

"큰 공항 또는 큰 역 같은, 햇빛이 환하게 비치는 유리로 된 건물을 저 혼자 걸어갔어요. 그때 특별해 보이는 중년 여성이 어린 대형 육식동물들을 데리고 가더군요. 아기 사자, 아기 호랑이 등등. 그런데 그중 한 아기 호랑이가 제 손등을 꽉 깨물었어요. 저는 놀랐지만 혹시라도 소리를 지르면 아기 호랑이도 놀라서 더 공격할까 봐 소리를 지르지 않고 침착하게 꾹 참았어요. 호랑이 이빨이 제 손등에 깊이 박히는 게 아픔과 함께 생생히 느껴졌고요.

이 꿈을 꾸었을 때가 임신 극초기 때였어요. 저는 제 나름대로 '아기가 내 자궁에 잘 자리 잡아 배 속 착상이 잘 되었구나' 생각했고 '이 아기는 태어날 때까지 건강히 내 배 속에서 크겠다'라고 확신했어요. 제 손등을 깊이 깨문 것처럼 제 자궁에 잘 안착했을 것으로 생각했어요. 제 몸의 문제로 35주에 조산했지만, 아기는 인큐베이터에 가지 않고 일반 신생아실에 있었고요. 사내아이랍니다. 보통의 아기들처럼 건강히 커서 이제 곧 두 돌이 됩니다."

태몽 97 덥석 품에 안긴 은빛 물고기

김미희 씨가 임신 초기에 집에서 꾼 꿈입니다.

"강물 속에 서 있는데, 꽤 큰 은빛 물고기가 제 품에 덥석 안겼어요. 저는 그 물고기를 안고 잠에서 깼어요. 놀랐지만 무서운 느낌은 아니었어요. 출생한 아이는 딸입니다."

3. 행복

행복은 생활에서 충분한 만족과 기쁨을 느끼어 흐뭇하거나 그러한 상태를 가리킵니다. 심리학자 폴 에크먼은 즐거운 감정인 만족, 흥분, 신기, 흥미, 안도, 경이, 경외, 황홀 등을 행복감에 포함합니다.[4]

태몽 98 임산부가 바라본 해와 달

임산부인 박신영 씨의 태몽입니다.

"새로 난 신작로에 제가 서 있고, 신작로 주변에는 넓은 논밭이 펼쳐져 있었어요. 눈앞에 동산 2개가 옆으로 겹쳐 있는 모습 위로, 영롱하고 찬란한 해와 달이 각각 2개씩 떠 있는 모습이 보였어요.

저는 경외감을 느끼면서 꿈에서 깨어났습니다. 깨어남과 동시에 태몽이라고 직감했지요. 출산한 아이는 아들입니다."

태몽 99 하늘에서 쏟아진 은색 별 무리

아이 아빠인 박성일 씨가 집에서 꾼 태몽입니다.

"커다란 골짜기에 있는데, 하늘에서 반짝이는 별이 내게로 쏟아

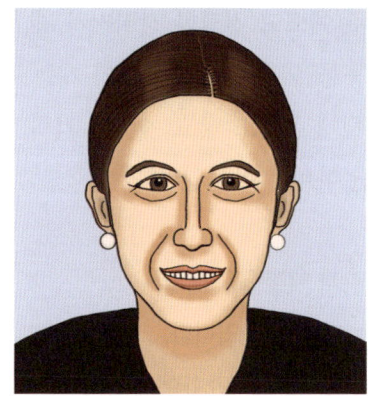
행복한 표정

져 내려오고 있었어요. 성스러운 느낌이 들었습니다. 깜깜한 밤에 은색 별 무리가 계곡으로 쏟아져 내리다가 넓은 평야로 쏟아지고 있었어요.

이 꿈을 꾸고 몇 주 후, 아내가 임신한 지 1개월이 된 사실을 확인했습니다. 출생한 아이는 아들입니다. 집중력이 좋고 집안의 장손으로 누구에게나 환영받으면서 성장하고 있습니다."

태몽 100 해안가로 몰려오는 엄청나게 큰 해일

임산부인 정해진 씨의 꿈입니다.

"저녁 무렵의 바닷가였어요. 엄청나게 큰 해일이 해안가를 향해 몰려오고 있었어요. 나는 그 몰려오는 해일을 보면서도 무섭지 않았고, 너무도 경이롭다는 감정을 생생히 느꼈어요."

태몽 101 임산부가 와락 안은 강아지

임산부인 백선희 씨의 꿈입니다.

"11년 전의 어느 날 꾼 꿈이에요. 어떤 장소에 저 혼자만 있었는데 크고 하얀, 아주 예쁘고 건강한 강아지가 제 품 안에 들어왔어요. 저는 평소에 동물을 무서워하는데 이 개는 무섭지 않았어요. 무척 용맹스럽고 털에 윤기도 많고 예뻐서 와락 안았어요. 그리고 기뻤습니다. 태어난 아이는 아들입니다."

태몽 102 품에 안겨 애교를 떤 수달

임산부인 민혜수 씨의 태몽입니다.

"집 안방에 누워 있는데, 베란다에서 갑자기 수달이 튀어나와 내 품에 안겨서 애교를 떨었어요. 수달의 얼굴이 무척 귀여웠던 게 아직도 생생합니다.

주위에서는 똑똑한 아이가 태어날 거라고 했어요. 태어난 아이는 딸입니다."

태몽 103 손에 달라붙은 흰 나비

임산부인 호미란 씨의 꿈입니다.

"인천공항행 리무진 버스를 타고 가는데, 바깥에서 하얀 모시 한복을 입은 다섯 사람이 춤을 추고 있었어요. 버스가 거기서 멈추자 그중 리더 되는 어떤 남자가 버스 창문을 열고는 난 화분을 저에게 주었습니다. 난 화분에 흰 나비 한 마리가 있었는데, 팔랑팔랑 날아와서 제 엄지손에 탁 달라붙어 앉았습니다. 버스에 탄 사람들이 저에게 박수를 보냈어요. 편안함과 신비감을 느꼈지요. 출생한 아이는 딸입니다."

태몽 104 임산부가 들어 올린 황금 잉어

송주희 씨가 임신 중에 꾼 꿈입니다.

"여름날 맑은 산속 개울가에서 50센티미터 정도의 주황색 황금 잉어를 들어 올렸습니다. 그런데 그 잉어가 엄청나게 크게 변하면서 파닥거려 신나고 기뻤습니다.

주위에서는 이 꿈은 태몽이고 태어날 아이가 큰 인물이 될 것이라고 했어요. 태어난 아이는 딸입니다."

태몽 105 임산부가 마신 석류알

임산부인 조서연 씨가 꾼 꿈입니다.

"석류를 쪼개서 투명한 생수가 든 유리컵에 석류알을 담았는데, 색깔이 너무도 곱고 루비같이 찬란했어요. 감탄하며 이리저리 보다가 그 석류알을 마셨어요.

친정과 주변 지인들은 아들을 임신한 것 같다고 했어요. 석류알은 씨앗이니까 남자아이라고 해석해 주었어요. 실제로 사내아이를 낳았답니다."

4. 다중감정

태몽 106 부부를 쫓아온 호랑이

첫아이를 임신한 이선숙 씨는 꿈에서 무서움과 안도감을 함께 느낍니다.

"저와 남편이 길을 걷다가 호랑이를 만나서 미친 듯이 도망을 가고 있었습니다. 그런데 호랑이가 앞을 가로막고는 무서워하지 말라고, 우리를 지켜 주러 왔다고 하면서 저와 남편을 품어 주는데 엄청나게 크더라고요. 마치 집의 지붕처럼 머리 위에서 우리 부부를 품는 느낌이었고 그 후 안도감을 느끼면서 깨어났습니다.

주위에서는 큰 호랑이이므로 아들 꿈이라고 말했습니다. 태어난 아이는 딸입니다. 이 딸이 우리를 보호하러 온 게 맞는진 잘 모르겠지만, 이 아이가 있어서 결혼 초에 이혼을 안 한 것 같아요."

태몽 107 따라오는 빨간색 구렁이

임산부인 김승희 씨의 꿈입니다.

"어릴 때 놀던 시골 언덕에 빨간 구렁이가 있는데, 쫓아내도 가지 않고 따라왔어요. 두렵기도 하고 좋기도 한 이상한 감정이 들었습니다. 태어난 아이는 아들입니다."

태몽 108 임산부를 문 퓨마

안진명 씨는 임신 후에 꿈에서 무서움과 귀여움을 함께 느낍니다.

"코엑스 같은 큰 동물원에 있었는데 계단을 올라가던 중이었습니다. 뒤에서 시끄러운 소리가 들려서 보니, 아주 큰 검은색 퓨마 같은 동물들을 사육사가 산책시키고 있었어요. 동물들은 제 뒤에서 계단을 올라오고 있었는데 갑자기 저한테로 다가오는 게 느껴졌습니다. 약간 무섭긴 했지만 귀여웠어요. 제가 계속 계단을 올라가고 있는데 손을 뒤로 뻗는 순간 퓨마가 저의 두 번째 손가락을 입에 넣고는 살짝 앙, 하고 물었습니다. 조금 당황하고 놀라서 손을 빼며 꿈에서 깨어났습니다. 태어난 아이는 딸입니다."

태몽 109 임산부를 덮친 부엉이

두영선 씨가 임신 중에 꿈을 꿉니다.

"저의 조부모님 댁을 배경으로 한 조금 더 넓고 따뜻한 좋은 집으로 햇빛이 앞쪽에서 비치고 있었습니다. 집에는 복슬복슬하고 금빛의 예쁜 털을 가진 부엉이가 있었어요. 이목구비가 아주 뚜렷했고 크기는 다섯 살 아이 정도였는데 사람처럼 두 발로 걸어 다녔습니다. 저는 어두운 부엌 쪽에 있었고, 그 부엉이는 밝은 거실을 즐겁고 빠르게 왔다 갔다를 했어요. 아이가 너무 활발해서 저 부엉이의 부모는 힘들겠다는 생각과 함께 ADHD(주의력결핍과다행동장애)인가? 하는 생각을 했습니다.

그러다가 그 부엉이랑 눈이 딱 마주쳤는데, 서 있는 몸은 사람 몸이지만 이목구비가 부엉이처럼 또렷하고 강렬해서 흠칫 놀랐어요. 그렇게 지나가는 듯하더니 잠시 후에 저의 품으로 확 날아왔습니다. 제가 무서워서 자꾸 피하고 떼어 내려고 하는데도 잘 떨어지지 않았고, 끈질기게 들러붙더니 안겼습니다. 그때 저는 너무 놀랐고, 무섭고 두렵다는 감정을 강하게 느꼈습니다.

이 꿈을 꾸고 나서 2~3주 후에 임신 사실을 알게 되었습니다. 지금은 임신 31주가 되었고 태아는 잘 자라고 있습니다. 아이는 딸입니다."

태몽 110 임산부의 허벅지에 누운 고양이

임산부인 진슬기 씨의 꿈입니다.

"버스 가장 뒷좌석에서 한 자리 앞에 앉아 있는데, 승객들과 함께 페르시안처럼 털이 긴 하얀 고양이가 버스의 중간 통로로 걸어오는 것이 자꾸 신경 쓰였어요. 승객 중 누구도 고양이를 보고 놀라지 않았고 저도 고양이가 버스에 탄 것을 자연스럽게 생각했습니다. '고양이는 나를 싫어하겠지'라고 생각하면서 곁눈질을 하고 있는데, 그 고양이가 내 다리 위에 올라와 꼬리를 말고 누웠어요. 허벅지 살에 닿은 따뜻한 느낌이 인상적이었고 '이럴 리가 없는데. 곧 가겠지!'라고 생각하면서도 조금은 격양된 기분이었어요. 고양이가 가지 않고 편안하게 있어서 저도 고양이를 두 손으로 덮어 주며 안았는데 따뜻했습니다. 그 상태로 버스를 타고 함께 갔어요. 의아함과 놀라움, 신기함, 뿌듯함과 벅찬 감정이 올라왔어요.

주위에서는 '예쁜 아이가 태어나려나 보다'라고 해석해 주었어요. 태어난 아이는 아들입니다."

5. 기타 감정

태몽 111 시어머니가 보여 준 금두꺼비

꿈에서 임산부인 강부선 씨는 놀라지 않고 덤덤했습니다.

"시어머님이 잔치를 하신다고 음식을 준비하기 위해 쌀통에서 쌀을 꺼내는데 계속 차서 넘치고 있어요. 그 장면을 보다가 거실로 나왔더니, 어머님이 안방 옆 방을 저희 부부를 위한 보석 방으로 꾸밀 예정이라고 말씀하셔요. 준비는 아직 안 되었다며 문을 열어 보여 주셨는데, 큰 방에 화장대 하나만 있고 그 위에는 금목걸이 등 보석이 조금 있었어요. 방 가운데에는 금두꺼비가 문 쪽을 정면으로 보고 있었지요. 우리를 위한 거라고 했으나 놀라지 않고 그렇구나, 하고 덤덤하게 생각했어요. 태어난 아이는 딸입니다."

6. 숫자로 보는 감정들

필자가 조사한 305건의 태몽 사례 중 117건인 38%에 해당하는 사람들이 꿈에서 체험한 감정을 기억하고 있었습니다. 보고된 전체 감정 117건 중 행복은 60건으로 51%, 놀람과 다중감정이 각각 19건으로 16%, 무서움이 14건으로 12%, 무덤덤 등 기타 감정이 5건으로 4%를 차지합니다.

〈표 5〉 태몽에서 드러난 감정

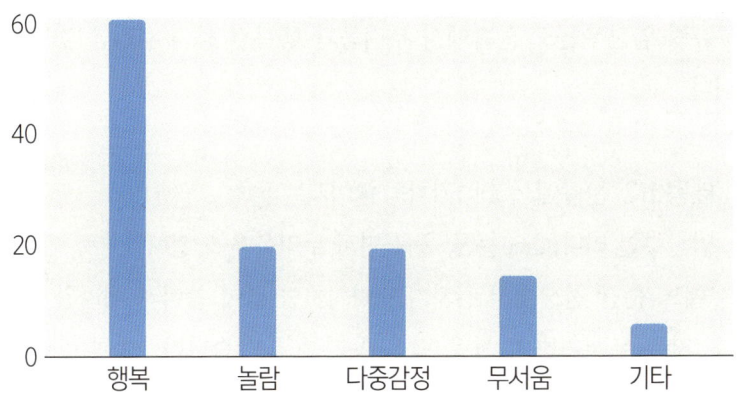

2장
유럽 임산부들의 감정

유럽 임산부들도 꿈속에서 두려움과 행복감 등의 감정을 경험합니다.

태몽 112 천장에서 소나기처럼 쏟아지는 물

임산부인 리나(Lina)는 꿈을 꾸면서 두려움을 느낍니다.

"어느 순간 천장에서 갑자기 소나기처럼 물이 쏟아져 내려왔습니다. 저는 무서워하며 물을 담을 용기를 찾았습니다. 방에 바람이 부는 것처럼 물이 때로는 한 방향으로, 때로는 다른 방향으로 흐르기도 했습니다. 그 모습이 너무 무서웠어요."[5]

태몽 113 낚시로 건져 올린 선사시대 물고기

27세인 엘린(Elin)은 첫 임신 중에 꿈을 꾸며 두려움을 느낍니다.

"강가에 앉아 낚시를 하고 있었습니다. 강은 왼쪽에서 오른쪽으로 세차게 흐르고 있었어요. 그때였어요. 저는 강에서 매우 무거운 것을 낚아챘습니다. 그걸 수면 위로 들어 올렸는데 선사시대 물고기의 형체, 즉 '매우 오래된 것'을 건져 올렸다는 사실에 겁이 났습

니다. 정말 무서웠어요."⁶

태몽 114 어항에서 뛰어오른 물고기

레오니(Leonie)는 셋째 아이의 임신 중에 꿈을 꿉니다.

"유리 어항에서 열대어(kissing fish) 한 마리가 뛰어올랐어요. 그 물고기가 모습을 바꾸고 제 눈앞에서 무지개처럼 화려한 잉어로 변했습니다. 우아한 모습에 감탄이 나왔어요.⁷

태몽 115 호수에서 놀고 있는 공룡

23세의 알리나(Alina)는 아이를 낳기 전날 밤, 신기롭고 경이로운 꿈을 꿉니다.

"꿈에서 저는 해가 뜰 무렵, 공룡과 관련된 선사시대 풍경 속에 있었어요. 약간 높은 곳에서 화산 같은 산과 지금은 멸종된 나무들로 둘러싸인 커다란 호수를 내려다보고 있었지요. 호수 안에는 여러 크기의 공룡들이 놀고 있었는데, 어른 공룡 몇 마리와 다양한 연령대의 어린 공룡들이 많다는 인상을 받았어요. 꿈속 공룡의 종류는 과학계에서 브론토사우루스로 알려진 것으로 긴 목과 거대한 몸체가 특징입니다.

공룡이 노는 모습을 보면서, 그들이 수면 아래로 잠수할 때 꼬리 중 하나에 제 몸이 부딪치는 것 같은 사소한 '실수'도 저에게는 치명적일 수 있다는 것을 깨달았습니다. 동물들의 엄청난 위용은 인간인 저 자신의 하찮음과 대조되었습니다. 동시에 살아 있는 생명력을 지닌 고대 동물의 모습이 너무나 놀라우면서도 아름답고 신기하며 경이로워 눈을 뗄 수 없었고, 제가 서 있던 자리에서 오랫동안 그들을 계속 지켜보았습니다.

그러다 잠에서 깨어났습니다. 깨자마자 반의식적으로 가장 먼저 떠오른 생각은 '이제 곧 아기가 태어날 거야'였지요. 그날 저녁에 진통이 시작되었습니다."⁸

5부

태아의 상징인 원형상은 어떤 모습일까요?

신화는 사실상 한가한 서사시가 아니며
목적 없이 공허한 상상으로부터 분출되어 나오는 것도 아니다.
오히려 신화는 착실하며 매우 중요한
문화적인 힘(cultural force)을 가지고 있다.

– 브로니슬로 말리노프스키

1장
태아의 원형상은 어떤 모습일까요?

　태아가 어머니의 배 속에서 인간의 생물학적 진화를 반복하듯이, 태몽은 신화적인 방식으로 인류의 심리적 진화를 서술하고 있습니다. 융에 의하면 태아의 상징인 원형상은 인간이 태어날 때부터 지니고 있는 원형에서 나옵니다. 원형은 원시시대부터 전승되며 특별한 방식으로도 표현되는데, 그 방식은 신화(myth)나 민담(fairy tale) 형식을 빌립니다.

　그렇다면 어린이의 원형상은 어떤 모습일까요? 융은 어린이의 원형상에 관해 다음과 같이 말합니다. "종종 어린이는 기독교적으로 형상화되기도 하지만 완전히 비기독교적인 전 단계, 즉 지하계의 동물인 악어·용·뱀·원숭이와 같은 형태로 등장하는 경우가 더 흔하다. 어린이는 흔히 꽃받침 속이나 황금알에, 혹은 만다라의 중심점으로 모습을 드러낸다. 꿈에 (중략) 우주적이어서 별을 달거나 별의 왕관을 쓰고 왕의 아들 혹은 악마적 특성을 가진 마녀의 아이로 등장하기도 한다. 매우 어렵게 다다를 수 있는 보배로운 것의 특수한 주제로서의 어린이 주제는 극도로 변할 수 있어 보석, 진주, 꽃, 담은 용기들, 황금알, 사위일체,• 황금 공 등과 같은 형상을 취한다. 어린이 주제는 그러한 유사한 상들과 거의 구분 없이 교체 가능하다."[1]

한국인의 태몽에도 태아의 원형상은 천체·자연현상, 동물, 식물, 아이, 보석 등의 형태로 드러납니다. 그 근원은 우리 민족 신화의 보고인 《삼국유사》나 전승되어 오는 설화, 민담, 전설 등에서 찾아볼 수 있습니다. 분석심리학자 이부영은 산신령, 선녀, 용, 호랑이, 꽃 등 수많은 원형상이 무의식의 심연 속에서 스스로를 드러낸다고 봅니다.

● 사위일체란 칼 융의 주장으로 기독교의 삼위일체, 즉 성부, 성자, 성령에 물질, 성모 혹은 악마 중 하나를 더 포함시킨 것을 말한다.

2장
천체와 자연(1) 천체, 해·달·별

1. 한국인

다음은 해와 달이 태아의 상징인 원형상으로 등장하는 태몽 사례들입니다.

태몽 116 세 번 불타오르면서 떠오르는 태양

태연실 씨가 임신 중에 꾼 꿈입니다.

"남편과 바닷가에 갔는데 태양이 뜨기 시작했어요. 떠오르던 태양에 불이 붙으며 세 번 떠올랐고 세 번째에는 불이 붙고 완전히 떠오르는데, 꼭 영화관에서 스크린으로 보는 것 같았습니다. 이후 깨끗한 바닷물이 모래사장에 있던 나와 남편의 발목을 적셨어요. 시원한 바람이 불었고 기분이 좋고 흥분되었어요.

가족과 친지들은 태어날 아이의 인생에 세 번 좋은 일이나 기회가 있을 듯하다고 해석했어요. 태어난 아이는 딸입니다."

태몽 117 임산부가 목격한 크고 노란 해

이해진 씨는 임신 중에 꿈을 꿉니다.

"2022년 1월의 밤이었어요. 꿈에서 남편과 함께 워터파크에 갔는데, 언덕에서 엄청나게 크고 노란 해를 보았어요. 신기한 느낌이 들었습니다. 임신한 아이는 아들입니다."

태몽 118 임산부가 목격한 2개의 해와 달

박신영 씨가 임신 중에 꾼 꿈입니다.

"새로 난 신작로에 제가 서 있고, 신작로 주변에는 넓은 논밭이 펼쳐져 있었어요. 눈앞에 동산 2개가 옆으로 겹쳐 있는데 그 위에 영롱하고 찬란한 해와 달이 각각 2개씩 떠 있는 모습을 보며 경외감을 느끼면서 깨어났습니다.

깨어남과 동시에 태몽이라고 직감했습니다. 태어난 아이는 아들입니다."

태몽 119 환히 비춘 보름달

송월선 씨가 임신 중에 꾼 꿈입니다.

"밤에 길을 가는데 너무 어두워서 어떻게 갈지 고민되고 막막하던 중, 보름달이 나타나 길을 환히 비춰 주어서 반갑고 안심이 되었습니다. 태어난 아이는 딸입니다."

태몽 120 아주 큰 보름달

신정수 씨는 아내의 임신 중에 꿈을 꿉니다.

"아내와 함께 넓고 낮은 언덕이 있는 들판을 걸어가다가 둑 같은 곳을 바라봤는데, 그곳에 비정상적으로 아주 큰 보름달이 떠 있었어요. 저는 아내에게 '와, 진짜 달 크다. 그렇지?'라고 말했습니다. 그 보름달은 불꽃놀이 할 때 불꽃의 크기만큼이나 컸습니다."

태몽 121 다가오는 보름달

음성신 씨의 임신 중에 그녀의 아버지가 꾼 꿈입니다.

"큰 보름달이 점점 다가오는 걸 보았습니다.

그동안 흑백 꿈만 꾸었는데, 컬러 꿈을 꾸니 태몽일 것으로 생각했습니다. 태어난 아이는 딸입니다."

해나 달이 태아의 상징인 원형상으로 등장하는 이유는 무엇일까요? 그 이유는 우리 민족의 신화에서 찾을 수 있습니다. 역사학자 전호태는 말합니다. "우리 민족은 해와 달의 신을 신앙의 대상으로 삼았습니다. 고구려 후기 고분벽화에는 해신과 달신이 상체는 사람이고 하체는 용인 모습으로 그려집니다. 또한 고구려 광개토왕 등의 비문에 따르면 고주몽(동명 성왕)은 해신인 해모수와 하백의 딸인 어머니 유화의 기운을 이어받아 태어납니다. 주몽과 어머니 유화는 해신과 달의 신으로 믿어져 사당으로 모셔지고 제사의 대상이 되었습니다. 시조 왕 주몽이 해와 달의 신으로 인식되었기 때문에, 고구려 사람들에게 해와 달은 특별한 관심과 신앙의 대상이 되었습니다."[2]

신화에서 신은 인간세계로 내려와 다른 신 또는 인간과 결합하여 새로운 생명을 탄생시키기도 합니다. 5세기 고구려 무용총 고분벽화(중국 지린성 지안현)의 상층부에는 해신과 달신의 그림이 있습니다. 해신 안에는 고구려의 상징인 삼족오가, 달신 안에는 두꺼비의 모습이 그려져 있습니다.

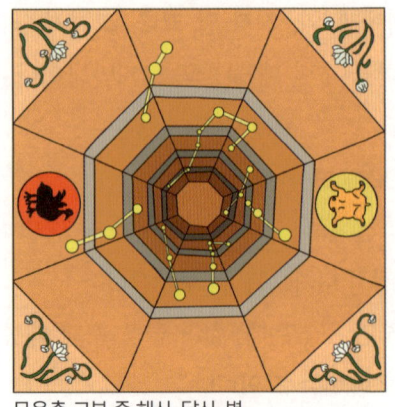
무용총 고분 중 해신, 달신, 별

민속학자 손진태는 일월신(日月神)이 신앙의 대상이 된 이유를 빛을 선호하는 원시인의 필연적인 산물이었다고 합니다. 신라인들은 정월 아침에 해를 경배했습니다. 달도 해와 마찬가지로 민간 신앙의 대상이었습니다.[3]

다음으로는 별과 관련된 태몽들을 살펴보겠습니다.

태몽 122 집 마당에 떨어진 별똥별

어머니가 여동생을 임신했을 때 진선화 씨가 꿈을 꿉니다.

"엄마가 여동생을 임신했을 때, 당시 예닐곱 살이었던 제가 꾼 꿈입니다. 지금도 생생하게 기억나요. 새벽녘에 별이 많이 보이는 하늘에서 별똥별 하나가 우리 집 마당으로 떨어졌어요. 노란빛의 꼬리가 선명했지요. 제가 아침에 눈을 비비고 나갔더니 흙 위에 별 모양의 달 표면처럼 되어 있는 어떤 형상이 있더라고요. 이따가 가져가야지, 하고 친구들과 놀다 왔는데 그 별은 벌써 사라졌어요. 흙에 스며들었다고 생각해서 흙을 퍼 보자기에 넣고 잘 싼 다음에 집에 들어가서 엄마한테 드렸습니다. 매우 신기하면서도 가슴이 벅찼고, 꿈속에서 엄마는 낯설고 귀한 것이라는 듯 소중하게 받으셨던 거 같아요."

태몽 123 무수히 반짝이는 별

친구가 꾼 꿈 이야기를 김성진 씨가 들려주었습니다.

"제일 가깝게 지내던 친구가 꾼 꿈입니다. 별이 무수히 반짝이는 하늘을 바라보고 있는데, 갑자기 그 별들이 자신한테 다 떨어져 깜짝 놀라 깼다고 합니다.

꿈이 너무 생생해서 태몽 같다며 저에게 말해 주었는데 바로 임신이 확인되었습니다. 태어난 아이는 딸입니다."

태몽 124 창밖으로 보이는 북두칠성

정명환 씨가 아내의 임신 초기에 꾼 꿈입니다.

"창밖으로 커다란 북두칠성을 바라보았습니다. 태어난 아이는 딸입니다."

별도 고대인들에는 신앙의 대상이었습니다. 매년 음력 7월 7일이면 까치와 까마귀가 만든 오작교 다리 위에서 만나는 견우와 직녀는 동양의 별자리 이름이기도 합니다. 견우와 직녀는 고대로부터 남녀 모두에게 신앙의 대상이 되었던 신들입니다. 이들은 고구려 고분벽화에도 등장합니다. 5세기 초인 409년에 축조된 덕흥리벽화분(북한 평안남도 남포시 강서구역 덕흥동 소재)에는 견우와 직녀의 모습이, 5세기 중엽에 축조된 대안리1호분(북한 평안남도 남포시 대안구역 은덕동 소재)에는 직녀의 모습이 등장합니다. 이렇듯 고구려 고분벽화에 나타나는 은하수와 함께 묘사된 견우와 직녀는 설화의 주인

공이자 별자리 신입니다. 고구려인들이 일상에서 믿고 기도하던 대상이었습니다.[4]

북두칠성은 북극 하늘에 있는 7개의 별자리를 의미합니다. 삼국시대부터 우리 조상들은 북두칠성이 인간의 수명을 관장한다고 여겨 신앙의 대상으로 삼았습니다. 이러한 믿음은 무속이나 도교의 칠성 신앙, 불교의 칠성원군 신앙으로 전승되어 왔습니다. 지금도 절에 가면 칠성신(七星神)을 모시는 칠성각이 있습니다. 무속에서는 '바리공주'가 낳은 일곱 아들이 죽어 하늘에 올라가 별이 된 것이라고 합니다. 사람이 죽어서 별이 되었다는 내용으로, 별의 인격 신화를 말해 주고 있습니다.[5]

칠성 신앙은 별에 대한 숭배로, 오랫동안 한민족 고유의 신념으로 계승되어 왔습니다. 우리나라에서 발견되는 신석기시대의 일부 고인돌에는 별 모양의 구멍이 새겨져 있습니다. 우주와 천체 현상에 대한 고대 한국인들의 우상과 믿음은 별 신앙으로 계승 발전되어 왔습니다. 따라서 고구려의 고분벽화에는 북두칠성 등의 별 모양이 그려져 있습니다.[6] 다음 사진은 전라북도 고창군 고수면 평지리에 있는 고인돌의 덮개돌에 새겨진 별자리 모양입니다.

고창 평지리 고인돌(왼쪽)과 그 위에 새겨진 별자리(오른쪽)

북한에서는 평양 주변에서 발견된 고인돌 무덤의 덮개돌에 별자리를 새겨 놓았는데 오리온자리, 궁수자리, 쌍둥이자리, 처녀자리가 나타납니다.[7]

2. 유럽인

다음은 별이 등장하는 유럽인의 태몽들입니다.

태몽 125 하늘을 가로지르는 유성

결혼 7년 차인 36세의 엘레나(Elena)는 여섯 번째 아이를 낳기 열흘 전에 꿈을 꿉니다.

"저는 시누이와 함께 밖에서 하늘을 올려다보고 있습니다. 어두운 밤이라서 수백 개의 별을 볼 수 있었어요. 갑자기 별똥별 하나가 보였습니다. 그리고 또 다른 유성, 또 다른 별똥별…. 하늘을 가로지르는 유성들은 참 웅장해 보였어요! 유성이 아이의 탄생을 알린다는 부시먼(Bushman)들의 믿음을 떠올리며 잠에서 깼습니다."[8]

태몽 126 하늘에서 떨어진 별

앞의 태몽 64에서 소개한 안나(Anna)의 꿈입니다.

"하늘에서 별 하나가 땅으로 떨어집니다. 그 별이 폭발했는데 매우 아름다웠어요. UFO 한 대가 X 마을에 착륙합니다."[9]

성서에서 동방박사들은 예수의 탄생을 알리는 별의 안내를 받은 덕분에 아기 예수를 찾아 경배를 올립니다(마태오 2: 1~12).

융은 별이 아이의 탄생을 암시할 수 있다고 합니다. 그는 말합니다. "별의 위치와 태어나는 순간 아이의 정신적 별자리는 수천 년 동안 관찰의 대상이 되어 왔으며 항상 읽을 수 있거나 이해할 수 있는 모습을 제공한다."[10]

2장
천체와 자연(2) 자연, 물·흙·불

물, 흙, 불은 인간의 생존에 필수적인 요소들입니다. 아이의 삶은 어머니의 자궁 속, 즉 물에서 시작되며 인간은 물 없이는 살 수 없는 존재입니다. 물이 흐르는 땅에는 초목, 동물 등 모든 생명이 있습니다. 물은 생명의 기원이 됩니다.

흙은 모든 생명체의 어머니입니다. 생명체를 낳고 키우며 그들에게 보금자리를 제공하고, 모든 생명체는 다시 대지의 품으로 돌아갑니다. 성서에 의하면 하느님은 사람에게 이렇게 말했습니다. "너는 흙에서 나왔으니 흙으로 돌아갈 때까지…(창세기 3:17~19)."

그리스 신화에서 프로메테우스는 제우스신으로부터 불을 훔쳐다 인간에게 전달해 줍니다.[1] 불은 어두움을 밝히고 추위로부터 인간을 보호하며, 음식을 조리하고 흙을 빚어 굽거나 쇠붙이를 녹여서 가공하는 수단으로 활용됩니다. 불은 인류의 생존과 문명 발달에 필수적인 요소입니다. 그리스 사회에서는 아이가 태어나면 신생아 의식을 통해 한 집안의 구성원으로 받아들이는데, 이 의식은 아이를 불에 올려놓는 것과 땅에 내려놓는 것으로 이루어져 있습니다.

이렇게 인간의 생존에 필수적인 물, 흙, 불도 태아의 상징인 원형상으로 등장합니다.

1. 한국인

고구려 건국 신화에 나오는 주몽의 어머니 유화는 강의 신 하백의 장녀입니다. 강물은 고대 부족에게 식수와 농업용수를 제공하는 생명의 원천이었습니다.

태몽 127 두 손으로 뜬 맑은 물
명수진 씨가 임신 중에 꾼 꿈입니다.
"산에 맑고 좁은 시냇물이 졸졸 흘러서 두 손으로 맑은 물을 떴습니다."

태몽 128 집 안으로 흘러 들어오는 맑은 물
임신 중인 이시원 씨의 시어머니 친구가 꾼 꿈입니다.
"시어머니 친구분이 시어머니 집으로 맑은 물이 흘러 들어오는 모습을 보았습니다.
이 꿈 이야기를 들은 시어머니는 집에 좋은 일이 생기려나, 내놓은 집이 나가려나 하고 생각하셨답니다. 태어난 아이는 아들입니다."

태몽 129 물속에서 건진 차돌
정명화 씨가 둘째를 임신한 지 16주쯤 되었을 때 꾼 꿈입니다.
"개울인지 강인지 모를 맑은 물가에 발을 담그고 있는데, 까만색 혹은 회색의 자갈이 물 아래 바닥에 한가득 있었습니다. 그중 가장 윤이 나고 반질반질한 것을 골라 건져서 가졌습니다.

깨어나 보니 꿈이 생생하고, 평소 꿈을 많이 꾸는 편인데 이 꿈은 서사도 없는 짧은 이미지였지만 강렬하게 느껴져 태몽이라 생각했습니다. 첫아이 때와는 달리 아들 태몽 같았어요.

태어난 아이는 아들인데, 큰아이와 달리 얼굴 피부가 조금 더 까무잡잡하고 몸은 단단해 보이며 몸무게도 더 나가서, 꿈과의 연관성을 더 확신했습니다. 현재는 초등학교 1학년으로 아기 때의 이미지와는 달리 여성스럽고 예술을 좋아하는 감성적인 아이로 성장하고 있습니다."

태몽 130 하늘을 꿰뚫은 불기둥

임산부인 인명진 씨가 꾼 꿈입니다.

"큰 산을 오르던 중, 산 중턱에서 뱀 떼 수만 마리를 죽였습니다. 죽을힘을 다해 피투성이가 되면서도 전부 죽였어요. 그리고 그 산 꼭대기까지 있는 힘을 다해 기어 올라가 정상에 섰더니, 절벽 아래에 망망대해가 펼쳐지면서 가슴이 탁 트였습니다. 그때 바다가 전부 피처럼 시뻘게지기에 '이게 무슨 일이야!' 하는데, 바다 밑에서 불기둥이 올라와 하늘을 꿰뚫었습니다.

태어난 아이는 아들입니다. 큰 인물이 될 줄 알고 기대가 컸습니다. 자라면서 애먹을 건 알았지만 이 정도일 줄은 몰랐습니다."

2. 유럽인

태몽 131 바다에서 밀려오는 높은 파도

29세인 소피(Sophie)는 둘째를 임신한 지 4개월 차에 꿈을 꿉니다.
"해변을 걷고 있는데, 파도가 높았지만 내가 있는 곳까지 다가오리라고는 생각하지 못했습니다. 우리 둘은 해변을 걷고 있었어요. 내가 뒤를 돌아보자, 매우 높은 파도가 우리에게 밀려왔습니다."[12]

태몽 132 점토로 된 작은 소녀

한나(Hannah)는 예술에 헌신적인 건축가이며, 동시에 훌륭한 무용수였습니다. 임신과 출산이 어려운 상황이었음에도 불구하고 그녀는 아이를 낳기로 결정합니다. 그녀가 임신 중에 꾼 꿈입니다.
"작은 점토 조각들을 가지고 놀고 있습니다. 점토로 된 작은 소녀가 있었는데, 소녀는 인간처럼 생명력을 갖게 되었습니다. 건강한 딸을 출산했습니다."[13]

태몽 133 조각으로 연마되는 돌

줄리아(Julia)는 넷째를 임신하고 11주 차에 꿈을 꿉니다.
"보물이 있었지만 사람들이 그걸 찾아내지 않아야 했어요. 안 그러면 사람들이 보물을 훔칠 테니까요. 음악이 들려오고, 계속 돌을 연마해서 매우 아름다운 모양을 조각했습니다."[14]

유럽의 민간 신앙에는 돌을 만지거나, 돌에서 미끄러지거나, 돌 주위에서 춤을 추거나, 임신과 출산에 도움을 받기 위해 돌에 치유를 기원하는 등의 여러 관습이 있습니다.

독일 미신 핸드북은 돌에 대해 다음과 같이 설명합니다. "돌 주변에서 춤을 추는 것과 같은 의식은 (중략) 대부분 다산 의식으로 이해되어야 하며 최근까지 살아남았다. (중략) 인류의 다른 많은 탄생 전설도 바위에서 태어났다고 전해진다."[15]

3장
신화·전설의 동물들

1. 한국인

1) 용

《삼국유사》 중 북부여를 세운 해모수에 대한 기록에는 '용'이 나옵니다. "기원전 59년 4월 8일에 천제(天帝)가 오룡거(五龍車)를 타고 흘승골성(지금의 중국 랴오닝성 환런현에 위치한 오녀산성)에 내려와 도읍을 세우고 왕이라 하며 나라 이름을 북부여라 했다." 오룡거는 천제가 타는 수레로 다섯 마리의 용이 끌고 간다고 합니다.[16] 즉, 하늘 황제의 수레를 신성한 동물인 용들이 끈 것입니다.

해모수 신화에도 단군 신화와 마찬가지로 하늘로부터 건국의 조상이 내려온다는 천신하강(天神下降)의 요소가 있습니다. 이러한 신화적 요소가 현대 한국인에게까지 전승되어 태몽에도 태아의 원형상으로 용이 등장하게 됩니다. 다음 사진은 고구려 시대에 건립된 강서대묘의 벽화로 용의 모습이 보입니다.

강서대묘 벽화의 용 (자료: 동북아역사재단)

태몽 134 하늘로 날아 올라간 용

상진희 씨가 임신 중에 꾼 꿈입니다.

"우리 집에서 용 같은 게 하늘로 날아 올라갔습니다.

꿈 때문에 아들일 줄 알았는데 딸입니다. 우리 아이가 '큰 인물이 되겠다'라고 생각했습니다. 아이의 성장 과정에서 많이 돌봐 주진 못했으나 스스로 자신의 길을 찾아가는 것 같아요."

태몽 135 저수지에 누워 있는 용

정용순 씨가 임신 중에 꾼 꿈입니다.

"어떤 저수지 둑길을 걷고 있는데, 물이 굉장히 깊고 새까매서 무서웠습니다. 둑 위로 물이 찰랑찰랑 넘치는데 아주 맑은 물이었어요. 자세히 보니 그 둑이 다름 아닌 용의 몸이었습니다. 용이 몸으로 저수지를 가로막아 둑을 만든 것이었죠. 용은 깊은 물속에서 눈을 감고 누워 있었어요. 그 모습에 무척 놀랐고 경이로웠습니다.

아들은 7개월 조산아로 태어나 인큐베이터에서 성장했습니다. 굉장히 예민하고 한 가지 사물에 맹목적으로 집착하며 고집이 세서,

어머니에게 체벌을 많이 받으며 자랐습니다."

태몽 136 임산부를 쫓아다니는 용

태몽의 주인공인 전수영 씨의 아버지가 꾼 꿈입니다.

"구름 속에서 거대한 울음소리가 들려와, 옆 사람에게 저게 무슨 소리냐고 하니 용 울음소리라고 했습니다. 태어난 아이는 딸입니다."

태몽 137 여의주를 물고 하늘로 승천하는 용

할머니가 꾼 꿈을 태몽의 주인공인 정승희 씨가 들려주었습니다.

"저희 할머니가 꾸신 꿈입니다. 한밤중, 한옥이 모여 있는 마을의 한 집에서 불이 났다고 해요. 99칸 기와집처럼 마을에서 가장 큰 집이었답니다. 마을 밖에서도 불기둥이 치솟는 게 보일 정도로 엄청나게 큰 불이었고, 사람들이 불을 끄려고 물을 퍼다 나르는 등 아수라장이었습니다. 불기둥과 함께 입에 여의주 같은 구슬을 문 큰 용이 하늘로 승천했습니다."

태몽 138 품에 날아든 용

친할머니가 꾼 꿈을 연미정 씨가 얘기해 주었습니다.

"커다랗고 튼실한 구렁이 세 마리가 용으로 변해서 꿈을 꾸고 있는 할머니 품에 날아들어 받았다고 합니다. 할머니는 그 용이 월정사 기둥의 용이라고 해요. '월정사 법당에 큰 부처님이 있는데, 그 옆에 용트림이 있지. 기둥에 용이 휘감아 돌아가는 거'라고 했어요.

그 당시 제 남편이 국가고시를 준비할 때여서, 할머니로부터 꿈이야기를 들은 어머니는 처음에는 남편 꿈인 줄 알았대요. 나중에야 태몽인 듯하다고 하셨어요. 덕분인지는 몰라도 남편도 잘되었고, 튼튼한 아들도 태어났답니다."

2) 불사조

태몽 139 날아서 쫓아 온 불사조
조승연 씨가 임신 중에 꾼 꿈입니다.
"길을 가는데, 불사조가 하늘 위로 날아서 저를 쫓아 왔어요. 저는 아빠 차가 보여서 차로 뛰어 들어가 숨었습니다. 태어난 아이는 아들입니다."

불사조(phoenix)는 죽었다가 다시 살아난다는 전설의 새입니다. 로마의 역사가인 타키투스(55?~120?)는 말합니다. "파울루스 파비우스가 집정하던 때 피닉스라는 이름으로 세상에 알려진 기묘한 새가 오랫동안 오지 않다가 이집트로 다시 찾아왔다. 그것이 날아올 때 한 떼의 각종 새들이 따라왔는데, 모두 그 신기함에 마음이 끌렸고 그 아름다운 광경을 경탄하면서 바라보았다."[17]

고대인들은 불사조를 낙원의 새이자 상서로움을 주는 새라고 믿었습니다. 불사조도 태아의 임신이나 출생의 기쁨을 뜻하는 데 부족함 없는 원형상입니다.

3) 알

알은 새가 낳습니다. 고대인들은 새를 하늘의 메신저라고 생각했습니다.[18] 다음은 《삼국사기》와 《삼국유사》에 기록된 고구려를 건국한 주몽의 탄생 신화입니다.

"부여 왕 금와(金蛙, 금빛 개구리)가 왕위에 오르고 나서 태백산 남쪽 우발수에서 한 여자를 만났는데, 누구냐고 물으니 그 여자가 말하기를 '저는 하백의 딸인데 이름은 유화라고 합니다. 동생들과 밖에서 놀고 있을 때 한 남자가 나타나 천제의 아들 해모수라 하고는 나를 꾀어 웅심산 아래 압록강 가의 집에서 사욕을 채우고 그 길로 가서는 돌아오지 않았습니다. 우리 부모는 내게 중매도 없이 남자와 상관한 것을 꾸짖고 우발수로 귀양을 보낸 것입니다'라고 대답했습니다. 금와가 이상히 여겨 방 안에 가두었는데, 햇빛이 비쳐 와 그녀가 몸을 피하니 햇빛이 또 따라와서 비추었습니다. 이렇게 하여 태기가 있더니 알 하나를 낳았는데 크기가 닷 되들이 그릇만 했습니다. (중략) 그 어머니는 알을 싸서 따뜻한 곳에 놓아두었습니다. 여기에서 한 아이가 껍질을 깨고 나왔는데 골격과 외향이 영특하고 기이했습니다."[19]

주몽의 탄생설화에서 햇빛이 유화를 쫓아다니며 비춘 것은 태어날 아이가 하늘과 연관성이 있음을 의미합니다. 알(卵)은 '세계'를 상징합니다. 세계를 깨뜨려서 하나의 새로운 질서를 창조한 창조자가 바로 주몽이며 그는 고구려를 세워 동명왕이 되었습니다.[20]

태몽 140 연못 위에 떠 있는 황금알

임산부인 금보라 씨가 꾼 꿈입니다.

"산과 같은 장소를 걸어가던 중 어딘가에서 빛이 나는 것을 보았어요. 그쪽으로 향했더니 무척 맑은 연못에 커다란 황금알이 떠 있었습니다. 태어난 아이는 딸입니다."

태몽 141 학에게 얻은 알

임산부인 송연수 씨의 꿈입니다.

"꿈에 고향 동네 길의 큰 소나무 위에 앉아 있는 학에게서 알을 얻었습니다. 어떤 노인이 저에게 그 알을 달라고 요구했지만 거절했습니다.

꿈에서 깨어나 학의 알이 아이가 아닌가 생각했어요. 태어난 아이는 딸입니다."

태몽 142 거북이가 건네준 2개의 알

장수연 씨는 임신 3개월쯤 꿈을 꿉니다.

"신혼생활을 시댁에서 시작했습니다. 신혼 방에서 잠을 자는데, 커다란 거북이가 헤엄쳐 와 저에게 알을 2개 주면서 귀한 알들이라고 해서 받았습니다.

저의 첫아이는 아들, 둘째는 딸입니다. 시어머니에게 태몽 같다며 꿈 이야기를 했더니, 한 알은 본인 딸이 가진 아이의 태몽인 것 같다고 하셨어요. 그것이 매우 찜찜합니다."

필자는 이 꿈은 임산부 본인의 태몽이고, 2개의 거북이 알은 자녀의 수를 뜻하기 때문에 찜찜해하지 마시라고 해석해 주었습니다.

태몽 143 바닷가에서 발견한 새알

친정아버지가 꾼 꿈을 임산부 박재선 씨가 얘기해 주었습니다.

"꿈에서 친정아버지가 바닷가에서 큰 새알을 발견하셨대요. 아버지는 태몽이라며 저에게 이야기해 주셨습니다."

4) 천마

하늘을 나는 천마는 하늘의 상제(上帝)가 타고 다니는 상서로운 전설의 동물입니다. 북한 평안남도 남포시 강서구역 덕흥동에 있는 덕흥리 벽화분의 천장 상단 오른쪽에는 천마의 모습이 그려져 있습니다. 천마 왼쪽에는 한자로 '天馬之像(천마지상)'이라는 글이 새겨져 있습니다. 벽화는 하늘을 날고 있는 천마의 꼬리와 갈기가 바람에 흩날리고 있는 모습입니다. 또한 신라의 경주 천마총에도 하늘을 나는 말의 모습이 그려져 있습니다.

다음 태몽들에서는 우리 조상들이 숭상했던 천마 신화가 전승되어 태아의 상징으로 등장함을 알 수 있습니다.

태몽 144 산 위를 날아가는 날개 달린 두 마리 말

정경희 씨의 임신 중에 남편이 꾼 태몽입니다.

"경치가 수려한 해변에서 아내와 함께 산을 바라보았습니다. 산에는 돌과 나무가 적절히 배치되어 있어, 보기에 더할 나위 없이 아름답고 웅장했습니다. 아내와 함께 산을 바라보는 와중에 산 위로 날개 달린 말 두 마리가 날아갔습니다. 그 광경이 경이로웠고 기분

북한 덕흥리 천마도(왼쪽)와 경주 천마도(오른쪽) (자료: 동북아역사재단, 국립경주박물관)

도 좋았습니다. 태어난 아이는 딸입니다."

태몽 145 순백의 날개 달린 말
천명희 씨가 임신 5~6개월 차에 친정집에서 꾼 꿈입니다.
"순백의 커다란 날개 달린 말이 하늘을 날았습니다. 저는 황홀한 감정을 느꼈습니다. 태어난 아이는 아들입니다."

5) 유니콘

태몽 146 뿔이 하나인 유니콘
임산부인 윤기영 씨의 꿈입니다.
"망아지와 비슷한 게 있어서 자세히 보니, 뿔이 하나인 유니콘이었습니다. 유니콘을 보자 마음이 따뜻해졌어요. 태어난 아이는 아들입니다."

유니콘(unicorn)은 신화나 전설상 동물로 머리에 하나의 뿔이 달려 있습니다. 사람들은 유니콘은 신성한 동물이자, 사악한 힘을 막고 어떠한 질병도 고칠 수 있는 신령한 동물로 믿었습니다.

6) 해태

태몽 147 물컹한 느낌의 해태
장지연 씨가 임신 전에 꾼 꿈입니다.
"아는 언니 집에 방문했는데 집이 맑은 물 위에 있었습니다. 그 집으로 들어가자 어떤 신성한 바다 동물이 있었어요. 입이 대단히 큰, 바다사자나 해태 같은 느낌의 동물이었습니다. 저는 그 동물을

경복궁 앞 해태상

보고 '이거 엄청 신성한 거잖아, 언니!'라고 하면서 곁에 다가가 물컹한 느낌의 큰 입을 요리조리 만졌습니다. 꿈속에서도 무언가 잘될 것 같은 느낌을 받았습니다. 태어난 아이는 딸입니다.

친정어머니는 이 꿈 이야기를 듣고 '너의 태몽이 용을 타고 물에서 승천하는 거였는데, 네 자식이라서 물에 사는 신성한 해태가 나왔나 보다. 보통이 아닌 너 닮은 딸인가 보다'라고 말해 주었습니다."

우리 조상들은 해태를 시비·선악을 판단하는 상상의 동물이자 화재나 재앙을 물리치는 신령스러운 동물이라고 보았습니다.

2. 유럽인

태몽 148 알에서 나온 토끼

임산부인 엠마(Emma)가 꾼 꿈입니다.
"어머니가 돌기둥 같은 곳에 상징을 새기고 있는데, 그중 일부는 천문학적 기호들입니다. 그다음에 많은 작은 알들이 보였어요. 어떤 이가 그 안에 뭐가 있는지 보고 싶다고 합니다. 그래서 이런 알에서는 물고기만 나올 수 있다고 제가 말해 주었는데, 그 사람은 작은 알을 까겠다고 계속 우깁니다. 마침내 그가 두 알을 까고 보니 조그만 흰토끼 두 마리가 알에서 나옵니다. 내 토끼들임을 알았습니다."[21]

고대 이집트와 그리스 신화에 의하면 우주 전체가 알에서 태어났다고 합니다. [22]

태몽 149 숲에서 마주친 새끼 유니콘

루이사(Luisa)가 꾼 꿈입니다.

"로저(Roger) 박사와 자전거를 타던 중 섬에서 사슴처럼 생긴 기이한 동물과 마주쳤습니다. 뿔은 하나인데 오른쪽에서 왼쪽으로 휘어져 있으며 뿔대가 강하고, 그 큰 동물의 머리 윗부분 중 절반을 덮고 있었습니다. 로저 박사는 이 동물이 전혀 위험하지 않다고 확신하지만, 수컷이다 보니 나를 해칠지도 모른다고 생각했습니다. 이 동물은 나무 주위로 나를 따라다니며 냄새를 맡았습니다. 우리는 숲속에 있었는데 나무 사이로 평화롭게 풀을 뜯는 암컷 유니콘이 보였습니다. 계속 걷다가 수컷 새끼 유니콘과 마주쳤습니다…".[23]

태몽 150 황소를 닮은 검은 유니콘

33세인 마리아(Maria)는 결혼 후 임신을 계획합니다. 다음은 그녀가 꾼 꿈입니다.

"(중략) 나는 흥분한 목소리로 '그래, 뒤로 달리는 황소처럼!'이라고 말했습니다. 그 순간 검은색 곱슬머리에, 이마 중앙에는 검은 뿔 하나가 튀어나온 어린 황소 한 마리가 제 왼편의 어둠 속에서 달려왔습니다. 황소가 우리 사이를 지나갈 때 나는 그 황소의 뿔을 잡고 황소를 울타리 안으로 끌었습니다. 젊은 흑인 여성이 우리를 위해 문을 열어 주었습니다. 그 안에는 온순한 암컷 황소 한 마리가 있습니다. 동물들을 돌보던 흑인 여성은 내가 통로로 들어선 후 다시 문을 닫았습니다. 태어난 아이는 건강한 딸입니다."24

영국 왕실의 상징에는 사자와 유니콘 상이 있습니다. 사자는 용감하고 강인한 동물로 여겨졌으며 영국 왕실의 권위와 힘을 상징합니다. 유니콘은 영국 왕실의 순결과 정절을 상징하는데, 사람들은 유니콘의 뿔이 악마를 물리치는 힘을 가지고 있다고 여겼습니다. 스코틀랜드의 에든버러 구시가지 중앙에도 유니콘 상이 세워져 있습니다.

영국 왕실의 문장인 사자와 유니콘

4장
반려동물, 개·고양이

사람들은 키우는 개나 고양이를 가족처럼 아끼고 사랑한다는 의미에서 '반려동물(companion animal)'이라고 부릅니다. 자연스럽게 이 사랑스러운 동물들은 태몽에서 아이의 상징인 원형상으로 나타나기도 합니다. 특히 개는 우리 민족과 오래전부터 인연이 있는 동물입니다. 개에 관한 명칭은 부여(기원전 2세기~494년)에서는 관직명 중 하나로도 사용되었습니다. 자세한 내용은 뒤에서 살펴보겠습니다.

1. 한국인

1) 개

태몽 151 코트 속으로 들어온 강아지

최소현 씨가 임신 전에 꾼 꿈입니다.
"겨울밤이었는데 어두운 골목에 남편과 같이 있었던 것 같아요. 크고 새하얀 개 두 마리가 제 코트 양옆 속으로 확 들어왔다가 나갔어요. 깜짝 놀라고 당황했습니다. 이 백구들이 위험한지, 쫓아내야 하는지 고민했는데 괜찮은 것 같아서 쫓진 않았어요. 한 마리는 다시 내 근처로 와서 있었던 것 같아요. 태어난 아이는 아들입니다."

태몽 152 친정어머니의 무릎에 안긴 강아지

태몽 79에서도 소개한, 강선희 씨의 임신 전에 친정어머니가 꾼 꿈입니다.

"흰 강아지가 파란색 벨벳으로 만든 옷을 입고 걸어와 제 무릎에 안겼습니다. 흰 강아지의 파란 옷은 반짝이는 천으로 만들어졌고 보석과 장신구가 주렁주렁 달려서 화려하고 예뻤습니다. 현실에서 실제로 키우던 강아지도 그곳에 있었는데, 그 강아지는 시무룩해서 떠났습니다.

주위에서는 남자아이 같다고 예상했는데, 실제로도 아들이었습니다."

2) 고양이

태몽 153 임산부의 품으로 들어온 고양이

고정희 씨가 임신 중에 꾼 꿈입니다.

"고양이가 새끼 고양이를 여러 마리 낳았습니다. 그중 털이 유난히 흰 새끼 고양이가 있었는데, 눈동자는 세상에서 가장 아름다운 보석 같으며 쫑긋 솟은 귀털은 분홍색 밍크 같았어요. 그 고양이가 저의 품으로 들어왔습니다. 태어난 아이는 딸입니다."

태몽 154 임산부의 품에 안긴 고양이

지인이 꾼 꿈 이야기를 임산부인 진영수 씨가 들려주었습니다.

"에메랄드빛 고양이가 와서 지인분의 품에 안겼다고 합니다. 그분은 생전 고양이 꿈을 꾼 적 없기에 '너의 태몽 같다'라고 말해주었습니다. 태어난 아이는 딸입니다."

2. 유럽인

1) 개

태몽 155 임산부의 다리를 비비는 개

28세인 소피(Sophie)는 첫아이 임신 8주 차에 꿈을 꿉니다.

"고향의 한 교회에 있는데, 오리 부리처럼 못생기고 무표정한 중간 크기의 개가 보여 무서웠어요. 그 개가 옆으로 와 징징대면서 다리를 비벼 댔습니다. 나는 거부감을 느꼈고, 개가 (다른 사람과 나를) 착각하고 있다고 생각했습니다. 그래서 다른 길로 가려고 했어요. 교회 위쪽 입구를 찾아 조심스럽게 종탑에서 뛰어내렸습니다. 하마터면 넘어질 뻔했는데 밧줄을 잡고 몸을 일으켜 세우려 했어요. 겁을 먹었습니다…"

소피는 첫아이의 출산에 대한 두려움을 느꼈지만, 예정일보다 5주 이르게 건강한 딸을 낳았습니다. [25]

태몽 156 임산부가 품에 안은 개

밸런타인(Valentine)이 첫아이 임신 5주 차에 꾼 꿈입니다.

"저는 개 두 마리와 함께 밖에 있었습니다. 초원을 따라 걷고 있는데 왼편 울타리 안에 말들이 많았어요. 그곳에서 늑대 같은 공격적인 개를 키우는 한 남자를 만났습니다. 그들을 피해 가고 싶었지만 우리는 같은 길에 있어 그럴 수 없었어요. 남자의 개와 저의 개가 격렬하게 싸움을 벌였습니다. (중략) 저는 하얀색 푸들과 함께 있었습니다. 제가 어렸을 때 키우던 개 플롱젠을 닮았어요. 갑자기 그 개가 죽기 전의 플롱젠처럼 간질 발작을 일으키며 오른쪽으로 쓰러져서, 저는 개를 품에 안았습니다." [26]

2) 고양이

고대 이집트에서는 2,000년 동안 고양이 여신 바스트(Bast) 혹은 바스테트(Bastet)가 숭배되었습니다. 바스테트 신 축제가 열리면 거리에는 행복과 활기, 성적인 자유와 경쾌한 음악이 가득했습니다. [27]

태몽 157 임산부가 살려 낸 고양이
임산부인 제이드(Jade)는 꿈을 꿉니다.
"호수에서 새끼 고양이 한 마리를 건져서 탈의실 나무 위에 올려놓았어요. 그 고양이를 안아서 물을 토하도록 했지요. 숨을 불어넣자 고양이가 다시 살아났어요." [28]

태몽 158 임산부가 먹이를 준 고양이
임산부인 줄리아(Julia)의 꿈입니다.
"어떤 노인이 작은 새끼 고양이를 가뒀어요. 고양이가 먹을 게 없어서 제가 고양이에게 먹이를 주었습니다. 고양이는 배가 무척이나 고픈지 상추까지 먹었습니다."[29]

태몽 159 부엌에 들어온 새끼 고양이들

24세의 줄리엣(Juliette)은 첫째를 임신하고서 낙태를 고민합니다. 그녀는 태아의 아버지인 브라이언(Bryan)과 4년을 동거했지만 그와의 결혼에 대해 확신이 없었습니다. 그러던 중에 꿈을 꾸었습니다.

"(중략) 저는 요리를 하고 있었습니다. 아빠와 브라이언이 집에 있었어요. 그때 아주 작은 고양이 몇 마리가 부엌을 통해 들어왔습니다. 한 마리는 검은색이고, 다른 두 마리는 흰색이거나 노란색이었어요. 저는 비명을 질렀고, 다 같이 밖으로 나갔습니다. 그 고양이들에게는 뭔가 신비로운 것이 있었어요. 아빠와 함께 집으로 걸어가던 중, 갑자기 다리 한쪽에 생긴 문제로 아빠가 걷지 못하고 계단에 주저앉았습니다. 건물 복도는 새끼 고양이에 대해 궁금해하는 사람들로 붐볐습니다."[30]

태몽 160 팔에 안긴 새끼 고양이

임산부인 가브리엘(Gabriel)은 꿈을 꾸었습니다.

"나에게는 돌봐야 할, 크고 무게가 나가는 한 아기가 있었어요. 그런데 그건 사랑스러운 새끼 고양이였어요. 제 팔에 안겨 시끄러운 도시를 조용히 지나가려고 했습니다."[31]

5장
가축(1) 윷판에 등장하는 가축들

1. 한국인

부여에는 가축의 이름을 딴 관직명이 있었습니다. ³²● 부여의 중앙은 왕이 직접 다스리되 지방은 가(加, 족장 또는 고관)들이 사출도(四出道)에 따라 다스렸습니다. ³³ 사출도는 부여의 지방 조직으로서 중앙을 중심으로 동, 서, 남, 북으로 나눈 네 행정 구역을 말합니다. 이 구역들은 각기의 부족을 거느린 가들이 다스렸습니다. 이들 가는 마가, 우가, 구가, 저가로 마가(馬加)는 말, 우가(牛加)는 소, 구가(拘加)는 개, 저가(猪加)는 돼지를 뜻합니다. 이렇게 부여는 가장 높은 관리 이름에 동물 이름을 붙일 만큼 목축이 발달한 사회였습니다. ³⁴

이들 가축의 명칭은 우리 민족 고유의 윷놀이에도 등장합니다. 윷판의 각 수는 하나를 도, 둘을 개, 셋을 걸, 넷을 윷, 다섯을 모라 부릅니다. 도는 돼지(豚), 개는 개(犬), 걸은 양(羊), 윷은 소(牛),

---

● 청나라 건륭제의 명으로 1781년에 완성된 중국 최대의 총서인 《사고전서(四庫全書)》 속 《후한서》에 기록되었다.

모는 말(馬)을 의미합니다.[35]

한편, 윷판은 둥근데 이는 하늘을 나타냅니다. 윷판 주위를 둘러싸고 있는 말밭은 28개로 하늘의 별 28수(宿)를 의미합니다. 한가운데의 말밭은 천원(天元)을 나타내는 임금의 자리입니다.[36]

역사가 이이화는 말합니다. "윷이 부여에서 기원했는지 백제시대부터 전해져 왔는지는 모르겠으나 당시 부여의 지배체제나 관명으로 보아 부여와 밀접한 관련이 있는 것으로 보인다. 부여 사람들은 영고(迎鼓)와 같은 하늘에 제사를 지내는 제천행사 때 윷놀이를 하지 않았을까? 백제시대에 세운 익산 미륵사의 주춧돌에는 윷판이 새겨져 있다. 부여 계통인 백제에서 윷놀이 짜임을 완성했을 수도 있다."[37]

즉, 윷판의 각 말밭은 하늘의 별자리를, 그리고 각 수는 가축을 나타냅니다. 이를 통해서 하늘의 별자리와 가축에 대한 우리 선조들의 의식을 이해할 수 있습니다. 실제로 전북 익산 미륵사지 주춧

익산 미륵사지 탑(왼쪽), 미륵사 윷판 초석(오른쪽 위), 미륵사 윷판 초석의 자국 표기(오른쪽 아래)

돌에서는 윷판의 흔적을 찾아볼 수 있습니다.

이 장에서는 우리 민족의 생활과 밀접하게 관련된 가축들을 앞에서 소개한 개를 제외하고 순서대로 살펴보고자 합니다.

1) 돼지

현실에서 돼지는 번식력이 강해서 새끼를 많이 낳고, 따라서 수익성도 높은 가축입니다.

태몽 161 힘차게 달려오는 돼지

박웅신 씨의 꿈입니다.

"핑크색 돼지 세 마리가 힘차게 달려오는데, 그중 가장 큰 문짝만 한 돼지가 저를 덮치려고 했습니다. 태어난 아이는 아들입니다."

태몽 162 뛰어들어 품에 안긴 돼지

안경희 씨 시누이의 꿈입니다.

"집 안에서 작고 검은 돼지가 돌아다니고 있습니다. 냉장고 밑으로 자꾸 이리저리 돌아다니기에 잡으러 갔더니 뛰어들어서 품에 안겼습니다.

신기한 꿈이라고 생각했는데, 이후 가족 모임에서 올케의 임신 사실을 확인하고 태몽이라고 생각하게 되었습니다. 가족들은 '복덩이가 집에 들어오나 보다'라고 했지요. 태어난 아이는 딸입니다."

태몽 163 품 안에 들어와서 붙잡은 돼지

정지수 씨가 임신하기 이전에 꾼 꿈입니다.

"집에 있는데 까만 돼지가 품 안으로 들어와서 도망가지 않도록 꼭 붙잡았습니다. 까만 돼지이니 태어날 아이가 까말 것이고, 돼지 꿈이니 좋은 태몽이라고 생각했습니다. 아들이라고 짐작했는데 딸이었습니다."

2) 염소

필자가 수집한 연구에 양(羊) 태몽은 없고, 대신 염소가 태아의 원형상으로 나오는 태몽이 있어서 소개합니다.

태몽 164 큰 통에 담긴 세 마리의 흑염소
서민영 씨가 임신하기 전에 그녀의 시어머니가 꾼 꿈입니다.
"흑염소 세 마리가 큰 통에 담겨 있었어요. 태어난 아이는 딸입니다."

3) 소

농경사회에서 소는 곡식을 관장하거나 농사를 지을 수 있게 비를 내려 주는 신 혹은 정령으로 섬김을 받았습니다. 더 나아가 풍요의 신, 부(富)와 행운의 신으로도 여겨졌습니다.[38]

태몽 165 외할머니가 건네준 황소
소유진 씨의 임신 중에 남편이 꾼 꿈입니다.
"돌아가신 외할머니가 나타나셔서 누렇고 눈이 큰 황소를 저에게 건네주시며 '난 이제 갈란다'라고 하셨습니다. 태어난 아이는 아들입니다."

4) 말

신라 박혁거세 왕의 탄생 신화에 말이 등장합니다.
"기원전 69년 3월 초하루, 여섯 촌장이 높은 곳에 올라가 남쪽을 바라보니 양산 아래의 나정* 옆에 번갯불과 같은 이상한 기운이 땅을 뒤덮고 백마 한 마리가 꿇어앉아 절하는 모습이 보였다. 그래서 찾아가 보니 자주색 알이 하나 있었다. 말은 사람들을 보더니 길게 울고는 하늘로 올라가 버렸다."[39]

여기서 흰말은 태아의 원형상이 아니라 박혁거세 왕의 탄생을 알려 주는 메신저입니다.

태몽 166 시어머니가 건네준 말
정진선 씨가 임신 중일 때 꾼 꿈입니다.
"시댁 마당에 크고 잘생긴 흰말과 검정말이 묶여 있는 것을 시어머니가 발견하고 고삐를 쥐었습니다. 저는 '어머니, 저에게 주세요' 하고 말고삐를 건네받았습니다. 태어난 아이 둘은 모두 아들입니다."

태몽 167 차도를 달려가는 백마
백도영 씨의 임신 중에 남편이 꾼 꿈입니다.
"백마가 차도를 달려가는데 차들이 다 비켜 주었습니다. 태어난 아이는 딸입니다."

---
* 지금은 신라정이라고 하는데, 경주의 탑정동 솔밭에 위치한다.

태몽 168 언덕을 뛰어다니는 백마

백상희 씨가 임신 중에 꾼 꿈입니다.

"하얀 말이 언덕을 자유롭게 뛰어다니는 모습을 바라보고 있었습니다. 언덕 한 부분에, 마치 마그마를 품은 듯한 붉은 울렁거림 같은 게 있었어요. 제 마음은 평화로웠어요. 태어난 아이는 딸입니다."

2. 유럽인

1) 돼지

유럽의 기독교 문화에서 돼지는 대부분 부정적인 의미를 지닙니다. 돼지는 오물과 탐식, 섹스, 죄와 관련이 있습니다. '돼지처럼 먹고, 돼지처럼 행동'하는 등, 돼지로 비유되는 건 가장 흔한 욕설 중 하나입니다.

하지만 항상 그래 왔던 건 아니었습니다. 서양인에게도 '새해 돼지', '복돼지' 등 돼지에 대한 완전히 다른 인식의 잔재가 남아 있습니다. 그 뿌리는 옛날에 돼지가 농업 및 밭갈이 문화와 긍정적으로 연관되어 있었다는 사실에서 찾을 수 있습니다. 농부의 부, 식량, 성장은 물론, 돼지들의 놀라운 다산 능력은 고대인들에게 큰 인상을 주었기에 추수 관습에서 중요한 역할을 했습니다.

따라서 많은 돼지 관련 관습이 출산을 중심으로 얽혀 있을 뿐만 아니라 미래의 배우자, 자녀의 수, 성별 등과 관련된 예언도 있습니다. 고대 그리스인들은 돼지를 친교의 여신 데메테르(Demeter)와

연관시켰으며 고대 이집트인들은 돼지를 신성한 존재로 여겼습니다.[40]

다음은 돼지가 태아의 원형상으로 나타난 사례들입니다.

태몽 169 임산부의 손을 문 돼지

에리카(Erica)는 셋째를 임신한 무렵에 꿈을 꿉니다.

"응접실 창문으로 밖을 바라보고 있었어요. 그때 돼지가 들어와서 내 손을 물었어요."[41]

태몽 170 임산부를 들이받은 멧돼지

이렌느(Irene)는 넷째 아이를 제왕절개로 낳기 전에 꿈을 꾸었습니다.

"갑자기 멧돼지 한 마리가 나타났습니다. 멧돼지로부터 도망치려고 했지만 벗어나는 게 불가능했어요. 멧돼지가 나를 들이받았는데 고통도 두려운 감정도 들지 않았습니다."[42]

태몽 171 임산부에게 등에 타라고 한 대장 돼지

임산부인 이사벨라(Isabella)의 꿈입니다.

"많은 돼지로 붐볐습니다. 돼지들의 머리는 만화 속 군중들의 머리처럼 검은 점같이 보였습니다. 돼지들은 모두 저에게 고개를 숙였어요. 그중 돼지 우두머리가 나에게 와서 다시 절을 하고는 자기 등에 올라타라고 부탁했습니다. 나는 거절했지만 모든 돼지가 동시에 말했어요. '대장 돼지는 안전하니 타세요, 부인.' 나는 마침내 대장 돼지의 등에 올라탔습니다."[43]

2) 소

소는 인간에게 은혜로운 동물로 새끼를 생산하여 재산을 늘려주며 우유, 고기, 가죽을 줍니다. 소는 농사에 필요한 힘을 제공할 뿐만 아니라 소의 끈기와 인내심은 가축 중에서 으뜸입니다.

고대 이집트인의 위대한 여신 하토르는 거대한 소로 표현됩니다. 파라오는 소의 배 아래 웅크리고 앉아 모든 사람을 대표하여 젖을 마십니다. 제우스(Zeus) 신은 황소가 되어 암소 모양의 새와 결혼해 테베의 종족들을 낳았다고 합니다. 제우스의 누이이자 아내인 헤라(Hera)는 원래 소의 눈을 가졌습니다. 오늘날에도 인도에서는 소를 숭배하고 있습니다. [44]

태몽 172 조상이 준 소

임산부 로라(Laura)의 꿈입니다.

"어렸을 때 살던 옛집에 있었어요. 그 집은 부엌 뒤에 작은 정원이 있었는데, 사자 한 마리가 그곳을 어슬렁거리고 있었어요. 무서워서 문을 꼭 닫았지요. 그때 한 할머니가 방문해서 저에게 말했어요. '그것은 사자가 아니라, 당신의 조상들이 당신에게 준 소입니다.' 저는 그 사자의 갈기를 보고 이 말에 동의할 순 없었지만, 문을 열 수밖에 없었어요." [45]

3) 말

말은 정력적이고 영리하며 행동이 민첩하여 여행, 운반, 전투와 경기에 이용되는 동물로 주인에게는 충성스럽습니다.

신화에서 말은 거의 우주적인 차원에서 역할을 합니다. 헬라스 (Hellas, 그리스)의 하늘을 가로지르는 태양신의 전차는 백마가 끌고, 밤과 달의 전차는 흑마가 끌고 갑니다.[46] 그리스 신화에 등장하는 포세이돈은 폭풍우를 불러내거나 해안을 흔들어 움직이기도 하는 물의 신입니다. 또한 포세이돈은 말을 창조한 신이며, 경마의 수호신이기도 합니다.[47]

태몽 173 임산부가 낳은 작은 말

임산부인 클라우디아(Claudia)는 꿈을 꿉니다.
"작은 말 한 마리를 낳았습니다."[48]

태몽 174 크고 아름다운 눈을 가진 말

37세 엘레나(Elena)는 첫 임신 중에 심한 우울증에 시달렸습니다. 임신 7개월 차에 그녀는 꿈을 꿉니다.

"저는 혼자 조용히 앉아 생각에 잠겨 있었습니다. 머리가 멍하고 지친 느낌이 들었어요. 창문을 열고 나가려고 했지만 도무지 그럴 수가 없었습니다. 이때 커다란 말 한 마리가 저에게 다가왔습니다. 크고 아름다운 눈을 가진 말이었어요. 말에게 도움을 요청했습니다. 말은 고개를 끄덕였지요. 그러다 잠에서 깨어났습니다.

눈물을 참을 수 없었습니다. 말이 저를 구원한 것 같은 기분이 들었습니다. 눈물이 뺨을 타고 흘러내렸습니다."[49]

태몽 175 푸른 초원에 뛰노는 말들

엘리자(Elisa)는 셋째를 임신했습니다. 이 꿈은 그녀가 이 아이를 행복하고 순조롭게 출산하기 직전에 꾸었습니다.

"저는 활기찬 갈색 말 두 마리를 받았습니다. 그 말들은 곧바로 푸른 초원을 뛰어다녔습니다. 저는 교회에 있었는데, 남편의 아버지와 대부 등 노인들이 서서 앞으로 나아가며 모두가 종이에 적힌 '신조(credo)'를 말하고 있었어요. 이것은 새로운 존재의 탄생과 관련된 매우 중요하고 의미 있는 일임을 제가 '확인'하는 순간이었어요. 태어난 아이는 아들입니다."[50]

태몽 176 경주에 참가한 말

28세인 알레산드라(Alessandra)는 임신 1개월 차에 꿈을 꾸었습니다. 당시에 알레산드라와 그녀의 남편은 대학에서 박사과정을 밟고 있었습니다.

"시합이 예정되어 있었어요. 그 전에 우리는 물속으로 뛰어들어 특정한 지점에서 말을 잡아야 했습니다. 그 지점에서 돌고래처럼 다이빙하는 말들을 많이 봤어요. 저는 그렇게 하지 않고 물속에서 보지도 않고 말의 목을 잡았어요.

대회가 시작되었습니다. 제 말은 특별한 말이었어요. 그럴 줄 알았어요. 경마장의 기복이 심한 시작 지점을 무사히 지나갔어요. 이후에는 더 위험해졌어요. 가파른 내리막길이었고 좁은 길은 덤불로 무성했기에 저는 필사적으로 매달렸어요. 그러자 말이 '꽉 붙잡아서 더 이상 달리지 못할 수도 있으니 두려워하는 것은 좋지 않다'라며, '두려워하지 말고 긴장을 풀라'고 말했어요. 그렇게 해보니 그 위험한 짧은 거리는 이미 끝났더군요. 말에게 환각을 일으키기 위해 배꼽에 밀가루 반죽을 발랐어요. 말이 돌진했고 나는 경주에서 이길 것이라고 확신하며 질주하는 말 위에 앉아 있었습니다. 그 말은 정말 특별했고, 일종의 리더였습니다."[51]

태몽 177 서로 부딪힌 두 마리의 야생마

알레산드라는 3개월 후에 또 다른 꿈을 꿉니다.

"우리는 정원에 앉아 있었습니다. 야생마 두 마리가 서로 부딪혔는데 두 거인이 강한 손으로 말들을 제지했습니다. 그 후 두 거인은 영웅으로 칭송받았습니다."[52]

5장
가축(2) 닭·오리

신라의 김알지 신화에는 흰 닭이 등장합니다. "서기 60년 8월 4일 호공이 밤에 월성 서리를 지나다 시림* 속에서 커다란 빛이 밝게 빛나는 것을 보았다. 하늘에서 땅까지 자줏빛 구름이 드리워지고 구름 속으로 보이는 나뭇가지에 황금 상자가 걸려 있었다. 상자 안에서 빛이 나오고 있었고 나무 밑에는 흰 닭이 울고 있었다."

호공에게서 이 사실을 보고받은 왕이 상자를 열어 보니 사내아이가 나옵니다. 왕은 아이가 금궤에서 나왔다고 하여 성은 '김씨(金氏)', 이름은 '알지'를 붙여 줍니다. [53]

여기서 흰 닭은 태아의 상징인 원형상이 아니라 아이의 탄생을 알려 주는 전달자입니다.

태몽 178 밥풀을 쪼아 먹은 암컷 화초닭

연정화 씨의 친정어머니가 임신 전에 꾼 꿈 이야기입니다. 태몽의 주인공인 연정화 씨가 들려주었습니다.

---

* 지금의 경주시 교동 첨성대와 반월성 사이를 말한다.

"친정어머니가 꾼 저의 태몽이에요. 우물가에 화초닭 암수 두 마리가 놀고 있었어요. 수탉이 먼저 우물 안으로 들어가려고 하니, 암컷 화초닭이 수컷 화초닭을 밀치고 엄마 가슴에 있는 밥풀을 쪼아 먹고는 우물 안으로 들어가 유유히 헤엄을 치고 있더래요. 태어난 아이인 저는 딸입니다."

태몽 179 치마 속으로 쑥 들어온 수탉

정성희 씨가 임신 중에 꾼 꿈입니다.

"친정에 한옥 동네가 있는데, 한옥들이 마주 보고 있는 골목에 화려한 액세서리를 파는 좌판이 벽에 붙어 있었어요. 좌판에 있는 액세서리를 보려고 다가가자 좌판 밑에서 삐악삐악 소리를 내며 병아리들이 나왔어요. 귀엽다고 생각하며 지켜보는데, 갑자기 멋지게 생긴 커다란 수탉이 나오더니 나의 넓고 긴 치마 속으로 쑥 들어와서 깜짝 놀랐습니다. 평소에 새 공포증이 있고 닭도 무서워했기에 커다란 닭이 치마 속으로 들어와서 너무 놀랐어요.

벼슬부터 깃털까지 무척 근사하게 생긴 수탉이라 남자아이 태몽이 아닐까 생각했는데, 실제로 아들을 낳았습니다."

오리는 솟대와 관련이 있습니다. 솟대는 민속 신앙에서 비롯된 것으로 마을의 입구에 수호신의 상징으로 세운 긴 나무 장대를 말합니다. 그 위에는 새가 앉아 있는데, 이 새들은 오리·기러기·비둘기·까치 등 매우 다양합니다. 이때 수호자나 전달자 역할을 하는 새는 주로 오리입니다. 오리는 우리나라의 대표적인 철새이자 물새입니다. 우리 조상들은 오리를 산 자와 죽은 자의 세계를 넘나드는, 즉 이승과 저승 그리고 인간의 세계와 신의 세계를 넘나드는 신령스러운 새로 생각했습니다. 오리가 천상계에 존재하는 신의 뜻을 지상계에 있는 인간에게 알려 주기도 하고, 지상계에 살고 있는 인간의 뜻을 하늘에 있는 신에게 알리기도 한다고 여겼습니다.[54]

태몽 180 아이로 변한 노랑 오리

정인지 씨가 임신 이전에 꾼 꿈입니다.

"아주 넓은 초록색 풀밭 한가운데에 작은 노랑 오리 한 마리가 있었어요. 장면이 바뀌더니 환한 빛을 가득히 비추는 속에 아기가 보였습니다. 하늘의 빛이 아기만 비추었고, 아기가 점점 크게 보이면서 잠에서 깨었습니다. 태어난 아이는 아들입니다."

6장
야생동물

 북부여의 창시자 해모수가 물의 신 하백에게 그의 딸 유화를 달라고 합니다. 그러자 하백은 다음과 같이 말하며 해모수의 능력을 시험합니다. "당신이 정말로 천제의 아들이라면 무슨 신이(神異)한 힘이 있는지 보여 주게." 하백의 말에 해모수는 응합니다. 하백이 뜰 앞의 물에서 잉어로 변하여 물결을 따라 노니, 해모수는 수달이 되어 그를 잡습니다. 또 하백이 사슴이 되어 달리니, 해모수는 늑대가 되어 그를 쫓습니다. 하백이 꿩이 되니, 해모수는 매가 되어 그를 칩니다.[55]

 신화나 설화에서는 신과 인간, 인간과 동물, 신과 동물이 서로 자유롭게 넘나듭니다. 신 혹은 동물의 인간화, 인간의 신격화 혹은 동물화가 가능합니다. 신화나 설화가 준 영향을 고려하면 태몽에서 태아의 원형상으로 동물이 등장함은 자연스러운 현상이라고 봅니다.

1. 한국인

1) 호랑이·표범

중국 측 사료인 《후한서》 동이전 예조(한반도 함경남도 강원도 지방으로 추정되는 지역에 있었던 부족 국가)에는 우리 민족을 가리켜 "범에게 제사 들여서 그것을 신으로 섬긴다"라는 기록이 있습니다. 또한 우리 민족은 호랑이를 산신령으로 간주하기도 했습니다.[56]

《삼국유사》에는 다음 설화가 소개되어 있습니다. "신라 원성왕(재위기간 785~798) 때 김현(金現)은 복을 빌면서 홀로 탑을 돌고 있었다. 그때 한 처녀도 염불을 외우면서 탑을 돌다가 그와 눈이 맞는다. 그날 저녁, 둘은 부부의 인연을 맺는다. 그런데 그녀는 사람으로 변신한 호랑이였다. 그녀의 호랑이 오빠 셋이 악행을 저질러서 그 속죄로 자신이 죽어야 하는데, 이왕이면 김현에게 죽겠다고 하면서 그의 칼을 뽑아 스스로 목을 찔러 죽는다. 김현은 호랑이를 잡은 공로로 벼슬길에 오르게 되자 호원사(虎願寺)라는 절을 짓고

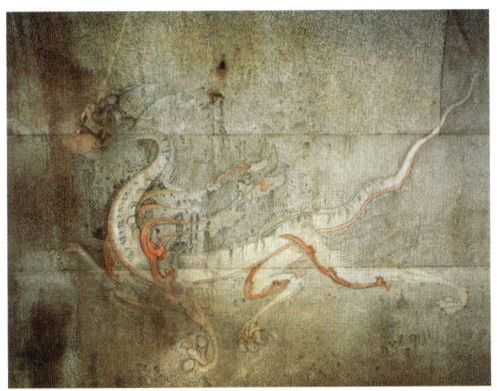

강서대묘 벽화에 그려진 호랑이 (자료: 동북아역사재단)

그녀를 기린다."⁵⁷

지금도 민간 신앙에서는 흰 수염을 기른 산신령이 호랑이를 타고 있는 모습이 전해 내려오고 있습니다.⁵⁸

태몽 181 임산부에게 정면으로 다가온 호랑이

임산부인 박지연 씨가 꾼 꿈입니다.

"큰 호랑이가 나왔는데 무섭지 않았어요. 나에게 정면으로 다가왔습니다.

주위에서는 태몽이고 아들이라고 했어요. 실제로 아들을 낳았습니다."

태몽 182 침대 위로 뛰어오른 호랑이

허미선 씨가 임신 중에 꾼 꿈입니다.

"꿈에 침대에 누워 낮잠을 자고 있었어요. 그런데 새끼 호랑이까진 아니지만 저보다는 작은 호랑이가 갑자기 침대 위로 펄쩍 뛰어올라 제 옆에 누워 젖을 먹으려고 해서 놀라 깼습니다.

호랑이의 빛깔은 매우 빛나는 황금색이었습니다. 저는 태어날 아이가 아들이라고 해석했는데, 실제로도 아들이었습니다."

태몽 183 애교 부리며 안긴 호랑이

정상미 씨가 임신 중에 꾼 꿈입니다.

"엄청나게 크고 사나운 호랑이가 나타나 사람들이 다 무서워하는데, 호랑이가 저한테로 오더니 안겨서 애교를 부렸어요. 밀어내도 계속 안기더니 결국 집에까지 들어와서 자리를 잡고 제 품에 안겼습니다. 태어난 아이는 딸입니다."

태몽 184 방 안으로 들어온 호랑이

연미정 씨가 임신하기 이전에 그녀의 시어머니가 꾼 꿈입니다.

"호랑이가 집채만 한 게 방 안에 쑥 들어와 '오, 호랑이네! 호랑이가 방 안으로 들어오면 어떡하지?' 하고는 '이것은 태몽 꿈인데'라고 생각했습니다. 태어난 아이는 아들입니다."

다음은 표범이 원형상으로 등장하는 꿈 사례들입니다. 표범도 호랑이와 같이 한반도에 서식했던 동물입니다.

태몽 185 품 안에 들어온 새끼 수사자와 흑표범

김용선 씨가 첫째 아이 임신 4~5개월 차에 신혼집에서 꾼 꿈입니다.

"신혼집 부엌 바닥에 앉아 있는데 새끼 수사자가 내 품으로 들어왔습니다. 몸집은 작았지만 갈기가 있어서 수사자로 인식했어요. 조금 있으니 몸 전체가 까만 새끼 흑표범이 내 품으로 또 들어왔습니다. 새끼 사자와 새끼 흑표범 두 마리를 품에 안고 귀여워하며 쓰다듬어 주었습니다.

깨어나서도 꿈의 내용이 생생했습니다. 아이들의 성별을 알기 전이지만 아들이라고 추측했습니다. 두 동물 모두 맹수류임에도 작고 귀여우며 사랑스럽다는 느낌이 들었어요. 두 마리가 한꺼번에 와서 조금은 당황스러웠습니다. 형제는 네 살 터울이며 둘째는 태몽을 꾸지 않았습니다."

태몽 186 아이 아빠의 팔을 문 흑표범

임선희 씨가 임신하기 전에 아이 아빠가 꾼 꿈입니다.

"나무 아래서 검은 새끼 고양이 같은 것이 두 마리가 놀고 있기에 다가갔더니, 그 동물들이 갑자기 흑표범만큼 커져서 제 팔을 꽉 물었습니다. 이후 딸 둘을 두 살 터울로 출산했습니다."

2) 곰

《삼국유사》의 기록에 의하면 단군과 곰은 우리 민족의 조상입니다. "환인의 아들 환웅이 태백산 마루에 있는 신단수● 밑에 내려왔다. 이곳을 신시(神市)라 하고, 이분을 환웅천왕이라고 한다. (중략) 그 당시 곰 한 마리와 호랑이 한 마리가 같은 굴속에 살고 있었는데, 환웅에게 사람으로 변하게 해달라고 항상 기원했다. 이에 환웅이 신령스러운 쑥 한 줌과 마늘 스무 쪽을 주면서 말했다. '너희가 이것을 먹고 백 일 동안 햇빛을 보지 않으면 사람의 형상을 얻으리라.' 곰과 호랑이는 쑥과 마늘을 받아먹고 삼칠일 동안 금기했는데, 곰은 여자의 몸이 되었으나 금기를 지키지 못한 호랑이는 사람의 몸이 되지 못했다. 사람이 된 웅녀는 혼인할 상대가 없어 매일 신단수 아래에서 아이를 갖게 해달라고 빌었다. 환웅이 잠시 사람으로 변해서 웅녀와 혼인하여 아들을 낳았으니 '단군왕검'이라고 불렀다."

이 부분에 대한 전통적인 해석은 환웅의 천신숭배 집단과 웅녀의 곰 토템 부족이 통합하여 하나의 통치 집단이 되었다는 것입니다.59

● 신에게 제사를 지내는 단에 서 있는 나무를 말한다.

태몽 187 함께 논 새끼 곰

임산부인 이웅진 씨가 꾼 꿈입니다.

"창문 밖으로 엄청나게 큰 곰이 보였는데, 어느 순간 집 안으로 들어와 있었습니다. 곰이 베란다에 있다가 침대에 눕는 것을 보았습니다. 침대에는 친정아버지가 누워 있었고, 저는 무서워서 숨은 상태로 위험하다며 아버지를 불렀으나 개의치 않으셨어요. 그 모습을 보고 아버지를 따라 곰 옆에 누웠습니다. 이후 아버지는 보이지 않았어요. 곰이 저를 쓰다듬어 주었고, 저는 무서워서 떨고 있었지요. 갑자기 뒤에서 새끼 곰이 나타나기에 제가 새끼 곰을 침대로 올려 한참을 함께 놀다가 깼습니다. 태어난 아이는 아들입니다."

태몽 188 두 발로 서있는 곰

정신애 씨가 임신 5~6개월 차에 꾼 꿈입니다.

"추사 김정희의 그림 〈세한도〉와 거의 같은 장면을 보았습니다. 작고 초라한 듯한 소박한 집 한 채가 있고, 그 앞에 소나무가 있는 것도 그림 그대로였어요. 꿈에서도 '아, 이거 동양화에서 본 장면 그대로인데?' 하고 생각했습니다. 그런데 그 집 옆에, 집 높이를 훌쩍 뛰어넘는 시커먼 곰이 두 발로 서 있었어요. 흑백 장면이었고, 그냥 그 장면이 순간적으로 보였습니다.

깨고 나서 '이게 태몽인가?' 하며 헷갈렸고, 순간적으로 맥락 없이 나온 장면이라 이게 꿈인지, 나의 순간적인 상상인지 확신하지 못했습니다. 꿈에서 갑자기 〈세한도〉가 나온 것이 뜬금없다고 생각했습니다. 태어난 아이는 아들입니다."

3) 코끼리·사자·퓨마

한반도에 서식하는 동물은 아니지만 코끼리, 사자, 퓨마와 같은 동물들도 태아를 상징하는 원형상으로 등장합니다.

코끼리의 상징적 의미에 대해서는 부처 꿈인 태몽 20에서 설명했습니다. 또 다른 임산부는 보리수와 같은 나무 아래로 지나가는 하얀 코끼리를 목격하기도 합니다(태몽 82).

사자와 퓨마도 호랑이와 표범의 상징적 의미와 유사합니다.

태몽 189 새끼 사자로 변한 아이

우지현 씨가 임신한 지 3~5개월 차에 꾼 꿈입니다.

"높지 않은 동네 산 공터에 시댁 아가씨 셋이 모여서 기뻐하며 아기를 안고 어르고 있었어요. 저는 5미터 정도 거리에서 서서히 다가가며 '아가씨들 이젠 제 차례예요'라고 말하며 아기를 안았습니다. 안을 때 활짝 웃고 있던 아기는 품에 안고 보니 새끼 사자가 되어 있었어요. 저는 기분이 무척 좋아서 품에 꼭 안고 산책을 하다가 잠에서 깼어요. 태어난 아이는 딸입니다."

태몽 190 하늘에 둥둥 떠다니는 사자 등

신희라 씨가 둘째 딸을 임신하던 중에 꾼 꿈입니다.

"꿈속에서 큼직큼직한 동물들(사자, 곰, 소 등)이 하늘을 둥둥 떠다니고 있었어요.

첫째 아들의 태몽은 사과 속에 지렁이가 꿈틀거리고 있는 꿈이었어요. 이 때문에 둘째 딸은 상대적으로 배포가 크거나, 더 크게 될 것이라고 해석했습니다."

태몽 191 뒤꿈치를 문 새끼 퓨마

조응선 씨가 임신 전에 꾼 꿈입니다.

"남편과 함께 여행을 갔는데, 장소는 동물원이었어요. 새끼 퓨마로 보이는 애들 세 마리 정도가 서로 어울려 놀고 있었습니다. 귀여워서 구경하다가 돌아섰는데 그중 한 마리가 제 뒤꿈치를 물어서 놀라 깨어났습니다."

4) 사슴·수달·땅강아지·지렁이 등

태몽 192 다리 속에 안긴 꽃사슴

신미화 씨가 임신 10~14주 차에 꾼 꿈입니다.

"꽃사슴 한 마리가 제 다리 속으로 들어와 푹 안겨서 사랑스럽게 쳐다보았습니다. 태어난 아이는 아들입니다."

태몽 193 임산부 무릎 위에 누운 아기 사슴

임신 중인 장녹수 씨의 친한 친구가 꾼 꿈입니다.

"제가 장녹수와 함께 친구들을 만난 후, 집에 가는 도중에 어느 숲길을 지나가고 있었습니다. 숲길을 지나가다 잠시 쉬려고 앉았는데, 아기 사슴 한 마리가 따라와서는 장녹수의 무릎을 베고 누우며 쳐다보더군요. 그런데 그 눈이 크고 동그란 것이 장녹수와 너무 똑같아서 저는 '어머, 내 친구랑 똑같이 생겼다'라고 말하면서 깼습니다.

깨어나서도 꿈이 너무나 생생해서 신기했습니다. 주위에서는 꿈 분위기가 평화롭고, 사슴에 뿔이 없어서 여자아이라고 해석했습니다. 실제로 태어난 아이는 딸입니다."

태몽 194 품에 안겨 애교를 떤 수달

태몽 102에서 소개한, 민혜수 씨가 임신 중에 꾼 꿈입니다.

"집 안방에 누워 있는데, 베란다에서 갑자기 수달이 튀어나와 내 품에 안겨서 애교를 떨었어요. 수달의 얼굴이 무척 귀여웠던 게 아직도 생생합니다.

주위에서는 똑똑한 아이가 태어날 거라고 했어요. 태어난 아이는 딸입니다."

태몽 195 활발하게 놀고 있는 땅강아지

황금희 씨가 임신 중일 때, 그녀의 남편이 꾼 꿈입니다.

"황금색의 커다란 땅강아지가 우리 집 베란다에서 활발하게 놀고 있는데, 손윗동서가 그걸 부러운 듯이 쳐다보기에 동서에게 주었습니다. 그랬더니 손윗동서의 집에 가서는 더 잘 놀았답니다.

당시 처형과 아내는 한 달 차이로 둘 다 임신 초기였고, 그 꿈을 꿀 무렵 임신이 되었다는 사실을 알게 되었습니다. 우리 아이의 꿈이었으면 좋았을 거라는 생각도 했습니다."

태몽 196 사과 속의 지렁이

신희라 씨가 임신 중에 꾼 꿈입니다.

"사과 속에 지렁이가 꿈틀거리고 있었어요. 태어난 아이는 아들입니다."

2. 유럽인

태몽 197 임산부가 목격한 하얀 코끼리

26세인 폴린(Pauline)은 임신 5개월 차에 꿈을 꿉니다.

"나는 남편 그리고 개 두 마리와 함께 덮개가 없는 어떤 열린 마차에 앉아 있었습니다. 우리는 제가 태어난 곳인 오스테르고틀란드의 한 농장에서 출발합니다. (중략) 오른쪽 외딴곳에 사과나무가 있는데, 나무 자체에서 빛이 나고 있습니다. 이 사과나무는 무척이나 아름답고 감동적이었어요. 꿈에서 이것이 신성한 나무임을 알고 있었습니다. 왼쪽 작은 언덕에서 새끼 코끼리와 함께 있는 매머드급 큰 코끼리를 보았습니다. 긴 회색 털은 거칠었고, 상아질 어금니와 코를 갖고 있습니다. 새끼 코끼리는 어미를 바짝 따라가면서 평화롭게 돌아다녔어요. 나는 빛나는 나무처럼 신비로운(numinous) 동물들을 깊은 사랑과 존경심으로 바라보았습니다."[60]

태몽 198 새끼 호랑이로 변한 아이

임신 3개월 차인 앨리스(Alice)가 꾼 꿈입니다.

"둘째 아이를 낳았는데 딸이네요. 슬펐어요. 사내아이를 바랐거든요. 밤에 울다가 아이에게 젖을 주자, 아이가 새끼 호랑이가 되었어요. 그 새끼 호랑이는 내가 항상 갖고 싶어 했던 거예요. 저는 셋째 아이를 원할지도 모릅니다."[61]

7장
새 · 나비 · 벌

1. 한국인

1) 새

앞에서 철새인 오리를 설명할 때, 우리 조상들이 오리를 하늘에 존재하는 신의 뜻을 지상에 전달해 주며 메신저 역할을 하는 신령스러운 동물로 여겼다고 했습니다.

동명왕 신화에도 새가 등장합니다. 주몽 동명왕이 부여의 금와왕에게 버려졌을 때 짐승들이 그를 피해서 가고, 뭇 새들은 날개로 감싸 주었습니다. 이때 새는 신성한 자의 수호자를 상징합니다.

또 부여에서 도망치던 주몽은 도중에 비둘기로부터 보리 씨를 전달받습니다. 이 비둘기는 주몽의 어머니인 유화 부인이 보낸 새로서, 이때 새는 사자(메신저)를 상징합니다. [62]

태몽 199 임산부의 배 위에 앉은 산새
하비연 씨가 임신 중에 꾼 꿈입니다.

"넓은 집 거실에서 하얀 산새 두 마리가 자유롭고 세차게 날아다니고 있었습니다. 그러다 그중 한 마리가 침대에 누워 있는 내 배 위에 앉더니 잠을 자려는 듯 웅크려서 잠에서 깨어났어요.

내 배 위에 앉을 때 약간의 두려움이 있긴 했지만, 그 새가 잠에서 깰까 봐 조심스러운 마음이 더 컸어요. 태어난 아이는 딸입니다."

태몽 200 자꾸 손바닥에 앉는 참새

고진연 씨의 꿈입니다.

"두 차례로 이어지는 꿈을 꾸었습니다. 첫 번째는 아버지가 실제로 돌아가신 지 얼마 안 되었을 때의 꿈입니다. 연애를 시작하고 임신 사실은 몰랐었던 때였는데, 꿈에 아버지가 평소 자주 보던 모습으로 나타나셔서 산에 올라가 보라고 했는데도 왜 안 올라가느냐고 한탄하셨습니다.

그렇게 깨고 나서 다음 날, 그 말에 신경을 쓰던 채로 잠이 들었습니다. 그래서인지 두 번째 꿈에서 제가 산에 올라가 있더군요. 그런데 참새 한 마리가 제 주위를 쫓아왔습니다. 제가 손바닥을 펴고 있으면 그 위에 앉고, 팔을 내리면 날아가 주위를 날다가 다시 손을 펴면 참새가 손바닥 위에 앉았습니다.

주위에서는 태몽일 가능성이 크다는 의견을 주었지만 당시에 저는 임신은 예상도 못 했었습니다. 태어난 아이는 딸입니다."

태몽 201 참새가 배꼽에 넣어 준 씨앗

복진희 씨가 임신하기 이전에 꾼 꿈입니다. 이 태몽에서도 새는 임신 사실을 알려 주는 메신저 역할을 합니다.

"낮에 야외에 누워 있는데, 참새 비슷한 새가 제 배꼽에 씨앗을 넣어 주었습니다. 아들이 태어났습니다."

태몽 202 확 부둥켜 잡은 하얀 학

조미나 씨의 임신 중에 그녀의 친부모가 꾼 꿈입니다.

"산에 올라가는데, 저 멀리 여러 사람이 모여 있는 듯한 형체가 보여서 '사람들이 모여 있나?' 하고 생각했어요. 가까이 다가가니 사람이 아닌 학들이 떼로 모여 깨끗한 샘물 위에서 놀고 있었습니다. 물이 아주 맑았고 하얀 학들이 너무 예뻐, 가까이 가서 한 마리를 확 부둥켜 잡았습니다. 태어난 아이는 딸입니다."

태몽 203 옥상에 앉은 학

임신 중인 은진영 씨의 시부모가 꾼 꿈입니다.

"어느 시골의 학교 옥상과 같은 장소로 학이 한 마리, 한 마리 날아오더니 차례대로 앉았습니다. 태어난 아이는 아들입니다."

태몽 204 품으로 들어온 비둘기

임신 중인 정신화 씨의 시아버지가 꾼 꿈입니다.

"커다랗고 예쁜 비둘기가 시아버님의 품으로 들어오는 꿈을 자택에서 꾸셨습니다."

2) 나비·벌

임산부에게 나비가 날아와 그녀의 손에 붙는 꿈(태몽 103)에서처럼 나비 또는 벌도 태아의 원형상으로 등장합니다.

태몽 205 엉덩이 침을 놓은 꿀벌

우지현 씨가 임신한 지 6개월 무렵이 되어 꾼 꿈입니다.

"제가 가만히 서 있었는데 커다란 꿀벌이 내 왼팔로 날아오더니, 팔주사 놓는 위치에 엉덩이 침을 놓은 채 빼지 않고 계속 있었어요. 희한하게 침을 통해 피가 꿀벌에게 수혈되고 있음을 눈치챘고, 쫓아내지 않고 움직이지도 않은 채 가만히 기다렸습니다. 아프지는 않았고 기분도 나쁘지 않았으며 그저 신기하고 조금 낯설었어요.

주위에서는 100% 태몽이라는 얘기만 해주었어요. 꿈에 대해 검색해 보니 딸 꿈이라고 나오더군요. 실제로 태어난 아이는 딸입니다."

2. 유럽인

서양이나 중동에서도 새는 인간세계와 내세 사이, 그리고 땅과 하늘 사이를 연결해 주는 존재입니다. 그리스어로 새는 '하늘의 예언', '메시지'를 의미합니다. 로마에서는 신의 뜻과 목적을 확인하기 위해 신성한 새의 비행과 노래를 관찰하기도 했습니다. 또한 켈트어(Celtic)로 새는 '신들의 도움을 주는 메신저'로 간주됩니다. 중동에서 발현된 이슬람교의 코란(Koran)에 나오는 새의 언어는 신들의 언어였습니다.[63]

태몽 206 임산부의 오두막에 내린 백조

임산부인 엘사(Elsa)의 꿈입니다.

"오두막 뒤편에 있는 소나무 가장자리를 올려다보았습니다. 소나무 꼭대기에는 하얀 새 한 마리가 앉아 있더니 날아오릅니다. 매우 푸른 하늘을 우아하고 조용히 미끄러지듯 아름답게 날아갑니다. 그 새는 처음에 오리처럼 보이다가 우아하고 하얀 백조로 변합니다. 오두막을 향해 부드럽게 곡선을 그리며 날더니 제가 보고 있는 동안 또 한 번 변신합니다. 〈백조의 호수〉의 발레 댄서처럼, 깔끔한 황갈색 팔다리와 섬세한 레이스가 절묘하게 어우러집니다. 이 영광스러운 생명체는 제 오두막에 있는 커다란 새장에 스스로 착륙한 것 같습니다."[64]

태몽 207 아들의 다리를 문 기러기

임산부인 줄리아나(Juliana)의 꿈입니다.

"밤이었어요. 아들과 함께 황량한 해변에 있었습니다. 반대편 끝으로 걸어간 후, 바닷가와 너무 멀리 떨어져 있다는 사실을 깨달았습니다. 이제 바다는 거의 보이지 않았고, 우리가 있었던 곳에는 바다가 격노하여 큰 파도가 몰아쳤습니다. 우리는 더 높은 곳에 있었습니다.

바다를 바라보며 아들에게 파도가 왔다 갔다 하는 모습을 보여 주고 있었어요. 그때 갑자기 파도가 올라와서 우리는 젖어 버렸습니다. 떠날까도 생각했는데 수많은 기러기가 우리를 물려고 하는 것 같았어요. 임신한 몸임에도 저는 아들을 품에 안고 도망쳤습니다. 기러기들이 쫓아와 아들의 다리를 물었습니다."[65]

태몽 208 낙원의 새들로 불리는 공작새들

플로렌스(Florence)는 임신 7개월 차에 꿈을 꿉니다.

"공작새처럼 생긴 두 마리의 아름다운 큰 새가 나왔는데, 하나는 검붉은색이고 다른 하나는 짙은 녹색과 어우러진 금색입니다. 이 새들은 왼쪽 위에서 아래로 날아와 나와 남편이 있는 곳으로 왔습니다. 주위에는 높고 무성한 나무들로 가득 찬 일종의 해자(성 둘레에 채워 놓은 물)가 있었습니다. 새들은 그 안으로 날아갔고 모든 것은 인도의 축소판 그림과 같았습니다. 꿈에서 나는 남편에게 그 멋진 새들에 대해 말했습니다. 그때 한 소년이 책을 가지고 와서 이 새들이 묘사된 페이지를 보여 주었습니다. 그 새들은 '낙원의 새들'이라고 불렸습니다. 나는 행복감에 젖어 잠에서 깨어났어요."[66]

태몽 209 독수리가 물고 있는 사내아이

29세인 사라(Sara)는 오랫동안 아이를 원했으나 희망을 거의 포기한 상태였습니다. 임신 사실을 알게 된 후 무척 행복했지만 이번에는 임신 예정일까지 갈 수 있을지를 걱정했습니다. 이 꿈은 그녀가 아이를 출산하기 직전에 꾸었습니다.

"사내아기를 부리로 물고 있는 독수리를 낳았습니다."[68]

사라는 제왕절개로 건강한 사내아이를 낳는 데 성공합니다. 이 태몽에서 독수리는 아이 탄생의 전달자입니다. 독수리는 흔히 새들의 왕으로 여겨지며, 그리스 신화에서는 신들의 아버지인 제우스의 새이기도 합니다.[67]

8장
파충류 · 양서류

1. 한국인

1) 구렁이

우리 조상들은 큰 구렁이가 오래 묵으면 용이 된다고 믿었으며, 집을 지켜 주고 복을 준다고 해서 소홀히 대하지 않았습니다. 다음은 구렁이와 관련된 전설입니다.

"옛날 어느 마을에 한 노파가 살았는데, 풀숲에서 이상한 알을 주워 먹고 열 달 만에 아이를 낳았다. 태어난 아이는 사람이 아니라 구렁이였다. 할머니가 아이를 낳았다는 소문을 듣고서 장자네 세 자매가 할머니를 찾아왔다. 큰딸과 둘째 딸은 구렁이를 보고 징그럽다면서 돌아갔는데, 막내딸은 환한 미소를 지으며 '어머, 구렁덩덩 선비님을 낳으셨네요!'라고 했다.

구렁이가 그 처녀에게 장가를 가겠다고 해서 장자네에 뜻을 전하자, 장자가 세 딸에게 의견을 물었다. 위의 두 딸은 손사래를 치는데, 막내딸은 자신이 시집을 가겠다고 했다. '그럼요, 구렁덩덩 선비님이신걸요!' 혼례를 치른 첫날 밤 구렁이는 허물을 벗고 신선처럼 빛나는 선비가 되었다." 이후 막내딸은 신선 같은 남편과 함께 자식을 많이 낳고 오래오래 행복하게 잘 살았다고 합니다. [69]

태몽 210 임산부를 쳐다보는 큰 구렁이

임신 중인 설경화 씨가 꾼 꿈입니다.

"목욕탕처럼 큰 욕조였어요. 어두운 데서 내가 무언가 더러운 것들을 바가지 같은 걸로 퍼서 물 밖으로 버리고 있었어요. 그때 물속에 크고 살아 있는, 무서운 뭔가가 있다는 느낌을 받았죠. 무섭고 두려웠지만 안 그런 척하면서 버텼습니다. 그러자 아주 큰 구렁이 혹은 뱀이 어두운 물속에서 나를 쳐다보고 있었습니다. 나는 당당한 척하면서 있었어요. 딸이 태어났습니다."

태몽 211 천장 밑에 있는 구렁이

정진화 씨의 임신 전에 그녀의 친정어머니가 꾼 꿈입니다.

"방에 누워 있는데 방 천장 밑에서 큰 구렁이를 보았습니다. 무섭지는 않았고 왜 구렁이가 거기에 있을까 하고 생각하던 중에 잠에서 깨어났어요."

정진화 씨가 말을 이었습니다.

"저는 구렁이 이미지가 좋지 않아 '용이었으면 좋았을 것'이 하면서 아쉬워했어요. 나중에 아이가 태몽을 물어보면 용이라고 말해줘야겠다고 생각했습니다. 태어난 아이는 아들입니다."

태몽 212 나무에 걸려 있는 구렁이 두 마리

김린 씨가 임신 중에 꾼 꿈입니다.

"나무에 큰 구렁이 두 마리가 걸려 있었습니다. 태어난 아이는 딸입니다."

태몽 213 하늘로 승천하는 구렁이
임신 중인 정상미 씨의 시아버지가 꾼 꿈입니다.
"큰 구렁이가 하늘로 승천했습니다. 태어난 아이는 아들입니다."

태몽 214 치마폭으로 들어온 구렁이
구진희 씨가 임신 중에 꾼 꿈입니다.
"시커먼 구렁이가 귀를 쫑긋 세우고 치마폭으로 들어왔습니다."

2) 뱀·도마뱀

우리 조상들은 뱀을 신으로 모시는 풍습이 있었습니다. 제주도 표선면 토산리에 있는 '여드렛당'이라는 신당에는 처녀신으로 인격화된 뱀신을 모시고 있습니다. 뱀에 관한 설화들도 있습니다. 제주도의 설화, 〈김녕굴의 꾀뇌깃도〉, 〈광정당의 뱀〉, 〈두리빌레용해 부인할마님〉, 〈토산당신〉, 〈칠성한림〉, 〈차귀당신〉과 〈두꺼비와 구렁이〉에서는 뱀이 수호신이나 복수의 신 혹은 요괴로도 나옵니다.[70]

태몽 215 임산부를 문 커다란 뱀
신정화 씨가 임신 전에 꾼 꿈입니다.
"뱀이 여러 마리 있었어요. 그중 큰 뱀 한 마리가 저를 물었습니다. 딸이 태어났습니다."

태몽 216 임산부를 덮친 파란 뱀

명성희 씨가 임신 사실을 확인하기 전에 꾼 꿈입니다.

"아이는 임용 후에 가지려고 결혼 7년 동안 의도적으로 피임을 했습니다. 이후 2월부터 노력해서 5월 초쯤 아이를 가진 것 같아요. 주말부부로 혼자 관사에서 살 때 꿈입니다.

분홍 뱀이 있다고 해서 단독주택 같은 장소에 촬영하러 갔습니다. 정원 풀숲을 뒤지는데 엄청나게 큰 파란 뱀이 있었고 용 같은 크기에 목에는 분홍 점이 있었습니다. 그 큰 뱀이 나를 덮치면서 잠에서 깼습니다.

놀라긴 했지만 기분이 나쁘진 않았고, 임신인가 싶어서 며칠 후 병원에 가 임신을 확인했습니다. 양수가 터져 3주 일찍 낳았는데 자연분만으로 낳은 아이는 딸입니다."

태몽 217 임산부가 목격한 여러 마리의 뱀들

송혜영 씨가 임신 중에 꾼 꿈입니다.

"길을 가다가 뱀 여러 마리가 모여 있는 것을 보았습니다. 저는 무서워서 그 뱀들을 뛰어넘었어요.

주위에서는 딸 꿈이라고 했고, 실제로 딸이 태어났습니다."

태몽 218 임산부의 치마 안으로 쑥 들어온 뱀

한아름 씨가 임신 중에 꾼 꿈입니다.

"절벽이었어요. 보통 때라면 두렵게 느낄 만한 장소이지만 꿈에서는 신비롭다는 느낌이 강했습니다. 제가 절벽에서 떨어져 골짜기 바닥에 닿았습니다. 어두웠는데 옆으로 벽을 보니 파란 새가 앉아 있었어요. 예쁘고 신비하다는 느낌을 받았습니다.

그리고 파란 뱀이 보였어요. 평소 같으면 질색할 정도로 무서워했을 텐데, 무섭다기보다는 신비로워 보였어요. 똬리를 트는 그 중간에 뱀의 꼬리 부분이 빨갛게 보였어요. 신비하고 아름답다고 생각하던 그때 뱀이 제 치마 안으로 쑥 들어왔어요. 제 양다리로 그 느낌이 온전히 전해졌어요. 소름이 끼치긴 했지만 무섭지는 않았어요.

바로 꿈에서 깼는데 태몽이다, 싶은 느낌이 왔습니다. 꿈이 상당히 선명했고 왠지 딸일 것 같았어요. 그냥 느낌이 그랬어요. 그 당시에는 아들을 원했어요. 시어머니는 아들일 거라고 하셨는데, 그건 시어머니의 바람이었던 것 같습니다. 딸이 태어났고, 지금은 딸인 게 무척 좋습니다."

태몽 219 임산부를 확 덮친 뱀

최상화 씨가 임신 중에 꾼 꿈입니다.

"꿈에 혼자 누워 있는데 머리 부분에 꽃이 있는 뱀이 저를 덮쳤습니다. 확 다가오는 느낌이 들었어요.

출생한 아이는 딸인데, 나이보다 성숙하고 저에게도 의지가 되는 부분이 있습니다."

태몽 220 갑자기 나타난 뱀

정신애 씨가 출산 한 달 전에 꾼 꿈입니다.

"경복궁 정도 되는 궁의 작은 뒤뜰 같은 장소에 있었어요. 기와가 얹어진 낮은 담이 보이고, 왼쪽엔 작은 사랑방 같은 건물과 건물 입구에 있는 낮은 돌계단도 보입니다. 밝은 황토색의 흙 마당은 빗자루질이 잘되어 있어 깔끔하고, 한쪽에 중키의 소나무 몇 그루가 있었습니다. 그 소나무들 사이 풀숲 같은 곳에서 실뱀 크기의 날렵한 뱀이 고개를 빳빳이 들고 '쓰윽~' 나타나서 제가 살짝 놀랐습니다. 뱀의 색깔이 매우 인상적으로 기억에 남아 있는데, 연둣빛 나는 노란색이었어요. 형광빛이 살짝 들어간 듯 밝은 빛을 발한다고 느꼈을 정도로 환한 색깔이 오래도록 인상에 남아 있습니다.

태아가 딸인 사실은 이미 알고 있었습니다. 주위에서 뱀 꿈은 딸이라는 말도 들었습니다."

태몽 221 친정어머니가 한 움큼 담은 실뱀들

정미조 씨의 친정어머니 꿈입니다.

"산에 나물을 캐러 갔는데 실뱀 한 무리가 있기에 양손으로 한 움큼 담아 올렸습니다. 그중 한 마리만 쏙 빠져나갔습니다. 태어난 아이는 딸입니다."

태몽 222 임산부의 등에 이를 박은 작은 뱀

정희선 씨의 임신 전후 시기에 그녀의 친정어머니가 꾼 꿈입니다.

"딸의 등에 초록색 작은 뱀이 달라붙어 이를 박고 있었어요. 꿈이 너무 생생해서 떨어지라고 소리쳤는데 떨어지지는 않았습니다."

다음은 정희선 씨의 이야기입니다.

"친정어머니는 저의 임신 사실을 알기 전에 이 꿈을 꾸었습니다. 꿈을 꾼 친정어머니는 태몽 같다고 생각했지만, 저의 임신 사실을 몰랐던 때라 '태몽이 아닌가 보다'라며 잊고 있었답니다. 제가 임신이라고 하니 뒤늦게 이 꿈이 떠올랐다고 합니다. 태어난 아이는 딸입니다."

태몽 223 춤추면서 임산부에게 안긴 도마뱀

정신명 씨가 임신 전에 꾼 꿈입니다.

"제가 거실에 있는데 목도리도마뱀이 춤을 추면서 저에게 와 안겼습니다. 태어난 아이는 딸입니다."

태몽 224 달려든 목도리도마뱀

최진영 씨가 임신 사실을 알고 나서 꾸었던 2개의 꿈 중 하나입니다.

"옛날 초등학교 건물이었어요. 아주 많은 사람이 무언가를 보면서 이 교실 저 교실을 우르르 몰려다니며 잡아가고 싶어 했습니다. 저도 궁금해서 사람들 사이를 비집고 보니 색이 무척 오묘한 옥색 목도리도마뱀 같은 동물이었습니다. 도마뱀과 눈이 마주쳤는데, 사람들 때문에 겁에 질려 있던 눈빛이 갑자기 '저 사람이다!'라는 듯이 단호하게 바뀌면서 내게 달려들었습니다.

저는 깜짝 놀라서 깼어요. 태어난 아이는 딸입니다."

3) 거북이

장수의 상징인 거북이는 우리 민족의 설화나 전설 등에 길한 동물로 등장합니다. 7세기경에 건축된 고구려 강서대묘(북한 평안남도 대안시 위치) 안에는 네 방위를 담당하는 신을 그린 〈사신도(四神圖)〉가 있습니다. 사신은 '용, 호랑이, 주작, 현무'로 이 신령스러운 동물들은 사악한 것을 쫓아내는 역할을 합니다. 이 중 북방을 담당하는 현무(玄武)는 거북이와 뱀이 서로 엉켜 있는 형태로 형상화되어 있습니다. 〈사신도〉는 도교의 수호신 역할에 민간 신앙적 요소가

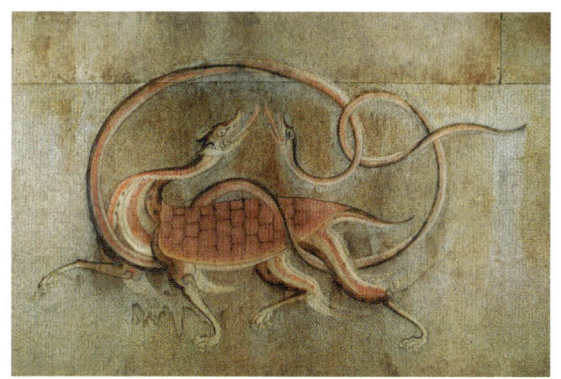
강서대묘 〈사신도〉 중 현무 (자료: 동북아역사재단)

합쳐진 것입니다. [71]

태몽 225 달을 향해 올라가는 거북이

구신영 씨의 어머니가 임신 중에 꾼 꿈입니다.

"어머니가 친한 친구분과 함께 밤길을 걷고 있는데, 하늘에 붉고 크고 동그란 달이 떠 있었습니다. 그 달을 향해 등에 털이 소복이 난 거북이가 기어서 올라가고 있었습니다. 그런데 이 거북이가 '여자가 봐서 재수가 없네'라고 하며 갑자기 뚝 떨어졌다고 합니다."

이 태몽의 주인공인 구신영 씨가 살아온 인생에 관한 대화 내용은 뒤의 장기추적 면담 부분에서 상세히 다루겠습니다.

4) 악어

태몽 226 거실에서 버티고 있는 세 마리의 악어

인명진 씨가 임신 중에 꾼 꿈입니다.

"당시에 살던 집 방문을 열고 나왔는데, 거실에 초록색 악어 세 마리가 버티고 있었어요. 무섭기도 하고 신기하기도 했습니다."

5) 두꺼비

북부여의 왕 해루부는 늙도록 아들이 없었습니다. 그래서 산천에 제사를 지내 대를 잇게 해달라고 빕니다. 이때 왕이 타고 가던 말이 큰 연못 근처의 커다란 돌을 보고는 눈물을 흘립니다. 왕이 이를 괴기하게 여겨 사람을 시켜서 그 돌을 옮기자, 금빛 개구리 같은 어린아이가 있었습니다. 왕이 그 아이를 거두어 기르면서 이름을 금와(金蛙, 금개구리)라고 지었고, 아이가 성장하자 태자로 삼았습니다.[72] 금개구리 형상을 한 태자는 나중에 금와왕이 됩니다.

태몽 227 가장 먼저 올라간 두꺼비

김승희 씨가 임신 중에 꾼 꿈입니다.
"수많은 두꺼비가 절벽을 기어오르며 탑처럼 서로를 딛고 있는데, 그중 아주 큰 두꺼비를 발견하고 응원했습니다. 두꺼비들을 딛고 오르는 두꺼비가 제가 응원하던 두꺼비였는데 가장 먼저 올라가서 기분이 좋았습니다. 태어난 아이는 아들입니다."

태몽 228 물속에서 뛰노는 두꺼비

송민서 씨의 친부모님이 꾼 꿈입니다.
"상당히 넓은 맑은 물속에서 큰 두꺼비가 아주 활발하게, 미소를 띤 모습으로 물을 튀기며 뛰놀고 있었습니다.
이 꿈 얘기를 듣고 주위에서는 '상냥한 아이가 되겠어'라고 말해 주었어요. 태어난 아이는 아들입니다."

2. 유럽인

1) 파충류, 뱀·거북이

뱀에 대한 유럽인들의 인식은 다음과 같습니다.

첫째, 뱀은 숭배의 대상입니다. 뱀은 그 모양과 동작과 속성이 신비하고 신출귀몰하며 위험합니다. 신기와 존경과 공포의 대상이면서 숭배의 대상이기도 합니다. 물과 땅속에서 살아서 물의 신과 땅의 신으로, 출산과 풍작의 신으로, 문명과 예술의 신으로도 받아들여집니다.

둘째, 뱀은 남근(phallus)의 상징이기도 합니다. 그래서 여성과 성적 접촉을 하고 임신을 시키기도 합니다. 그리스 신화에서 의학과 치료의 신인 아스클레피오스(Asklepios)는 뱀으로, 아기를 갖고자 하는 불임 여인은 아스클레피오스 신전에 가서 꿈에 뱀을 보면 임신을 한다고 합니다.

셋째, 뱀은 치병과 예언의 능력 그리고 액운을 막는 능력을 지닙니다. 모세(Mose)가 구리 뱀을 만들어 장대에 매달아서 뱀에게 물린 상처를 치료하도록 한 것(구약 성서 민수기 21:9)도 뱀의 치유능력을 말해 주는 것입니다.[73]

넷째, 고대 신화에서 뱀은 불멸성을 상징합니다. 뱀은 허물을 벗고 피부가 자라나게 하는 능력을 지니고 있기 때문입니다.

그리하여 고대적 상징에서 뱀은 출생, 죽음 그리고 재출생의 순환을 의미합니다.[74]

태몽 229 공중에서 춤추는 작은 뱀들

임산부인 릴리(Lilli)의 꿈입니다.

"나는 생명의 신비를 풀고 싶었습니다. 나의 남자, 나, 그리고 잘 기억나지 않는 사람들 모두 한 침대에 앉아 있습니다.

지름이 약 3센티미터인 갈색 씨앗이 자라고 있었고, 씨앗 안에는 작은 회색 뱀들이 보입니다. 그 안에서 빛나는 눈처럼 강한 빛도 보였습니다. 우리는 조금 겁이 났어요. 그러자 작은 뱀 세 마리가 커지더니 공중에서 춤을 추기 시작합니다. 정말로 무서웠어요. 우리는 비밀을 찾기 위해 뱀들에게 주의를 기울이려고 노력합니다."[75]

태몽 230 뱀이 낳은 새끼

임산부인 요한나(Johanna)가 꾼 꿈을 요약한 내용입니다.

"나는 여동생, 남동생과 함께 부모님 방에 있었어요. 등에 노란 줄무늬가 있는 통통하고 독이 없는 뱀이 다가왔습니다. 동생은 뱀을 죽이고 싶어 했지만, 나는 그렇지 않았습니다. 왜냐하면 뱀들이 쓸모가 있다는 것을 알았기 때문이죠.

내가 정원으로 나가자 그 뱀이 따라왔어요. 나는 뒤뜰 작은 오두막 안을 팠습니다. 뱀이 나를 보고 입을 벌렸는데, 뱀은 긴장하고 있는 것 같습니다. 뱀은 내가 만든 움푹 들어간 곳에 누워 있습니다. (중략) 뱀은 자신과 비슷한, 더 작은 두 번째 뱀을 낳았습니다. 때가 왔어요! 나는 문을 닫고 이제 됐다고 생각합니다. 그러고 나서 이름을 찾습니다. '펌프(pump)'로 시작하는 무언가를 발견한 것을 기억합니다."[76]

태몽 231 깨지지 않은 뱀의 알

32세의 프리다(Frieda)는 임신 여부 결과가 나오기 전날 밤에 꿈을 꿉니다.

"저는 가장 친한 친구 앙투안의 집 안에 있었는데 낯설었어요. 밤이 되자 문을 모두 닫고 싶었고, 누군가 길에서 나와 집에 들어오려고 할까 봐 두려웠습니다. 저는 그녀의 방에서 문을 통해 밖을 내다봤어요. 열두 살 정도의 남자아이 둘이 다가오고 있었어요.

그들을 못 들어오게 하고 싶었지만 집 입구에 커다란 뱀이 누워있는 것을 보았습니다. 안방으로 가보니 다른 뱀들도 많았는데, 뱀들은 크고 색깔도 다양했으며 나선, 미로 등 기하학적 무늬와 같은 이상한 그림이 뱀들의 비닐에 그려져 있었어요.

저는 겁이 나서 테이블 위로 올라갔지만 뱀들은 저를 해치지 않았고 바닥에서 움직이지도 않았어요. 그러다 오른쪽 테이블에서 아래를 내려다보니 지름이 25~30센티미터 정도 되는 거대한 알 2개가 보였어요. 이 알들은 서로 다른 뱀이 낳은 것으로, 각각의 알은 해당 뱀들의 색깔과 같았습니다.

어떤 어린아이가 와서 테이블과 가까운 달걀을 가져갑니다. 나는 아이에게 달걀을 바닥에 다시 놓으라고 말합니다. 아이는 달걀을 떨어뜨렸지만 놀랍게도 달걀은 깨지지 않았고 코코넛처럼 단단했습니다."[77]

태몽 232 부엌에서 바쁘게 돌아다니는 거북이

31세인 앨리스(Alice)는 계획된 첫째 임신 17주 차에 꿈을 꿉니다.

"갑자기 나는 내 거북이를 다시 찾았습니다. 그 거북이는 완전히 방치되어 있을지도 몰라요. 거북이의 배 껍질은 석회와 영양분이 부족해서 물렁물렁해졌어요. 내가 거북이에게 음식을 주자 거북이는 부엌에서 뒤뚱거리면서 바쁘게 돌아다닙니다."

그녀는 힘든 임신 과정을 거쳐서 제왕절개로 건강한 여자아이를 낳았습니다. [78]

2) 양서류, 개구리

태몽 233 물 위에 있는 개구리

임산부인 카미유(Camille)의 꿈입니다.

"현관 뒤편에 있었어요. 손에는 작은 새 한 마리를 쥐고 있었는데, 그 새가 작은 벼룩으로 변해서 제가 따라가 잡았습니다. 아빠의 긴 다리처럼 큰 벌레가 되어서 마음에 들지는 않았지만 그냥 내버려 둘 수는 없었어요. 이윽고 제가 그 벌레를 보내 주었지만 제게로 다시 다가왔어요. 복잡한 감정이 들었어요. 나는 여전히 그걸 좋아했지만, 벌레는 싫어해요. 그 벌레는 나무 병사로 변했어요. 나는 아기처럼 들어 올렸습니다. 그러자 유리 접시에 담긴 식물로 변했고, 개구리들이 그 위에 있었어요. 저는 개구리들이 나에게 말하는 내용을 함께 나누고 싶었어요. 개구리들을 이해할 수 있다는 것을 알았어요."[79]

9장
물속에 사는 동물

1. 한국인

물고기는 우리 민족의 신화에도 등장합니다. 주몽은 북부여 왕 금와의 아들들과 그 신하들에게 쫓길 때, 엄수(淹水)에 이르러 물을 향해 말합니다. "나는 천제의 아들이자 하백의 손자다. 오늘 도망치는데 뒤쫓는 자들이 가까이 오고 있으니 어떻게 하면 좋은가?" 그러자 물고기와 자라가 다리를 만들어 주어 물을 건너게 해줍니다.[80]

1) 잉어

민속에서는 잉어 태몽을 다음과 같이 설명합니다. "잉어는 민물고기의 왕자로서 현실에서 재주 있고 처세를 잘하는 사람과 동일시하거나, 태아가 장차 성공했을 때 명예를 얻거나 재물을 모아서 부자가 되는 일과 관련이 있습니다."[81]

태몽 234 손으로 잡은 붉은 잉어

박유진 씨는 임신 전에 2개의 잉어 태몽을 꾸었습니다.

"바다 같은 넓은 호수에서 붉은 잉어 한 마리를 손으로 움켜잡았습니다. 그러자 잉어는 커다란 눈을 깜빡이며 놓아달라는 듯 슬픈 눈으로 바라보았습니다. 마음이 아파서 놓아주고 싶었지만 나도 먹어야 하기에 그럴 수 없어 미안하다고 생각했습니다."

태몽 235 목욕탕에 넘치는 잉어

태몽 234의 박유진 씨가 꾼 또 다른 꿈입니다.

"집 안 목욕탕에 잉어가 넘쳤습니다.

이게 태몽인지 길몽인지 헷갈렸습니다. 2개의 잉어 꿈을 꾸고 낳은 아이는 딸입니다."

태몽 236 연못에서 헤엄치는 무지갯빛 잉어

음성신 씨가 임신 중에 꾼 꿈입니다.

"저는 늘 흑백 꿈만 꿔왔는데 이 꿈만은 컬러로 꿨습니다. 어떤 곳으로 걸어가고 있는데 한 연못에서 무지갯빛 잉어가 헤엄치고 있는 것을 보았습니다. 그 잉어가 예뻐서 보면서도 놀랐습니다. 태어난 아이는 딸입니다."

태몽 237 두 팔로 끌어안은 잉어

진경미 씨가 임신 중에 꾼 꿈입니다.

"내 집, 연못 한가운데에 서 있는데 잉어 두 마리가 하늘로 튀어 올랐다가 물속으로 떨어졌어요. 그러고는 다시 솟아오름을 반복했지요. 두 마리가 튀어 오르는 것을 보고 저의 양팔로 두 마리를 끌어안았는데, 한 마리는 아래로 미끄러져 놓쳤습니다. 태어난 아이는 딸입니다."

태몽 238 큰물에서 헤엄치는 큰 잉어

박유진 씨가 임신하기 이전에 시어머니가 꾼 꿈입니다.
"큰물에서 검고 큰 잉어가 헤엄치는 것을 보았습니다."
다음은 박유진 씨가 덧붙인 말입니다.
"시어머니는 꿈을 꾸고 나서 태몽인 것 같다며 저에게 연락을 주었습니다. 태어난 아이는 아들입니다."

태몽 239 품에 안긴 황금 잉어

진보라 씨의 임신 중에 시어머니가 꾼 꿈입니다.
"엄청나게 크고 화려한 황금 잉어가 제 품으로 와서 안겼습니다.
 당시에 저는 며느리의 임신을 그리 달가워하지 않았습니다. 이 꿈을 꾸고 나서 주변에 말하자 주위에서는 태몽이라고 했습니다. 이후 저는 아이를 기다렸어요. 태어난 아이는 아들입니다."

태몽 240 어항에 넣은 은색 잉어

박은지 씨의 임신 중에 친자매가 꾼 꿈입니다.
"팔뚝보다 큰 은색 잉어가 있었는데, 얼마나 힘이 좋은지 팔딱거려서 어항을 탈출했어요. 힘이 너무 세서 잡을 수가 없어 쩔쩔매다, 친정어머니가 고무장갑을 끼고 겨우 잡아서 어항에 넣고 둘이 뚜껑을 닫아 가두었습니다. 빠져나올까 봐 둘이서 계속 붙잡고 있었습니다.
 친정에서는 힘이 장사인 아들 태몽이라고 해석했습니다. 시댁에서는 잉어는 딸 태몽이라고 했어요. 태어난 아이는 아들입니다."

2) 물고기 일반

태몽 241 옷소매 안으로 들어온 물고기

복진희 씨가 임신 사실을 확인하기 전에 꾼 꿈입니다.

"제가 물에 누운 자세로 떠 있었습니다. 물고기 떼가 밑으로 지나가는데, 그중 한 마리가 제 오른팔 옷소매 안으로 들어왔습니다.

꿈에서 깨어나 임신을 직감했습니다. 태어난 아이는 아들입니다."

태몽 242 뱃사공 노인이 건네준 큰 물고기

정명환 씨는 부인의 임신 초기에 꿈을 꿉니다.

"뱃사공 노인이 숭어 비슷한 큰 물고기를 저에게 안겨 주었어요. 태어난 아이는 큰딸입니다."

태몽 243 다리 사이를 스치는 긴 물고기

박은지 씨가 임신 중에 꾼 꿈입니다.

"무릎이 잠기는 깊이의 물가에 들어가 있는데, 엄청나게 크고 긴 은색 물고기 두 마리가 다리와 다리 사이를 스치면서 지나다녔어요. 처음 보는 큰 물고기여서 조금은 무섭고 징그러웠습니다. 태어난 아이는 아들입니다."

태몽 244 낚시로 낚은 물고기

박성일 씨는 부인이 임신하기 전에 꿈을 꿉니다.

"산 위에서 강을 내려다보다가, 이번에는 강 옆의 커다란 호텔 같은 방에서 다시 옥빛을 띤 강과 강물을 내려다보고 있었어요. 그러다 강을 가로지르는 강둑이 나타났어요. 그곳에는 창이 넓은 밀짚모자를 머리에 쓴 이들이 강물의 흐름과 반대되는 방향으로 앉아 낚시를 하고 있습니다. 그 모습은 마치 신선들이 낚시하는 것 같았고, 옥빛의 푸르스름한 강물도 성스러운 느낌을 주었습니다. 잠시 후 그중 하나가 고기를 잡자 물고기가 눈을 번뜩였어요. 메기같이 생겼는데 크기는 돌고래만 했습니다.

태어난 아이는 딸입니다. 친구 관계는 단출하나 예체능을 좋아하고 학습 능력이 탁월한 아이로 성장하고 있습니다."

태몽 245 남동생이 잡은 민물장어

장지연 씨의 임신 전에 그녀의 남동생이 꾼 꿈입니다.

"개울가에 민물장어가 여러 마리 있었는데, 그중 엄청나게 큰 민물장어를 잡았습니다. 태어난 아이는 딸입니다."

태몽 246 깨끗한 물로 옮겨 준 금붕어

정선희 씨의 꿈입니다.

"수세식 변기에 다양한 색깔의 금붕어들이 있어서 죽을까 봐 깨끗한 물로 옮겨 주었습니다."

태몽 247 낚시로 잡은 큰 붕어

안민영 씨의 임신 중에 그녀의 친정아버지가 꾼 꿈입니다.

"친구들과 낚시터로 놀러 가 낚시를 했습니다. 입질이 와서 낚으려고 보니 고래만큼 큰 붕어였어요. 너무 커서 있는 힘을 다하여 건졌는데 커다란 붕어가 나를 물 것처럼 입을 벌려 놀라서 깨어났습니다. 아들이 태어났습니다."

3) 고래

태몽 248 다리를 문 돌고래
정선희 씨의 꿈입니다.
"바닷가에 있는데 수십 마리의 돌고래가 바다 위로 뛰어 헤엄치고 있었습니다. 그중 한 마리가 제 다리를 물었습니다."

태몽 249 핑크빛 바다에서 헤엄치는 세 마리 고래
이우연 씨가 부인의 임신 전에 꾼 꿈입니다.
"큰 핑크빛 바다에서 고래 세 마리가 헤엄치고 있었습니다. 저와 아내는 해변 백사장에서 산책을 하고 있었는데, 장소가 너무도 아름다웠습니다. 딸이라고 생각했는데 태어난 아이는 아들입니다."

태몽 250 바다에서 헤엄치며 노는 돌고래
김해수 씨가 임신 초기일 때 남편이 꾼 꿈입니다.
"돌고래가 바다에서 점프하고 헤엄치면서 즐겁게 노는 모습을 보았습니다. 태어난 아이는 딸입니다."

4) 문어

태몽 251 임산부를 휘감은 문어
백선희 씨가 임신 중에 꾼 꿈입니다.
"큰 문어가 저를 휘감았습니다. 태어난 아이는 아들입니다."

5) 다슬기

태몽 252 임산부가 주워 담은 다슬기

송슬기 씨가 임신 중에 꾼 꿈입니다.

"작은 굴속으로 기어서 들어갔습니다. 동굴 입구부터 다슬기가 가득가득했습니다. 저는 다슬기를 주워 담았습니다. 태어난 아이는 딸입니다."

2. 유럽인

앞서 소개한 태몽 113에서 임산부는 선사시대 물고기를 낚았고, 태몽 114에서는 열대어가 잉어로 변했습니다.

태몽 253 수면에 나타난 검은 개복치

태몽 113의 임산부 엘린(Elin)이 꾼 또 다른 꿈에도 물고기가 등장합니다.

"강가에 앉아 낚시를 하고 있었어요. 이번에도 저는 매우 무거운 걸 낚았습니다. 수면이 가까워지자 둥글고 어두운 무지갯빛의 거대한 검은 개복치(sunfish) 한 마리가 보였습니다. 보통 개복치는 2~3인치인데, 그 크기는 3~4피트나 되었습니다. 다시 한번 엄청난 두려움을 느낀 저는 낚싯대를 들고 낚싯줄을 끊었습니다."[82]

10장
식물

씨앗이 대지에 뿌려지면 싹이 트고 식물로 성장합니다. 마찬가지로 임신이 되면 여성의 자궁은 아이의 씨앗을 받아들여 키우는 밭이 됩니다. 자궁 속 아이는 비옥한 토양에서 자라나는 묘목이나 생명의 물이 담긴 꽃병 속의 꽃과 같이 성장합니다. [83]

1. 한국인

1) 꽃

꽃은 그 빛깔과 형태가 아름답고 냄새가 향기로워 사람들에게 정서적으로 유쾌함과 기쁨을 줍니다. 이러한 이유로 꽃은 기쁨, 경사, 영광, 명예 등을 상징합니다.

꽃이 임신을 상징하는 이유는 우리 민족의 신화나 설화에서도 찾을 수 있습니다. 제주도 신화 속에서 꽃은 '특별한 능력의 징표'가 됩니다. 출산을 관장하는 신, 삼신할머니(제주도 방언으로는 '삼승할망')에 관한 신화 〈삼승할망본풀이〉에 따르면 꽃을 잘 피우는 일은 '세상을 다스리고, 아이를 낳게 하는 아주 중요한 능력'에 해당합니다. 제주도 신화에서 '삼승할망은 아기를 잉태시키는 생불꽃을 하나 가지고 대별상의 집으로 가서 대별상의 부인 서신국 마누라에게 이 꽃으로 태기를 불러' 줍니다. '명진국 따님 아기'는 아기 점지와 출산까지 완벽하게 수행할 수 있습니다. '한쪽 손에는 번성꽃을 쥐고, 한쪽 손에는 환생꽃을 쥐고 앉아 천리를 보고 서서 만리를 보며 하루 만 명씩 잉태를 주고 또 해산'을 시키곤 합니다.[84]

제주도 신화연구가 현용준은 꽃에 아기를 잉태시키는 등 주술성을 부여한 이유에 대해서 이렇게 설명합니다. "꽃은 식물의 생식기관이다. 꽃이 피어야 열매를 맺고, 그 열매의 씨가 움이 돋아 종족을 번식한다. 꽃이 얼마나 신비한 것인가? 이 신비를 항상 체험하는 것은 농경문화 민족이다. 그들은 이 꽃의 신비함을 인간에게 전이시켜 적용하게 되었다. 그래서 인간이 아기를 잉태하는 것을 꽃이 열매를 맺어 번식하는 것과 동일시하는 생불꽃, 번성꽃을 생각해 냈다."[85]

민속학자 손진태는 평북 강계의 〈신선세턴님청배〉, 경남 김해의 〈악양국 왕자 노래〉도 꽃과 생명의 잉태와 관계를 노래하는 무가(巫歌)라고 합니다. 이와 같이 우리 민족의 신화나 설화에서 '꽃을 피운다'는 '생명을 잉태시킨다'는 의미를 갖습니다.[86]

태몽 254 한 아름 안은 벚꽃

신화정 씨가 임신 전에 꾼 꿈입니다.

"혼자 벚꽃이 만발한 길을 걸으면서 벚꽃을 한 아름 안았습니다. 어릴 적 살던 집에서 고모네 집으로 가는 길이었습니다. 당시 고모네로 가는 길에 벚꽃이 만발하곤 했어요. 그렇게 아름답고 화려한 벚꽃은 꿈에서 처음 보았습니다.

주위에서는 딸 태몽이라고 했고, 실제로 딸을 낳았습니다."

태몽 255 임산부가 받은 꽃과 꽃바구니

김새롬 씨는 임신 초기인 5주 차에 꿈을 꿉니다.

"엄마랑 같이 부산 해운대에 놀러 갔어요. 저 멀리 등대와 바닷물이 보였어요. 축축이 젖어 있는 모래사장을 엄마와 손잡고 함께 걸어갔어요. 어떤 중년의 아주머니가 나에게 활짝 핀 붉은 장미꽃 한 송이를 주었어요. 그 장미꽃 줄기 아래로 기다랗고 가느다란 탯줄 같은 줄이 달려 있었어요. '이 꽃을 왜 나한테 주지?'라고 생각했는데 아주머니가 받아 가라고 해서 받았어요."

김새롬 씨는 임신 중기 무렵에 또 다른 꽃 꿈을 꿉니다.

"꽃을 사려고 꽃집들을 돌아다녔어요. 마음에 드는 꽃을 찾지 못해서 계속 돌아다녔어요. 꽃집이 문 닫을 때쯤, 당시의 대통령이 여러 꽃이 있는 꽃바구니를 만들어 나에게 주었어요. 주황색 꽃과 빨간색 꽃이 기억에 남고, 꽃바구니를 받아서 기분이 좋았지요.

이 꿈 이야기를 들은 남편은 '태몽이 맞는 것 같다. 소중한 생명이 찾아왔다. 꽃이 나온 거 보니 여자아이인가 보다'라고 했고, 저의 엄마도 '태몽이 맞는 것 같다'라고 했어요. 태어난 아이는 아들입니다."

태몽 256 나무 꼭대기에 핀 빨간 꽃

태몽 88에서 소개한, 선명신 씨가 임신 중에 꾼 꿈입니다.

"크고 무성한 굵은 나무에 잎이 가득했는데, 꼭대기에 선명한 빨간 꽃들이 몇 개 있었습니다. 나무가 튼실하고 푸른데, 꽃도 누런 잎이 하나도 없이 싱싱해서 기분이 좋았습니다. 태어난 아이는 딸입니다."

태몽 257 임산부가 들고 간 화려한 꽃

김화정 씨가 임신 중에 꾼 꿈입니다.

"결혼 전에 입었던 화려한 무늬의 옷을 입고 하이힐을 신고는 아주 크고 화려한 꽃을 든 채 어딘가를 걸어가는데, 매우 당당하고 자신감에 차 있었습니다. 행복했어요."

태몽 258 임산부가 받은 커다란 모란꽃 화분

김영란 씨가 임신 중에 꾼 꿈입니다.

"집에 커다란 모란꽃 화분을 선물로 받았습니다."

태몽 259 임산부가 딴 목화 한 아름

태몽 86에서 소개한, 손아름 씨가 임신 중에 꾼 꿈입니다.

"목화밭에서 목화를 손으로 한 아름 땄습니다. 태어난 아이는 딸입니다."

2) 곡식

우리 민족에게 가장 소중한 곡식은 쌀입니다. 쌀을 얻기 위해서 농부는 이삭을 심고, 땀 흘려 키우고, 이삭이 여물면 비로소 쌀을 얻게 됩니다. 쌀은 결실의 상징이기도 합니다. 이는 마치 엄마의 자궁 안에서 태아가 성장하여 사람으로 성숙해 가는 과정과도 매우 유사합니다.

태몽 260 농부가 준 유기농 쌀

진성화 씨가 임신 전에 꾼 꿈입니다.

"친정엄마와 함께 길을 걷다가 한 농부를 만났는데, 그 농부가 이건 아주 귀한 유기농 쌀이라며 꼭 가져가라고 했어요. 제가 망설이니 친정엄마가 저건 대단히 귀한 거니까 네가 꼭 사야 한다며 설득하셨어요.

그 농부가 가마솥에 쌀을 지어 주었는데 뚜껑을 여니 아주 윤기 나고 하얗고 찰진 쌀에서 김이 모락모락 피어올랐습니다. 저는 그 쌀을 사 왔어요.

태어난 아이는 아들입니다. 제가 아주 힘든 시기에 태어나 지금도 정신적으로 나를 살리는 아이입니다. 아이는 아주 긍정적이고 밝아요. 어린 시절에는 병치레가 잦아 눈물을 많이 흘렸는데, 지금은 중학생이 되었네요. 건강하고 사람 간에 평화를 가져다주는 선한 아이입니다."

태몽 261 남편이 집에 들고 온 쌀

박영선 씨는 아이가 태어나기 이삼일 전에 꿈을 꿉니다.

"남편이 쌀가마니를 들고 집에 들어왔습니다. 태어난 아이는 맏딸입니다."

태몽 262 산 정상에 가득한 쌀

임산부인 엄민영 씨는 꿈을 꿉니다.

"임신 중에 산에 오르는데 정상에 하얀 쌀이 가득했습니다. 태어난 아이는 딸입니다."

3) 과일

시인 장석주는 자신의 시 〈대추 한 알〉에서 대추의 결실 과정을 노래합니다.

저게 저절로 붉어질 리는 없다.
저 안에 태풍 몇 개
저 안에 천둥 몇 개
저 안에 벼락 몇 개

저게 저 혼자 둥글어질 리는 없다.
저 안에 무서리 내리는 몇 밤
저 안에 땡볕 두어 달
저 안에 초승달 몇 낱[87]

태몽에서 과일도 결실을 상징하는 태아의 원형상입니다.

태몽 263 바위 위에 있는 천도복숭아

신선희 씨가 임신 전에 꾼 꿈입니다.

"날씨는 무척 더운데 허허벌판이었어요. 숲을 찾는데 천둥과 번개가 쳐서 '피할 곳이 없네'라고 생각하던 중, 갑자기 밝아지면서 햇볕이 내리쬐었습니다. 더워서 목욕하고 싶었는데 물 흐르는 소리가 나서 보니까 바위와 계곡이 있었습니다. 저는 옷을 벗고 목욕을 했는데 말리려고 바위 위에 놓은 옷은 사라지고 그 자리에 천도복숭아가 있었습니다. 초록과 붉은색이 도는 머리통만 한 큰 천도복숭아였습니다. 태어난 아이는 딸입니다."

태몽 264 맛있게 먹은 복숭아

민경희 씨가 임신 초기에 꾼 꿈입니다.

"잘 익은 복숭아를 껍질을 살살 벗긴 후 아주 아주 맛있게 먹었어요. 지금도 생생하게 기억될 만큼 복숭아가 맛있어서 먹으면서도 기분이 무척 좋고 행복했습니다. 태어난 아이는 아들입니다."

태몽 265 책상 위에 있는 복숭아

정진아 씨는 임신 중에 꿈을 꿉니다.

"책상 위에 복숭아가 있었어요. 태어난 아이는 아들입니다.

어려서는 다양한 분야에서 재능을 보였습니다. 중학생 때는 강박적인 면과 쉽게 포기하는 모습도 보였는데, 고등학생 때는 문제를 하나씩 극복하면서 자신이 원하는 목표를 이루어 가고 있습니다."

태몽 266 품속으로 들어온 커다란 복숭아

박선희 씨는 임신 중에 꿈을 꿉니다.

"커다란 복숭아가 품속으로 굴러들어 왔습니다. 아들이 태어났어요."

태몽 267 눈밭에서 주운 3개의 복숭아

정명진 씨는 부인의 임신 사실을 모르는 상태에서 꿈을 꿉니다.

"제가 하얀 눈밭에서 아이 머리통만큼 커다란 복숭아 3개를 주워서 들고 왔습니다.

너무 생생하고 실제 같아서 태몽인 것 같았습니다. 이야기를 들은 아내가 그날 검사를 하고 임신 사실을 확인했습니다. 아이는 건강한 남자아이로 태어났어요. 벌써 아홉 살이 되었네요."

태몽 268 품에 안은 복숭아

박수연 씨가 임신 사실을 모르고 있을 때, 그녀의 친정어머니가 꾼 꿈입니다.

"다른 사람의 바구니 속 복숭아가 크고 탐스럽고 맛있게 생겨서 하나 달라고 했습니다. 그 복숭아를 받으니 너무도 예쁘고 귀하게 느껴져 품에 안았습니다."

친정어머니는 무심결에 꿈 이야기를 박수연 씨에게 했습니다.

"태몽이라는 생각이 들어서 검사를 하고 나서야 임신 사실을 알게 되었습니다. 태어난 아이는 아들입니다."

복숭아는 여성적인 것을 상징한다는 주장도 있습니다.[88] 하지만 앞선 사례들처럼 복숭아 태몽을 꾸고 아들을 낳은 사람들도 있습니다. 태몽에서 복숭아는 성별 암시가 아닌, 사랑의 결실인 임신을 뜻합니다.

태몽 269 한껏 담은 알밤

나목희 씨가 임신 전에 꾼 꿈입니다.

"밤나무에서 알밤이 떨어졌습니다. 담아도 담아도 끝없이 한껏 담았습니다. 아들이 태어났어요."

태몽 270 작고 단단한 밤알

김영 씨는 임신 전에 꿈을 꿉니다.

"산에 가서 떨어진 밤송이를 발로 밟아 밤알을 꺼냈습니다. 작고 단단하고 똘망똘망한 느낌의 밤알을 얻었습니다. 태어난 아이는 딸입니다."

태몽 271 임산부가 들고 있는 커다란 알밤 한 알

정희선 씨의 시누이가 꾼 꿈입니다.

"커다란 알밤 한 알을 올케가 들고 있었습니다. 알밤이 등에 메는 백팩만큼 컸습니다."

임산부인 정희선 씨가 추가로 밝힌 내용입니다.

"시누이는 꿈을 꾼 후 태몽 같다고 생각했지만, 제가 임신 사실을 말해 주지 않아서 '태몽이 아닌가 보다'라며 잊고 있었답니다. 나중에 제가 임신 사실을 알려 주니 그제야 이 꿈이 떠올랐다고 합니다. 태어난 아이는 딸입니다."

태몽 272 친정어머니가 치마폭에 한 아름 주운 밤알

윤선희 씨의 임신 중에 친정어머니가 꾼 꿈입니다.

"산에 밤알이 떨어져 있는데 크기가 주먹만 한 것이 윤기가 좌르르 흘러, 치마폭에 한 아름 주워서 가져왔습니다. 태어난 아이는 첫째 딸입니다."

태몽 273 친정엄마가 건네받은 사과

위선희 씨가 임신 중인 때 친정엄마가 꾼 꿈입니다.

"전에 모셨던 대표님 사무실에 들어갔는데, 파랗고 좋은 사과가 많아서 '역시 대표님이라 좋은 사과를 드시는구나'라고 생각했습니다. 그때 같이 일했던 직원이 와서 저에게 시나노 스위트 사과 2개를 건네주었답니다. 저는 2개를 모두 받고 싶었지만 너무 커서 하나만 받았습니다."

태몽 274 뿌리째 뽑은 감

진성인 씨가 자신의 임신 사실을 알기 전에 꾼 꿈입니다.

"꿈에서 시골 엄마 집에 들어가니 주황빛 노랑 감이 주렁주렁 달린 감나무들이 있었어요. 그중에 감나무 하나를 뿌리째 쑥 뽑아 들었습니다.

꿈에서 깨어나, 감이 홍시는 아니고 탱글탱글하며 그 빛깔이 초록부터 노란 황금빛이었고 감나무를 뿌리째 뽑은 감각이 생생하여 '욕심 많은 여자애를 낳으려나 보다'라고 생각했습니다. 과실이니깐 여자아이일 것 같은데, 뿌리를 들어 올린 것에 흥분과 기대도 되는 즐거운 느낌이었어요. 태어난 첫아이는 딸이며 건강하게 자라고 있습니다."

태몽 275 주렁주렁 매달린 청포도

임신 중인 신청자 씨의 친정 부모가 꾼 꿈입니다.

"청포도가 싱그럽게 주렁주렁 매달려 있었습니다. 태어난 아이는 딸입니다."

태몽 276 임산부가 딴 큰 참외

조수정 씨가 임신 중에 꾼 꿈입니다.

"참외밭에 크고 샛노란 참외가 푸른 잎 사이에 주렁주렁 열려 있어서 그중 하나를 땄어요.

주위에서는 태몽이라고 하면서 과일이 크니 아들일 거라고 했습니다. 아들을 낳았습니다."

태몽 277 임산부가 가득 담은 붉은색 자두

민경화 씨가 임신 중에 꾼 꿈입니다.

"꿈에서 어린 시절 오랫동안 살던 동네에 있었습니다. 아파트 상가 과일가게에서 이탈리아 여행 중 맛보았던 붉은색 자두(피자두)가 들어왔다고 알려 주었습니다. 매번 허탕만 쳐서 이번에는 남편에게 꼭 사다 주겠다는 결심을 했습니다. 그런데 상점에서 이 피자두가 상품화되기에는 나뭇잎과 가지들이 많아 저렴하게 킬로그램으로 판다고 했습니다. 저는 여행용 가방에 피자두와 마른 가지 잎들을 가득가득 담아 왔습니다. 아들이 태어났습니다."

태몽 278 임산부를 향해 굴러온 과일들

임산부인 신수인 씨의 꿈입니다.

"산에서 집채만 한 사과, 배, 자두 등 과일들이 굴러떨어지면서 저를 덮쳤습니다. 태어난 아이는 딸입니다."

4) 잎줄기채소

태몽 279 친정집에 가져다 놓은 탐스러운 고추

박선희 씨가 임신 중에 꾼 꿈입니다.

"친정집 밖 도로에 빨간 고추들이 널려 있었어요. 가을에 말린 탐스럽고 통통한 고추를 봄에 먹으려고 좋은 것만 골라 놓은 것이었지요. 저는 고추를 줍고 제 여동생은 고추 바구니를 날랐습니다. 나중에는 동네 사람들도 줍길래 저는 고추를 욕심껏 많이 주워 친정집 마당과 방 안 여기저기에 갖다 놓았습니다. 태어난 아이는 아들입니다."

태몽 280 초록색 고추
고선애 씨가 임신 중에 꾼 꿈입니다.
"푸릇푸릇한 여러 개의 초록색 고추를 입안 가득 넣고 우물우물 씹었어요.
주위에서 고추는 남자일 수도 있고 여자일 수도 있는데, 초록색 고추는 여자라고 해석하더군요. 딸을 낳았습니다."

태몽 281 훔쳐 온 고추 가지
이신아 씨의 임신 중에 친정어머니가 꾼 꿈입니다.
"궁중 돌담길 큰 나무에 고추가 주렁주렁 열렸어요. 나무에 고추가 달린 것이 신기해서 나뭇가지를 꺾어 (품에) 감춰 가져왔습니다. 놀랍기도 하고 기분이 좋았습니다. 아들이 태어났습니다."

태몽 282 힘차게 끌고 간 노란 박
박상희 씨가 임신 중에 꾼 꿈입니다.
"친정집 거실에 아버지, 이모부 등 여러 어른이 둥글게 앉아 계셨습니다. 제가 주방 쪽에서 거대하고 길쭉한 노란 박을 힘차게 끌고 들어갔어요. 크기는 소형 트럭 정도였습니다. 앉아 계신 어른들 가운데에는 동글동글한 팥빵, 크림빵들이 가득 쌓여 있었어요. 어른들은 잔뜩 기대하는 표정이었습니다. 저도 행복했어요. 노란 박이 매우 싱싱하고 단단하니, 품질이 좋아 보였거든요. 태어난 아이는 딸입니다."

태몽 283 굴러가는 호박

박인희 씨가 임신 중에 꾼 꿈입니다.

"하늘에서 조금 큰 호박이 뚝 떨어져서 데굴데굴 굴러가는 것을 급하게 달려가 잡았습니다.

이 꿈이 태몽이라는 강력한 느낌이 왔지만, 호박에 꼭지가 있는지는 보지 못해서 아들인지 딸인지 긴가민가했습니다. 태어난 아이는 아들입니다."

태몽 284 가득 열린 호박

임신 중이던 박시현 씨가 꾼 꿈입니다.

"제가 친정어머니와 함께 밭에 주렁주렁 열린 호박을 가득 따면서 호박이 정말 많이 열렸다며 신기해했습니다.

주위에선 이 꿈은 태몽이고 복이 들어오는 꿈이라고 해석해 주었습니다. 딸을 낳았습니다."

태몽 285 집으로 가져온 애호박

임신 중인 박정연 씨의 꿈입니다.

"집 텃밭에서 애호박 3개를 따서 둘은 이웃에게 나눠 주고 하나만 집으로 가지고 왔습니다.

주위에서는 '애호박을 집으로 가지고 온 걸 보니 태몽인 것 같다'라고 해석했어요. 태어난 아이는 아들입니다."

태몽 286 선물로 받은 큰 대파

양진영 씨가 임신 이전에 꾼 꿈입니다.

"교회 성가대에 있는데, 뿌리가 있는 큰 대파 2개를 선물로 받았습니다.

주위에서는 남자아이가 태어날 태몽으로 해석했습니다. 태어난 아이는 아들입니다."

태몽 287 훔친 씨감자

신정희 씨가 임신 중에 꾼 꿈입니다.

"큰 핑크빛 씨감자들이 담긴 큰 나무통 5개를 훔쳐 왔습니다. 낯선 할머니와 할아버지와 어린아이들이 있었는데, 주인네가 관리를 못 한다면서 저보고 가지라고 해서 손수레에 싣고 왔습니다.

주위에서는 삼신할머니와 동자신들이 도와줬다고 해석해 주었어요. 태어난 아이는 아들입니다."

태몽 288 품에 안은 산삼

고수영 씨가 임신 중에 꾼 꿈입니다.

"제가 산에서 커다란 산삼을 아기처럼 품에 안고 내려왔습니다. 기분이 좋았어요. 태어난 아이는 장녀입니다."

태몽 289 안사돈이 준 크고 탐스러운 무

2023년 5월 중순, 박희경 씨가 필자에게 질문했습니다.

"내가 꿈을 꾸었는데, 태몽인지 궁금합니다."

"어떤 내용인데요?" 필자가 물었습니다.

"넓고 비탈진 밭에 푸른 무가 가득 심겨 있는데, 안사돈 어른이 나타나서는 엄청나게 크고 탐스러운 무를 하나 뽑아서 나에게 주었습니다."

"드러난 상징으로 봐서는 아이의 임신이나 출산을 예고하는 태몽 같아요. 집안에 자녀들이 있죠?" 필자가 다시 질문했습니다.

"네, 결혼한 두 딸이 있는데, 큰딸은 이미 두 아이의 엄마가 되었고, 작은딸이 최근에 임신했어요." 그녀가 설명했습니다.

"친정어머니가 꾸셨어도 태몽일 가능성이 커요."

필자의 해석에, 그녀는 궁금하다는 표정을 지으며 물었습니다.

"사실 이 꿈을 꾼 때는 2022년 9월인데, 딸아이는 2023년 2월에 아이를 갖게 되었답니다. 태몽을 이렇게 미리 꿀 수도 있나요?"

"네, 가능합니다. 태몽은 임산부가 임신하기 이전이나 임신 중에 꾸는 꿈이거든요. 저의 조사에 의하면 임신 전에 꾸는 태몽이 전체의 20% 정도 된답니다. 꿈속에서는 어떤 느낌이 들던가요?" 필자가 또 물었습니다.

"꿈에서 나타난 분이 현실에서 늘 저를 챙겨 주시는 사돈이었어요. 안사돈이 준 아주 크고 맛있게 생긴 무를 흐뭇하게 받아 안았지요. 기분이 좋았어요!"

"곧 기쁜 일이 있겠네요."

이후 박희경 씨는 손자를 보았습니다.

5) 나무

신단수는 태백산 꼭대기에 있는 나무입니다. 하느님이 이곳으로 그의 아들 환웅을 강림시켰습니다. 그래서 신단수는 신성한 나무가 있는 곳으로서 하느님께 제를 올리고 큰 굿을 하는 신성한 장소가 됩니다. 즉, 땅과 하늘을 연결하는 소통의 신목(神木)입니다. 오늘날의 서낭당, 서낭나무와 같은 것입니다.[89]

민속학자 손진태는 말합니다. "조선 민간에서는 특별한 종류의 수목이 아닌 큰 나무를 숭배하고 있다. 산속의 큰 소나무나 큰 느티나무 아래에서도 조잡한 난석단(亂石壇)을 찾을 수 있다. 그것은 어머니가 아픈 아이를 안고 산신이나 수신(나무의 신)에게 기도를 올린 증거이다. 또 산신을 제사 지내는 이른바 '당산'(堂山, 마을에 수호신이 있다는 산이나 언덕)은 큰 바위나 나무를 뒤에 두고 짓는다."[90]

태몽 290 시어머니가 선물로 준 은행나무

신진선 씨가 임신하기 전에 꾼 꿈입니다.

"시댁이 있는 산꼭대기의 시어머니 무덤에서 시댁 앞마당을 보았습니다. 맑고 따뜻한 가을 햇살 아래, 노란색 은행나무 잎이 반짝반짝 빛나는 모습이었지요. 그때 돌아가신 시어머니의 '내가 주는 선물이다'라는 목소리가 들렸습니다. 그러면서 갑자기 그 은행나무 몸뚱이를 두 손으로 안았어요. 행복하고 따뜻한 느낌이 들었어요. 태어난 아이는 딸입니다."

태몽 291 임산부가 바라본 소나무 열매

백영과 씨가 임신 초기에 꾼 꿈입니다.

"나 혼자서 아주 큰 소나무를 보았어요. 그 소나무는 100년은 된 것 같은 데다 너무 커서 탄성이 나왔는데, 나무 아래에 달린 백봉령 열매를 보았습니다. 그 나무 아래에 있는 열매는 처음 보는 것이라 진기하다고 생각했습니다."

2. 유럽인

1) 꽃

흰 백합꽃은 그리스 신화 속 헤라 여신의 젖에서 피어났다고 하여 다산성과 결부됩니다. 기독교에서 대천사 가브리엘(Archangel Gabriel)은 아기 예수의 잉태를 알리는 수태고지(Annunciation, 라틴어 '알리다'에서 나온 말)에서 손에 백합을 든 모습으로 등장합니다. 이는 백합이 성령으로 원죄 없이 잉태한 성모 마리아의 기적을 의미하기 때문입니다. 또한 백합에는 정절과 순결, 원죄 없는 잉태, 아름다움과 겸손의 의미도 있습니다. 백합은 프랑스 왕실과 도시국가 피렌체의 문장으로도 쓰였습니다. [91]

1997년 영국의 왕세자빈이었던 다이애나의 죽음을 기리면서 엘튼 존(Elton John)은 〈바람 속의 촛불(candle in the wind)〉이라는 노래를 부릅니다. 다음은 그 첫 구절입니다. "안녕, 영국의 장미. 당신이 우리의 마음속에 영원히 자라나기를 바랍니다." 꽃을 인간으로 의인화한 것이지요. 장미는 영국을 상징하는 국화입니다.

태몽 292 봉오리가 열리는 튤립꽃

소피아(Sophia)가 임신 중에 꾼 꿈입니다. 당시 19세였던 그녀는 남자 친구에게 배신당했습니다. 그 남자는 의도적으로 콘돔에 구멍을 냈는데, 이유는 그들이 약속한 바와는 다르게 자신과 결혼하도록 강요하고 싶었기 때문입니다. 소피아는 그의 거짓 행위를 알았고, 그가 또 다른 사람과 연애하고 있음을 그녀의 부모도 알게 되었습니다. 종교적으로 엄격한 부모님은 소피아를 쫓아내고는 다신

보지 않겠다 했습니다. 그녀는 즉시 부모와 헤어지기로 결심하고 실행했습니다. 무척이나 힘든 상황이었지만 그녀는 이 꿈을 꾸고 나서 희망의 끈을 놓지 않았습니다.

"튤립 네 송이를 보는 꿈을 꿨어요. 그중 두 송이는 노란색이고 두 송이는 빨간색이었으며 완전히 닫힌 새싹 상태였습니다. 이 새싹들은 줄기가 아래에서 무리를 지어 만나는 정사각형으로 배열되었습니다. '보세요'라는 목소리가 들렸습니다. 나는 꽃봉오리를 주의 깊게 보았어요. 봉오리가 천천히 펼쳐지면서 녹색을 감싸고 있는 꽃잎이 뒤로 젖혀지며 황금색과 빨간색 꽃이 완전하게 나오고 있었습니다.

꽃봉오리가 열리면서 빛도 바뀌었습니다. 네 송이 튤립이 완전히 열릴 때까지 위에서부터 점점 더 강한 황금빛 빛이 나타났고, 튤립이 가득 찬 황금빛 속에서 화려하게 서 있었습니다. 저는 이 아름다운 광경에 놀라움과 감탄을 금치 못하며 '이게 무슨 뜻이죠?'라고 물었습니다. 목소리는 '빛과 생명을 의미합니다'라고 대답했습니다. 차분한 어조로 안심시키는 이 말과 함께 평화로운 확신이 들었고 저는 잠에서 깨어났습니다."

이 꿈은 어렵고 혼란스러우며 삶을 포기하고 싶었던 시기에 너무도 강력한 영향을 미쳐서 그녀를 살게 해주었습니다.[92]

태몽 293 손에 든 꽃봉오리

엘라(Ella)는 셋째를 임신하던 중에 꿈을 꾸었습니다.

"어젯밤에 꿈을 꾸었어요. 하루를 마무리 지을 무렵, 꽃봉오리를 손에 들고 일어났습니다. 어린이집 지하의 나무로 된 방에 식물이나 온실 같은 것이 있었어요.

나는 그곳 열쇠가 있는 곳과 들어가는 방법을 알고 있었고, 그곳에서 부모의 밤 행사를 치른 선생님을 위한 식물을 얻고 싶었어요. 동행한 동료는 그것이 불필요하다고 생각했고 나도 꽃을 발견하지 못했어요. 하지만 부드럽고 신선한 녹색의 여러 식물에 완전히 매료되어 나 자신을 위해 식물 하나를 가져왔어요."93

태몽 294 남자의 머리 위에 피어 있는 꽃

임산부인 나탈리아(Natalia)의 꿈입니다.

"한 남자가 제 옆에 앉아 있었습니다. 그의 머리는 머리카락이 아니라 거품 같은 것으로 덮여 있고, 머리 꼭대기에는 풀이 자랐으며 꽃이 피어 있었습니다."94

이 이상한 꿈을 융 학파에서는 다음과 같이 해석합니다. "고대 이집트에서 가장 중요한 신들 중 하나는 나일강의 신 하피(Hapi)입니다. 그는 파피루스에 묘사되어 있는데 연꽃이 머리에서 자라는 모습입니다. 매년 나일강의 범람이 이집트에 반복되는 다산과 재생을 보장하기 때문에 하피는 생명을 주는 물의 신입니다. 디오니소스(Dionysus)와 아프로디테(Aphrodite)의 아들인 그리스 프리아포스(Priapus)도 비슷한 다산의 신입니다. 그는 여신처럼 자궁에서 열매를 맺고 머리에는 장미 덤불을 가지고 있습니다."95

태몽 295 유리병에 만개한 식물

26세의 리아(Lia)는 첫아들 임신 중에 꿈을 꿉니다.

"남편과 저는 다른 부부와 함께 있습니다. 그들은 수의사나 식물 연구원인 듯했어요. 주변에는 그녀가 진료하고 치료하는 개들이 있습니다. 특히 유리병에 만개한 식물을 키우는 모습이 인상적이었는데, 그녀의 제자 중 하나가 지극한 사랑과 관심으로 이 식물을 돌보고 있습니다. 이 유리병에서 자라는 식물은 건강과 편안함을 발산합니다."[96]

2) 과일

태몽 296 이제 막 먹으려고 한 복숭아

30세인 크리스티나(Christina)는 임신 2개월 차에 꿈을 꾸었습니다.

"아름다운 복숭아나무가 있었습니다. 나는 그 나무의 복숭아를 이제 막 먹으려고 해요."

이 꿈은 크리스티나가 임신했다는 사실을 알게 된 다음 날 밤에 꾼 것입니다. 처음에 그녀는 아기를 원하지 않았습니다. 아이가 건강하게 태어나자, 남자 친구가 그녀에게 다시 돌아왔습니다.[97]

3) 뿌리채소

태몽 297 밭에서 캔 감자

밀라(Mila)는 26세로, 첫아이 임신기간 동안 다음 태몽을 수차례 반복해서 꿉니다.

"밭에서 감자를 캐고 있는데 한 노파가 나에게 다가옵니다. 그때 나는 감자가 땅에 있는 작고 멋진 인형이라는 사실을 알았습니다. 그 노파는 인형이 나의 태아라고 말합니다. 나는 놀라면서도 복잡한 감정을 느꼈습니다. 매우 당황해하면서 깼습니다. 태어난 아이는 건강한 딸입니다."[98]

4) 나무

나무와 관련한 태몽은 한국인보다는 유럽인들에게서 더 많이 나타나는 것으로 보입니다.

태몽 298 나무 위에서 낳는 아기

36세의 레오니(Leonie)는 결혼한 지 7년이 되어서야 임신을 했습니다. 그녀는 임신 중에 다음의 꿈을 꿉니다.

"저는 인도의 한 여성 집단과 전화를 하고 있습니다. 그곳의 모든 여자들은 임신했습니다. 그들은 큰 나무에 올라가 출산할 차례가 올 때까지 줄을 서서 기다리고 있습니다. 나도 그들처럼 인도의 전통의상인 사리(sari)를 입고 있습니다. 여성들은 하나씩 나무 위로 올라가 허리를 굽혀 아기를 낳았습니다. 아직 내 차례는 오지 않았습니다."[99]

그리스 전설에 따르면 레토(Leto)는 야자수와 올리브 나무를 만진 후 아폴로(Apollo)와 아르테미스(Artemis)를 낳았다고 합니다. 나무는 출산을 쉽게 하고 아이들의 삶을 지켜보는 존재입니다. 나무를 만지거나 접근하는 행위는 유익하고 활력을 주며 삶을 풍요롭게 합니다.[100]

태몽 299 한 그루의 올리브나무

임신의 희망을 거의 잃었던 크리스티나는 29세로 임신 5개월 차에 짧은 꿈을 꿉니다.

"출산의 이미지는 현실에 실제로 있는 한 그루의 올리브나무였습니다."[101]

기름 부음을 받는 의식(anointing)은 기독교에서 일생을 통하여 가장 보편적이고 성스러운 예식이었습니다. 주님의 기름 부음을 받은 그리스도와 선지자들의 모범을 따라 왕들도 기름 부음을 받았습니다. 이러한 신성한 행위에는 올리브기름만이 사용되었습니다. 고대 그리스와 이집트에서도 올리브기름은 신들의 조각상에 일정한 간격으로 바르는 생명의 물질을 상징했습니다. 올리브는 생명의 나무이지만 램프를 밝히는 데에도 그 기름을 사용했기에, 축복받은 올리브나무는 무엇보다도 빛의 원천으로 간주됩니다.[102]

태몽 300 남편과 아들이 가져온 크리스마스트리

임신 8개월 차인 클라라(Clara)는 꿈을 꿉니다.

"나는 연구 계획을 수행하기 위해 꿈을 수집하는 여성들과 함께 있습니다. 내가 집에 돌아오니 남편과 아들이 크리스마스트리를 가져왔습니다. 그 나무는 꼭대기에 장식용 빨간 사과가 달렸고, 가지 몇 개만 있는 키 높은 기둥 같은 모습이라 놀랐습니다. 남편과 아들은 매우 자랑스럽고 행복해합니다."[103]

태몽 301 거대한 참나무

샬럿(Charlotte)은 임신 6개월 차에 꿈을 꿉니다.

"나는 엄숙한 공공건물, 교회 혹은 궁전의 계단을 올라갑니다. 몇 개의 계단을 지나갈 때 건물 내부에 나무가 자라는 것을 봅니다. 적갈색의 높고 좁은 줄기가 있는 평범한 전나무 몇 그루가 있고, 눈에 띄는 나무는 촉촉한 검은 색의 반짝이는 줄기를 가진 거대한 참나무입니다.

아주 오래된 그 나무는 뒤틀린 큰 돌기 형태로 자랍니다. 줄기는 높은 홀의 천장을 지탱하는 것처럼 거대한 가지로 나뉘어 있습니다. 모든 가지는 지름이 남자의 손목만 한데 둥근 곤봉 형태입니다. 참나무는 잎이나 잔가지가 없습니다.

나는 그것이 신성한 나무라는 사실을 압니다. 그 나무 앞에 섰습니다. 아래층에 있는 남편에게 와서 보라고 부르자, 남편은 우리 집 큰 개를 데리고 올라왔습니다."[104]

태몽 302 임산부가 넋을 잃고 바라본 너도밤나무

루이사(Luisa)가 임신 5개월 차에 꾼 꿈입니다.

"오두막에서 나와 친구들의 캐러밴이 서 있던 곳을 바라봅니다. 바로 그 공간에 거대한 너도밤나무 세 줄기가 보입니다. 완전히 압도당하면서 넋을 잃고 기뻐합니다. 기적이라고 생각합니다. 그러나 위를 올려다보고 잔가지와 무성한 잎 없이 줄기만 있다는 것을 알고는 처음에는 당황스럽고 다소 실망했습니다.

그때 갑자기 어떤 목소리가 설명해 줍니다. '이것은 지탱하는 세 기둥입니다. 이것은 단지 준비일 뿐이며, 곧 큰 유리 지붕인 보호 돔을 지탱하게 될 것입니다.' 그 의미는 지붕이 다른 나무와 정말 4인치 정도 떨어져 있다는 뜻인 것 같았지만, 동시에 저는 이 거대한 보호 돔에 대한 안전과 편안함, 따뜻함과 충만함 등의 감정으로 가득 찼습니다."[105]

11장
사람

임신의 목표는 아이의 출생입니다. 따라서 태몽에서 태아의 원형상으로 사람이 등장하는 것은 자연스러운 현상입니다. 장차 실현될 현실을 그대로 드러내는 꿈을 '투시적인 꿈(clairvoyant dreams)'이라고 합니다. 대부분의 경우에 원형상은 아이로 등장하는데, 드물게는 성인일 때도 있습니다.

1. 한국인

태몽 303 TV에 출연하여 안은 아이

정민지 씨가 임신 중에 꾼 꿈입니다. 그녀는 임신 8개월쯤에 아이의 이름을 어떻게 지을지 고민하고 있었습니다.

"꿈에서 제가 아이를 데리고 TV에 출연했습니다. TV 화면 속 저는 아이를 안고 매우 행복해했어요. 화면에 자막으로 '즐거운 아가, ○○○'라는 문구가 지나갔습니다.

저는 잠에서 깨어나 남편에게 아기의 이름이 ○○라고 이야기하고는 다시 잠들었습니다. 태어난 아이는 딸입니다."

태몽 304 심폐소생술로 살린 아이

진명화 씨가 임신 중에 꾼 꿈입니다.

"이사 가게 될 산 중턱 집에서 방을 정하고 있었습니다. 작은 방이 마음에 들지 않아서 거실로 나왔는데, 아늑한 침대 소파에 앉는 순간 엄청나게 큰 거실이라는 사실을 알았어요. 한쪽 벽면은 통유리로 되어 있어, 바깥에서 햇빛을 받아 반짝이는 잔잔하고 광활한 푸른 바다를 볼 수 있었습니다. 저는 평안한 마음으로 한참을 바라보았습니다.

이후 산을 산책하다가 해변에 엎드려서 익사(?)한 것 같은 남자아이를 보았습니다. 저는 꺼림직해서 가까이 가기 싫었는데 주변 사람들이 권유해서 갔습니다. 그 아이를 보는 순간 왠지 살릴 수 있을 것 같아서 흉부를 압박하는 심폐소생술을 했더니, 그 아이가 물을 토하며 살아났습니다. 누군가에게 아는 아이라 살렸다고 전화로 알리면서 꿈에서 깼습니다. 태어난 아이는 아들입니다."

태몽 305 친정어머니 같은 분이 품에 안겨 준 아이

임신 중인 정신애 씨의 꿈입니다.

"아이를 낳기 한 달 전이어서, 당시 태중의 아이가 아들인 건 알고 있었어요. (꿈속 장소는) 단층으로 된 개인 주택이었고, 큰 창이 있는 거실 같은 장소였어요. 그곳에서 제가 아들을 낳게 될 상황이었지요. 친정엄마 같은 분이 강보에 싼 아이를 제 품에 안겨 주었습니다. 제가 아이를 내려다보니 머리카락이 시커멓게 빽빽이 있고 이마가 좁아 보였어요. 저는 순간 남편을 닮았다고 생각했습니다."

태몽 306 돌아가신 할머니가 전해 준 아기

전성조 씨가 아내의 임신 중에 꾼 꿈입니다.

"돌아가신 할머니가 아기를 안고 등장하여 저의 품에 전해 주었습니다. 출생한 아이는 딸입니다."

그의 아내가 추가로 덧붙인 말입니다.

"제 남편의 가족들은 돌아가신 할머니가 꿈에 나오면 성공하거나 돈을 벌게 해주신다고 믿고 있습니다."

태몽 307 전투에서 승리한 용맹한 장군

양명신 씨가 임신 중인 때 그녀의 친정아버지가 꾼 꿈입니다.

"꿈에 건장하고 용맹한 장군이 군사를 이끌고 세 번 전투에 나갔는데 세 번 다 승리했습니다. 그 장군이 마치 호랑이와 같았고, CG처럼 전쟁이 실감 나서 멋있었습니다."

양명신 씨가 덧붙인 내용입니다.

"친정아버지는 나이 드신 자신이 애들이나 꾸는 전쟁 영웅의 꿈을 꾼 게 이상하며 잊히지 않고 생생해서 태몽 같다며, 외할아버지인 자신이 태몽을 꾼 것을 신기해하셨어요. 장군 같은 아이가 태어날 거라고 굉장히 좋아하셨습니다."

2. 유럽인

태몽 308 결혼한 여성의 손에 키스한 왕자

멜리사(Melissa)는 임신 첫 주에 꿈을 꿉니다.

"많은 사람이 광장에 모여 있었어요. 사람들은 어떤 의식을 기다리고 있었습니다. 나는 사람들 뒤에 서 있었는데, 키 크고 잘생긴 남자가 광장 앞 높은 곳에 나타났습니다. 어떤 할머니가 저에게 다가와서 그와 결혼하라고 했어요. '아니요, 저는 이미 결혼했습니다' 라고 대답했어요. 그 할머니는 결혼을 요청한 남자가 이 나라의 왕자이며 내가 그의 신부가 되기를 원한다고 말했습니다. 그러고는 남편과 이혼하라고 요청했습니다. 결국 저는 잘생긴 왕자에게 가야 했어요. 죄책감이 들었지만 설레기도 했지요. 왕자와 나는 얼굴을 마주 보고 섰습니다. 왕자는 무릎을 꿇고 제 손에 키스했어요. 사람들은 환호를 지르며 우리를 축복해 주었습니다."[106]

태몽 309 다시 방문하여 데이트를 요청하는 왕자

멜리사는 첫 꿈을 꾼 직후에 또 다른 꿈을 꿉니다.

"왕자가 다시 나를 방문했습니다. 그는 나와 데이트하고 싶어 했습니다. 너무도 매력적인 사람이라 저는 죄책감을 느끼면서도 거절할 수 없었습니다. 저는 남편이 걱정되었습니다. '내가 다른 잘생긴 남자를 만난 걸 알면 남편이 너무 황당해할 거야.' 왕자와 나는 예쁜 연못이 반짝이는 시골로 갔습니다."[107]

이 꿈에서 왕자는 태아를 상징하는 원형상입니다. 그녀가 자신의 꿈을 제대로 해석할 수 있었다면 죄책감에 빠지지 않았을 것입니다.

태몽 310 발로 엄마 배를 차는 아이

소피아(Sofia)는 임신 34주 차에 꿈을 꿉니다.

"꿈에서 나는 부풀어 오른 배를 통해 아이의 발을 뚜렷이 느낍니다. 손으로 배를 쓰다듬었어요. 발가락 하나하나의 자취를…. 아이는 발로 점점 더 나의 배를 분명하게 찹니다. 아이의 전체 모습이 명확히 보였고, 내 배의 얇은 피부만이 아이를 꽉 지탱하고 있었습니다. 엄마한테도 보여 주고 싶었는데, 그때 살갗이 터지고 아이가 태어났어요. 나는 곧바로 아이를 품에 안았습니다. 아이는 곧바로 젖을 빨았습니다. 아이는 아름다웠고 나는 믿기지 않을 정도로 행복했습니다."[108]

태몽 311 자신을 해치지 말아 달라는 소녀

엘레나(Elena)는 아이의 출산 계획으로 매우 어려운 상황에 처했습니다. 아이 아빠, 자신의 어머니 그리고 거의 모든 가족이 그녀의 출산을 강하게 반대했기 때문입니다. 그녀는 건강 때문에 첫아이의 출산에 실패한 적이 있습니다. 그러던 어느 날 그녀는 꿈을 꿉니다.

"어린 소녀가 저에게 사랑한다고 말했습니다. 그 아이는 자신을 해치지 말아야 한다고도 말했습니다. 아이는 제가 희망하고 있는 여자아이 지나(Gina)와 매우 닮았습니다."

엘레나는 결국 제왕절개로 아이를 낳았습니다.[109]

태몽 312 모래놀이를 하는 파란 눈의 아이

릴리(Lily)는 계획에 없던 세 번째 임신을 했습니다. 그녀는 건강 문제로 낙태를 고민하던 중에 꿈을 꿉니다.

"저는 비포장도로에서 햇빛을 받으며 모래놀이를 하는 한 남자아이를 봅니다. 그 아이는 키가 크고 건강했으며 파란 눈을 가졌습니다. 꿈속에서 속삭이는 목소리가 들렸습니다. '이 아이가 바로 그 아이다.' 남편과 저는 무척이나 기뻤습니다. 아이를 낳기로 한 결정이 저의 존재 이유라고 느꼈습니다. 네, 그 아이는 크고 건강한, 파란 눈의 소년이었습니다."

이 꿈을 꾸고 나서 그녀는 낙태하지 않고 아이를 출산했는데, 건강한 파란 눈의 남자아이를 낳았습니다. 110

태몽 313 방 안으로 뛰어든 남자아이

35세인 오로라(Aurora)가 임신을 원했을 때 꾼 꿈입니다.

"남편과 제가 어두운 침실에 있는데, 문이 열리고 한 소년이 방으로 뛰어 들어왔습니다. 아이는 키가 크고 날씬했습니다. 아이는 방을 가로질러 걸었는데 아이가 살아 있다는 징표였습니다! 햇빛이 그 아이를 비추고 있었어요. 우리는 당황했습니다." 111

태몽 314 간호사가 품에 안겨준 아이

35세인 아멜리(Amelie)는 출산 예정일로부터 2주가 지나 아이를 낳았습니다. 그녀가 출산 직전에 꾼 꿈입니다.

"병원에 입원해 있자 간호사가 와서 아이를 제 품에 안겨 주었어요. 아이를 낳는 욕조가 있었는데 물은 깨끗했습니다. 갑자기 뱀이 욕조 안으로 들어갔습니다. 뱀은 처음에는 평평하고 투명했지만 곧 굳어져 나선형이 되었습니다. 저는 그 모양을 자궁에 있는 태아의 움직임과 비교하면서 흥미로워 했어요. 다른 사람들은 겁에 질려 뱀을 죽이고 싶어 했습니다. 저는 두려워하지 않고 침착하게 '뱀은 곧 사라지고 아무도 해치지 않을 것이다'라고 말했습니다."

이 꿈에 등장한 뱀은 태아가 아니라 탯줄을 상징합니다. 아멜리는 태아의 응급상황으로 인하여 제왕절개로 아이를 낳았습니다. 탯줄이 아이의 목을 두 번 감싸고 있었지만, 아이는 다치지 않고 건강하게 태어났습니다. 112

12장
보석·사물

1. 한국인

1) 보석

태몽 315 임산부에게 준 2개의 목걸이

민경진 씨는 혼전 임신으로 남편과 합치기 전, 친정집에서 살 때 꿈을 꾸었습니다.

"편안하고 친숙한 어떤 여자 어른이 나타났습니다. 친정어머니는 아니었던 것 같아요. 그분이 저에게 목걸이 2개를 보여 주셨는데, 하나는 분홍색, 다른 하나는 하늘색이었고 예쁘고 작은 하트 모양의 펜던트였습니다. 둘 중에 분홍색 목걸이를 저의 목에 걸어 주셨습니다.

그 이후 딸을 낳았고, 둘째는 아들을 낳았습니다. 이 태몽 이후인지 이전인지 기억은 나지 않지만, 하혈하여 첫아이를 유산할 뻔했으나 아이가 잘 버텨 주어서 40주 꽉 채워 출산했습니다. 제가 우울해서 아이가 어릴 때 감정을 잘 받아 주지 못했어요. 아이는 민감하고 자존감도 다소 낮았습니다. 지금은 열심히 학교생활을 하면서 잘 성장하고 있습니다."

태몽 316 보라색 보석이 박힌 금목걸이

정명화 씨가 첫째 아이 임신 중에 꾼 꿈입니다.

"작은 마을에 있는 강을 따라 걷다가 가게를 발견하고 들어갔습니다. 온갖 보석들을 파는 곳이었습니다. 보라색 보석이 박힌 아주 화려한 금목걸이를 목에 걸어 보았어요. 거울을 보니, 목걸이가 들어가다 말고 머리에 걸려서 원더우먼처럼 쓰고 있는 내 얼굴이 보였습니다. 신비롭고 설레는 기분이었어요.

당시에는 임신 10~16주 사이로 아이의 성별을 아직 모를 때였는데, 딸을 원하는 마음이 간절했습니다. 출산 당시에는 조금 힘들었지만 아이는 건강하게 태어났고, 잘 웃고 에너지가 많으며 밝답니다. 태어난 아이는 아들입니다."

태몽 317 품에 안은 옥구슬

구슬이 씨가 임신 중인 때, 남편이 꾼 꿈입니다.

"어떤 교실 교탁 위에 커다란 유리관이 있고, 그 안에 옥빛 구슬이 있었습니다. 교실 문을 잠그고 나오는데 남자 셋이 교실로 들어가는 것을 발견했어요. 나는 다시 교실에 들어가서 남자들이 그 옥구슬 유리함을 가져가지 못하게 비장한 마음으로 품 안에 안았어요. 태어난 아이는 딸입니다."

태몽 318 임산부가 고른 다이아몬드 귀걸이

정보영 씨가 임신했을 때 그녀의 친구가 꾼 꿈입니다.

"친구 정보영과 또 다른 친구까지 셋이 함께 고급 보석집에 갔습니다. 한 친구가 저에게 '야, 이거 이쁘다. 너한테 어울리겠다'라며 골동품 스타일의 귀걸이를 추천했습니다. 저는 예쁘다고 생각했는데 정보영이 보더니 '음, 별로야! 안 이뻐'라며 골동품 쪽은 들여다보지도 않았습니다. 보영이는 비싼 보석이 진열된 곳으로 가서 예쁜 것을 골랐다면서, 하얗고 크게 반짝이는 다이아몬드 귀걸이를 들고 계산대로 갔습니다.

저는 딸 태몽이라면서, 그 귀걸이의 보석이 무척 비싸고 반짝이는 것이었다고 임산부인 친구 정보영에게 얘기해 주었습니다. 그녀는 실제로 딸을 출산했습니다."

2) 사물·복주머니·초콜릿 등

태몽 319 대문에 걸려 있는 복주머니들
정가인 씨의 임신 중에 지인이 꾼 꿈입니다.
"대문에 알록달록한 복주머니들이 달린 줄이 걸려 있었습니다. 주위에서는 딸로 해석했습니다. 태어난 아이는 딸입니다."

태몽 320 집 안에 빼곡하게 걸려 있는 머리 방울
진교영 씨가 임신 중에 꾼 꿈입니다.
"친구가 선물을 준다고 하여 친구의 집을 찾아갔어요. 그 집 문을 여니 집 안에 행거가 있고, 그 행거에는 머리 방울이 가득 걸려 있었어요. 행거와 머리 방울이 너무 빼곡하게 있어서 놀랐답니다.

저는 머리 방울이 꿈에 나온 걸 보니 딸이라고 짐작했어요. 태어난 아이는 딸입니다."

천주교 수녀가 준 초콜릿도 태아의 원형상으로 나옵니다(태몽 75).

2. 유럽인

1) 보석

태몽 321 임산부에게 떨어지는 투명한 보석

34세인 프란체스카(Francesca)는 임신 21주 무렵에 꿈을 꾸었습니다. 당시 그녀는 어렵게 임신했습니다.

"폰 프란츠 박사와 나는 일종의 탑과 같이 생긴 오래된 건물에 함께 있습니다. 프란츠 박사는 융의 오래된 성탑에 있는 돌계단을 연상시키는 계단을 걸어 올라갑니다. 저는 아래층에 있는 종유석 동굴처럼 보이는 작은 방에 머물러 있습니다. 프란츠 박사가 위층에서 교회의 예배와 같은 무언가를 말합니다. 아이를 낳았다거나 어머니 여신과 관련된 이야기입니다.

종유석 동굴의 천장에서 투명한 보석이거나 보석과 같은 물이 나에게로 떨어집니다. 저는 깊은 감동을 받았습니다. 그것은 신성한 행사입니다."

이후 그녀는 제왕절개로 아이를 낳았습니다. [113] 프란츠 박사는 유럽 임산부의 꿈 연구를 주도한 분석심리학자이고, 융은 프란츠 박사의 스승으로 분석심리학의 창시자입니다. 융은 1923년 이후 스위스 취리히호숫가 볼링겐(Bollingen)에 있는 자신의 성탑에 거주했습니다. 이 꿈을 꾼 프란체스카는 융과 프란츠에 대해서 미리 잘 알고 있었던 듯합니다.

태몽 322 임산부가 받은 작은 반지

임산부인 이사벨(Isabel)의 꿈입니다.

"내가 바구니 모양의 침대 위에 누워 자고 있을 때였어요. 수염을 기른 나이 든 남자가 들어왔는데, 제가 알기로는 강도 두목이었습니다. 그는 테이블에 앉아 있던 다른 사람에게로 갔어요. 그러더니 저에게 다가왔어요. 저는 일어나서 함께 웃었어요.

그 늙은이는 저에게 말했습니다. '아이에게는 매우 이상한 점이 있습니다. 정말 빛이 납니다.' 그러고는 저를 번쩍 들어 제 옷에서 작은 반지를 꺼냈습니다. 그 순간 저는 손에 막대기를 든 젊은 양치기(그리스 목양신)를 보았습니다. 그에게서 작은 반지를 받았습니다. 금 조각으로 만든 반지에는 나뭇가지 모양으로 장식한 작은 심장이 있었어요. 그 노인은 그게 '고대 사제의 심장'이라고 말했습니다."

태몽 323 임산부의 품 안에 쏟아져 들어오는 보석들

36세인 레아(Lea)는 결혼 7년 차로 계획된 임신을 했습니다. 다음은 그녀의 꿈입니다.

"임신기간 동안 더 건강해지려고 마지막 비타민 주사를 맞기 위해 의사에게 가는 중이었어요. 낯선 한 남자가 내가 동전을 주차 미터기에 넣는 것을 도와줍니다. 그가 주먹으로 미터기를 두드리자, 슬롯머신에서 대박을 터뜨린 것처럼 갑자기 동전 더미가, 후에는 보석들이 내 품 안으로 쏟아져 들어오기 시작합니다. '다이아몬드, 에메랄드 등등!' 이것들을 차에 싣고 나자, 그것들이 가족용 자동차인 스테이션왜건으로 바뀌었어요. 의사가 마지막 주사를 놓고는 놀이공원에서 놀이기구를 타는 것처럼 병원에서 나를 돌리기 시작해요. 나는 웃음을 터트렸습니다."[114]

태몽 324 흑인 여성에게서 받은 다이아몬드

36세인 미나(Mina) 계획된 임신을 하고 임신 8주 차에 꿈을 꾸었습니다.

"지하철 아래층에 있었습니다. 한 젊은 흑인 여성이 저에게 다이아몬드를 줬습니다. 사람들이 훔쳐 갈까 봐 아무도 모르게 주머니 깊숙한 곳에 넣었습니다. 위층에 도착하고서 한결 안전해졌다고 느낍니다."[115]

태몽 325 상자 속 빛나는 보석

엘레나(Alenaa)는 계획된 첫 번째 임신을 하고 꿈을 꾸었습니다.

"큰불이 났어요. 저는 불 속에서 작은 상자를 주웠어요. 상자를 열자 빛나는 보석이 보였습니다. 그 보석들은 제 손에서 아름답게 빛났지요. 놀라운 경험이었습니다."[116]

2) 사물

태몽 326 가게에서 산 멋진 부츠

임산부인 마틸드(Matilde)의 꿈을 요약한 내용입니다.

"처음 장면에서 나는 남편과 함께 책을 쓰거나, 아마도 라틴어로 된 고대어를 번역하고 있습니다. 알프스에서 피는 커다란 노란 수술이 달린 꽃에 관한 과학적 연구였어요. (중략) 저는 다양한 꽃이 만발한 높은 산비탈을 따라 올라갔습니다. (중략) 신발 한 켤레를 사러 간 가게는 제가 자란 곳에 있었습니다. 나는 다소 우아하면서도 기이한 'Gigi 모델'과 멋진 부츠 한 켤레 사이에서 망설이다가 부츠를 직접 샀습니다. 그 부츠를 신고 집으로 왔습니다."[117]

13장
태아의 상징인 원형상의 변환

꿈을 꾸는 동안 우리 뇌는 무의식적 기억, 공포와 감정을 담당하는 편도체, 일화 기억을 담당하는 해마와 이미지를 만들어 내는 시각피질 등의 부위가 활성화됩니다.[118] 태몽을 꿀 때도 감정과 기억이 작용하는 이유이지요. 한편, 합리적인 판단을 담당하는 전두엽 부위는 이때 쉬게 됩니다. 하지만 자각몽의 사례를 보면 꿈을 꾸는 동안에도 전두엽 부위가 부분적으로 활성화되는 것으로 보입니다.

태몽을 꾸는 도중에 태아의 상징인 원형상이 변환(transformation)되는 경우가 있는데 그 이유는 이러한 감정과 사고, 무의식적 충동의 전환 때문으로 이해됩니다.[119]

1. 한국인

갑작스러운 원형상의 출현에 두려움이나 뜻밖의 놀람과 같은 감정을 덜 무서운 감정으로 전환함으로써 받아들이기 쉽게 하는 태몽 사례입니다.

태몽 327 돼지로 변한 검은 용

불교 신자인 정다은 씨는 임신 중에 꿈을 꿉니다.

"스님이 오셔서 검은 용이 나왔으니 보라고 하여 문을 나서는 순간 흑돼지가 달려와 제 품에 안겼어요. 태어난 아이는 아들입니다."

태몽 328 용으로 변한 선비

김승룡 씨의 태몽입니다.

"집 앞 전깃줄 위에 선비가 앉았다가 용이 되어 날아갔습니다."

이 태몽에서는 선비가 하늘로 날기 위해서 그에 합당한 원형상으로의 변환이 이루어지고 있습니다.

태몽 329 팔찌로 변한 용

금용진 씨가 임신하기 전에 꾼 꿈입니다.

"새파란 바다에서 날개 달린 용이 내게 날아오더니, 반짝거리는 팔찌가 되어 팔목에 스며들었습니다. 이어서 팔목이 반짝거리더니 원래의 피부가 되었어요. 처음에는 두려웠는데 나중에는 설렘과 편안함을 느꼈습니다.

아들이 태어났습니다. 대인관계가 원만하고 의지가 강한 아이로 성장하고 있습니다."

태몽 330 경찰에게서 받은 2개의 황금알

황금진 씨의 꿈입니다. 이 꿈도 사고의 전환이 이루어진 사례입니다.

"꿈에서 대한민국에 AI와 같은 조류병이 돌아서 모든 닭과 오리를 폐사한다는 뉴스가 흘러나오고 있었습니다. 제가 꿈속에서 살고 있는 아파트 안에는 닭 농장이 있습니다. 약간 외진 곳이라 들키지 않고 키우고 있었어요. 그런데 갑자기 경찰들이 아파트에 들이닥쳐서 닭을 죽여야 한다고 난리를 쳤어요. 그때 저는 아파트 단지를 걸어가다가 닭장을 지나가고 있었습니다. 경찰들이 닭장 주변을 에워싸고 있고 닭장 주인아저씨는 울면서 낫으로 닭을 죽이고 있었어요. 제가 직접 닭을 죽이는 장면은 보지 못했습니다. 닭들은 황금알을 낳으면서 도망 다니고 있었습니다. 이 닭들은 전염된 닭은 아니었어요.

그때 옆에 있던 여자 경찰이 임산부인 저를 보며 '황금알은 좋은 거니까 가져가요'라면서 황금알을 2개 주워서 줬어요. 금방 낳아서 뜨끈뜨끈하고 이물질이 약간 묻은 황금알 2개를 양손 집게손가락과 엄지손가락으로 쥐었습니다. 뜨끈한 느낌과 반짝이는 황금 때문에 기분이 좋았습니다. 저희 아파트에 도착해서 1층 공동현관 유리문을 딱 여는 순간, 신랑에게 '황금알이야!' 하고 말하려고 쳐다보니 황금알이 그냥 달걀이 되어 있었어요. 그래서 '오잉?' 하면서 깼네요.

임신 14주 차에 이 꿈을 꾸었어요. 저는 황금알이 2개(고환)라서 '아들인가?' 생각했는데 실제로는 딸이었습니다. 친정엄마는 앞으로 낳을 아이가 둘이 될 수도 있다고 하시면서 따뜻하고 반짝이는 느낌 자체가 중요하다고 했어요. 제가 황금알이 그냥 달걀이 되어 이상하다고 했더니 '깨끗하게 씻기고 진짜 닭이 될 수 있는 달걀이 됐다'는 뜻이 아니겠냐고 하셨어요. 주변 지인들은 황금알이니 똑똑하고 빛나는 사람이 되는 거 아니냐고 말해 주었습니다."

태몽 331 뱀으로 변한 트로피

태몽 주인공인 은한별 씨의 아버지가 꾼 꿈입니다.

"마라톤 경주 대회에 나가서 여러 역경을 딛고 결국 우승 트로피를 거머쥐었습니다. 하늘 위로 손을 뻗어 그 트로피를 들어 올린 순간 트로피가 뱀이 되었습니다. 태어난 아이는 딸입니다."

2. 유럽인

태몽 332 여자아이에서 변한 강아지

임산부인 사라(Sarah)는 같은 꿈을 여러 번 꿉니다.

"나에게 어린 여자아이가 있었습니다. 그런데 그 아이는 남아였어야 했기 때문에 잘못되었습니다. 그 여자아이가 개로 변합니다."

사라는 아들을 낳고 싶었지만 꿈에 딸이 등장하자 걱정합니다. 사라는 평소에 개를 좋아했는데, 그녀가 좋아하고 받아들이기 쉬운 원형상으로 전환이 이루어진 것입니다. [120]

태몽 333 개미에서 변한 강아지

임산부인 앤(Anne)의 꿈입니다.

"샤워를 하고 있는데 갑자기 투명한 플라스틱 자루가 제 몸에서 나왔습니다. (중략) 투명한 자루는 개미같이 작고 검은 물체로 가득 차 있는 것 같았어요. (중략) 제 팔을 올려다보니 양쪽 팔에 거머리가 매달려 있는 것 같았습니다. 저는 계속 잡아당겨서 한 마리만 빼고 모두 하수구로 내보내는 데 성공했습니다. 피곤했지만 안도했습니다.

하지만 거머리 한 마리가 자라기 시작했습니다. 살색이었고 작은 물개처럼 보였어요. 젖어 있었는데, 마르고 나니 몰티즈 강아지처럼 보였습니다. 처음에는 충격을 받았지만 개미, 거미, 물개가 아니라 어릴 적에 친숙했던 강아지라는 사실에 안도했습니다."[121]

태몽 334 임산부가 바라는 파란 눈의 아이

임산부인 아멜리아(Amelia)는 꿈을 꿉니다.

"저는 출산을 앞두고 있어요. 남자아이가 태어났지만 제 아들이 아닌 게 분명했어요. 저의 할아버지가 나타나서 말씀하셨습니다. '이 아이는 네 아이가 아니다. 왜냐하면 이 아이는 남자아이이고, 파란 눈의 혈통을 이어 가야 할 것이기 때문이란다.'"[122]

14장
쌍둥이 태몽

1. 한국인

태몽 335 한 쌍의 명품 구두

명진선 씨가 자신의 임신 사실을 몰랐던 때 꾼 꿈입니다.

"다니던 회사의 기숙사에 굽이 매우 높고 금실로 별이 수놓아진 명품 구두 한 쌍이 있는 거예요. 저게 내 것이라는데 '내게 저런 고급 구두?'라는 생각이 들었어요. 저는 낮은 굽만 신거든요. 그런데 구두 굽이 너무 높고 화려했어요.

기분은 무척 좋았죠. 뭔가 좋은 일이 생길 것 같은 느낌이었어요. 확인해 보니 남매 쌍둥이를 임신했더군요. 조산 위험도 있었는데, 친정과 시댁, 신랑의 극진한 보호 아래 건강하게 출산했습니다. 아이들은 잔병치레 없이 잘 자라고 있어요. 특히 친정과 시댁 조부모가 모두 살아 계셔서 조부모의 사랑을 많이 받고 있답니다."

태몽 336 임산부가 훔친 자몽

임산부인 두경희 씨의 꿈입니다.

"등대가 있는 깨끗하고 맑은 바다의 굽이진 만에 큰 배가 정박해 있었어요. 하얀 모래사장에 수입한 자몽이 거대하게 쌓여 있어서 자몽 하나를 훔쳤습니다. 집에 가져와 벗겨 보니 쌍둥이 밤처럼 자몽 속이 갈라져 있더군요. 꿈속에서도 '임신 중인데 쌍둥이 출산인가?' 하고 걱정했어요. 실제로 딸 쌍둥이가 태어났답니다."

이 태몽은 꿈을 꾸고 있다는 사실을 스스로 자각하고 있는 자각몽이기도 합니다.

태몽 337 어느 할아버지가 건네준 바다사자와 복숭아

김진희 씨는 시험관으로 쌍둥이를 임신했습니다. 병원에서 쌍둥이임을 확인받은 후 16주 차가 될 즈음, 성별을 확인하는 검진을 하러 가기 전날 꾼 꿈입니다.

"어떤 할아버지가 손수레를 끌고 가시는데, 그 손수레의 반은 커다란 흑갈색 바다사자 한 마리가 차지하고 있고, 나머지 반에는 복숭아가 가득 실려 있었어요. 그 손수레를 저에게 주셔서 받았어요.

제가 아이들 성별을 보러 가기 전이었지만, 저는 그 꿈이 남녀 쌍둥이를 나타내는 태몽이라고 생각했어요. 이후에 병원에서 남매임을 확인했습니다. 이 꿈을 꾸고 난 후에 확신 같은 감정이 생겼고 신기했습니다. 아이들은 건강하게 잘 자라고 있답니다."

태몽 338 가게 주인이 준 2개의 장난감

친정어머니가 꾼 꿈을 정연화 씨가 임신 중일 때 듣고 얘기해 주었습니다.

"가끔 친정어머니가 저에게 전화해서 말끝마다 무슨 소식이 없느냐고 물어요. 당시에는 제가 임신 사실을 얘기하지 않았어요. 그때마다 어머니는 말끝을 흐리더군요. 시일이 조금 지난 후에 임신 사실을 얘기했죠. 어머니는 '아! 내가 그런 꿈을 꿔서 쌍둥이를 임신했나 보다'라고 하면서 이야기를 했어요.

꿈에 어머니가 장난감 가게에 갔는데, 가게 주인이 장난감 2개를 주었대요. 장난감 둘이 똑같아서 처음에는 받고 싶지 않았답니다. 그런데 가게 주인이 자꾸 권해서 할 수 없이 똑같은 장난감을 2개 받아 왔대요.

친정어머니는 자기가 그런 꿈을 꾸어서 쌍둥이를 갖게 되었다며 저에게 미안해했어요."

다음은 필자가 정연화 씨에게 해석해 준 내용 중 일부입니다.

"친정어머님이 미안해할 일은 아닙니다. 딸이 쌍둥이를 임신해서 친정어머니가 쌍둥이 태몽을 꾼 것이지, 친정어머니가 그러한 꿈을 꾸어서 딸이 쌍둥이를 임신한 것이 아니랍니다."

태몽 339 열 손가락에 낀 금반지들과 활짝 핀 꽃들

친정어머니가 꾼 꿈을 손민희 씨가 임신 초기일 때 듣고 얘기해 주었습니다.

"제가 열 손가락 다 금반지를 잔뜩 끼고 있었대요. 반지를 너무 많이 끼고 있어서 왜 이리 많은지 생각하며 보고 있었다고 합니다."

손민희 씨도 또 다른 꿈을 꿉니다.

"색색으로 활짝 핀 꽃이 주변에 드넓게 피어 있었습니다.
주위 분들은 이 꿈들이 태몽이며 여자아이를 출산할 거라고 했습니다. 실제로 쌍둥이 자매를 낳았어요."

필자는 그녀에게 태아의 상징인 원형상이 다수 나타난다고 해서 반드시 쌍둥이 꿈을 의미하는 것은 아니라고 말해 주었습니다.

김양숙이 조사한 쌍둥이 원형상의 유형은 다음과 같습니다.[123]
'임산부가 붙잡은 두 마리의 유니콘, 친정아버지가 뿔을 붙잡은 두 마리 황소, 각각 두 마리의 호랑이·자라·구렁이, 임산부의 다리를 문 두 마리 뱀, 임산부가 안아서 먹이를 준 멧돼지 두 마리, 임산부가 받은 독수리와 꽃다발, 임산부가 조카딸에게 빼앗기지 않은 쌍가락지, 임산부가 두 장의 도화지에 그린 예쁜 정물화와 추상화, 임산부가 두 토막으로 잘라 먹은 옥수수, 시어머니가 선물로 받은 커다란 2개의 감자, 돌아가신 시아버지가 준 2명의 아이, 남편이 받은 2개의 오이' 등입니다.

2. 유럽인

태몽 340 임산부가 낳은 쌍둥이

임산부인 사라(Sara)의 꿈입니다.

"아기를 낳았는데 쌍둥이였어요! 아름답고 완벽하고 건강한 쌍둥이였지요. 저는 두 번째 바구니를 들고 두 아이를 싸서 재웠습니다. 신기할 정도로 기분이 들떠 있었고, 자랑스러움과 기쁨도 있었지만 다시 날씬해지고 움직일 수 있게 되었다는 사실에 기분이 고조되었습니다. 나는 달리거나 뛸 수 있고, 심지어 샘물을 다 마실 수도 있게 되었지요."[124]

태몽 341 임산부에게 보이는 쌍둥이

38세의 임산부인 레베카(Rebecca)의 꿈입니다.

"병원에서 출산하는데 정말 많이 설렙니다. 아기가 막 나오려고 하는데, 갑자기 그 뒤에 더 작고 연약한 두 번째 아기가 보여요. 쌍둥이였어요! 하지만 우리는 '한 아이'만을 맞이할 준비를 했었습니다."[125]

15장
임신 사실의 전달자

태몽에서는 임신을 예고하거나 임신 사실을 알려 주는 전달자가 등장하기도 합니다. 태몽을 해석하는 데 있어서 태아와 전달자의 원형상을 혼동하지 말아야 합니다.

신화에서는 신이나 신의 대리인인 천사 등이 전달자로 등장합니다. 융은 전달자로 노현자(old sage)를 말합니다. 이 현자는 마법사, 의사, 사제, 교사, 할아버지 또는 어떤 권위 있는 특정한 인물이 되기도 합니다. 때로는 난쟁이나 동물의 형상으로도 나타나는 이들 원형상은 자신이 가진 방법으로는 문제를 어찌할 수 없어 통찰, 이해, 충고, 결정, 계획 등이 필요한 상황에서 등장합니다.[126]

한국인의 태몽에는 신인이나 백발 도사, 삼신할머니, 고인이 된 조상 등이 등장합니다. 또한 살아 있는 조상, 친척, 최고 권력자, 심지어 낯선 사람이나 동물도 전달자의 역할을 합니다. 필자가 조사한 총 305건의 태몽 중 14%인 44건에서 태아의 임신을 전달하는 메신저가 등장했습니다.

1. 한국인

한국인들의 태몽 속 전달자는 주로 다음과 같은 유형으로 등장합니다.

첫째, 신 혹은 신의 대리자나 신화 속의 인물입니다. 통일신라시대 고승인 원랑선사의 어머니에게 천인(天人)이 연꽃을 내려 줍니다(태몽 4), 신사임당에게는 선녀가 옥동자를 건네줍니다(태몽 3). 현대인의 태몽에도 선녀가 등장합니다(태몽 8). 삼신할머니가 나타나서 복숭아를 따 먹을 수 있는 나무의 위치를 알려 주거나(태몽 69), 사과를 전달해 주기도 합니다(태몽 18). 어떤 임산부는 자신이 씨감자를 훔치는 데 도움을 준 인물이 삼신할머니와 동자신이라고 믿습니다(태몽 287). 때로는 신선이나 산신령과 같은 할아버지가 나타나서 아이를 안겨 주기도 합니다(태몽 68).

둘째, 종교적 권위를 가진 스님이나 천주교의 수녀도 등장합니다. 스님이 임산부에게 곡식과 물을 주거나(태몽 70), 스님이 대문에 나타나서 용이 나왔으니 와서 보라고 말합니다(태몽 327). 수녀가 초콜릿이 들어 있는 바구니를 전달해 주기도 합니다(태몽 75).

셋째, 돌아가신 조상이 전달자로 나타납니다. 조상들이 임산부와 가족을 지키고 보호해 준다는 믿음 때문인 것으로 보입니다. 돌아가신 외할머니가 황소를 전달해 주거나(태몽 165), 돌아가신 친정아버지가 나타나서 산에 올라가라고 다그쳐 임산부가 참새를 만나게 해줍니다(태몽 200). 돌아가신 시어머니가 나타나 은행나무를 가리키며 자신이 임산부에게 주는 선물이라고도 말합니다(태몽 290). 또 다른 태몽에서는 임산부의 남편에게 돌아가신 할머니가 나타나 아이를 전달해 줍니다(태몽 306).

태몽 342 돌아가신 시아버지가 건네준 자두

성화영 씨가 임신 중에 꿈을 꾸었습니다.

"어느 날, 임신 중에 남편과 함께 시댁을 방문했습니다. 식사 후 거실에 누워 낮잠을 잤어요. 꿈속에서도 나는 같은 장소에서 낮잠을 자고 있었습니다. 돌아가신 시아버지께서 검정 실루엣으로 나타나시어 현관문을 열고는 '아가~' 하면서 저를 부르며 들어오셨어요. 아버님은 손에 든 검정 비닐봉지를 시누이에게 건넸습니다. 시누이가 자두를 씻어 접시에 담아 왔어요. 제가 자다 깨어 일어나서 켜켜이 쌓인 자두들을 보니 크고 예쁘고 싱그러웠는데 그중 하나가 유독 속까지 보이고 탐스러웠어요. 아버님은 키가 크고 덩치가 있어 보였고, 저에게 다정하셨고 따뜻하셨어요. 제가 '아버님, 너무 맛있어 보여요' 하고 그 자두를 집어 들었어요.

잠에서 깬 후 남편과 시어머니에게 꿈 얘기를 했습니다. 남편은 자기 아버지가 한 살 때 돌아가신 후 사진을 본 적도 없고, 한 번도 아버지 꿈을 꾼 적이 없다며 신기해했어요. 시어머니께서 꿈속 아버님의 모습을 물어보셔서 키가 크고 덩치가 있었다고 하니, 실제로도 키가 크고 덩치가 좋으셨다고, 아버님이 맞는 것 같다며 좋아하셨습니다."

넷째, 현실에서 살아 계신 조상도 전달자로 나옵니다. 친정어머니가 임산부에게 예쁜 반지를 끼워 보라고 합니다(태몽 81). 친정아버지가 임산부의 호주머니에 거북이를 넣어 주기도 하고(태몽 91), 곰과 함께 누워 있음으로써 임산부가 두려워하지 않도록 도움을 주기도 합니다(태몽 187). 시어머니가 금두꺼비를 보여 주거나(태몽 111), 말들의 고삐를 넘겨주기도 합니다(태몽 166).

태몽 343 친정어머니가 안고 들어온 호랑이 세 마리

최시호 씨가 임신 전에 꾼 꿈입니다.

"친정어머니가 새끼 호랑이 세 마리를 안고 집으로 들어오셨어요. 햇살은 밝고 영롱했습니다. 그 호랑이들이 너무 귀여워서 쳐다봤지요.

꿈을 생생하게 기억합니다. 주위에서는 태몽이라고 해석했어요. 지금까지 태어난 아이는 둘로 모두 딸입니다."

다섯째, 때로는 남편이 전달자로 등장하기도 합니다. 예를 들면 남편이 쌀가마니를 들고 집에 옵니다(태몽 261).

태몽 344 남편이 전달해 준 구렁이

이신아 씨가 임신 중에 꾼 꿈입니다.

"집에서 남편과 둘이 있었어요. 남편이 엄청나게 크고 윤기 있게 검은빛이 도는 구렁이를 쩔쩔매면서 저에게 주었습니다. 그 구렁이가 갑자기 저의 치마 밑으로 쑥 들어와서 놀랐습니다. 태어난 아이는 딸입니다."

여섯째, 친척이나 지인도 전달자로 등장합니다. 안사돈이 임산부의 친정어머니에게 크고 탐스러운 무를 전달해 줍니다(태몽 289). 남편의 친구가 임산부에게 목걸이를 건네주고(태몽 49), 과거에 다녔던 직장의 직원이 임산부의 친정엄마에게 사과를 건네줍니다(태몽 273).

일곱째, 특정 분야의 전문가나 낯선 사람이 전달자로 등장하기도 합니다. 시골 의사가 임산부의 남편에게 태아의 초음파 사진을 보여 주고(태몽 394), 농부가 쌀을 전달해 주거나(태몽 260), 뱃사공 노인이 숭어를 전달해 줍니다(태몽 242). 여성 경찰이 임산부에게 황금알을 주워 주고(태몽 330), 어떤 할아버지는 바다사자와 복숭아를 건네줍니다(태몽 337). 친정어머니 같은 분이 아이를 품에 안겨 주고(태몽 305), 어떤 여자 어른이 2개의 목걸이를 주기도 합니다(태몽 315).

태몽 345 누군가가 안겨 준 고양이

백화영 씨가 임신 전에 꾼 꿈입니다.

"꿈속에서 고양이를 입양하기로 마음을 먹었어요. 누군가가 하얀 고양이를 제 품에 안겨 주었습니다. 고양이가 얌전히 안겨 있는데 털이 뻣뻣했어요. 저는 고양이를 건강하게 해줘야지, 마음을 먹고 주변에 자랑했습니다."

여덟째, 일부 태몽에서는 당시의 대통령이나 최고 권력자가 등장합니다. 예를 들면 대통령이 임산부에게 꽃바구니를 만들어 줍니다(태몽 255).

태몽 346 임산부를 격려한 최고 권력자

송진명 씨의 꿈입니다.

"당시 우리나라의 최고 권력자가 나타나서 내 아내를 격려해 주었습니다. 태어난 아이는 아들입니다."

아홉째, 때로는 동물이 전달해 주기도 합니다. 고구려 동명왕 신화를 보면 알로 태어난 주몽 동명왕이 부여의 금와왕에게 버려졌을 때, 짐승들이 그를 피해서 가고 뭇 새들은 날개로 감싸 줍니다. 이때 새는 신성한 자의 수호자를 상징합니다. 또 부여에서 도망치던 주몽이 도중에 비둘기로부터 보리 씨를 전달받습니다. 이 비둘기는 주몽의 어머니인 유화 부인이 보낸 새로서, 이때 새는 사자(전달자)를 상징합니다.[127] 고대인들에게 새는 신과 지상의 인간을 연결해 주는 매개체였습니다. 신화나 전설에서 새는 신의 메시지를 전달해 주는 동물이었지요. 이러한 꿈에서는 하얀 새가 임산부에게 꽃 화환을 던져 주거나(태몽 19), 참새가 임신 전 여성의 배꼽에 씨앗을 넣어 주기도 합니다(태몽 201).

고구려를 건국한 고주몽 신화에는 쫓기던 주몽이 강을 건널 수 있도록 도와준 동물로 거북이가 등장합니다. 이때 거북이는 상서롭고 좋은 일을 예고하는 전달자가 됩니다. 예를 들면 꿈에 거북이가 나타나서 임산부에게 알을 2개 건네 주기도 합니다(태몽 142).

태몽 347 거북이가 맡긴 아이

장수영 씨가 임신 초기일 때 새벽녘에 꾼 꿈입니다.

"상당히 깊은 바다의 작은 바위들이 흩어져 있는 데서 사람들이 수영을 하거나, 바위에 기대 물에 떠 있는 모습을 보았어요. 나도 바위를 잡고 바다에 떠 있어서 조금 불안한 기분이었는데, 바다 저쪽에서 작은 바위섬이 움직여 내게로 다가왔습니다. 가까이 다가온 모습을 보니 거대한 거북이였습니다. 거북이의 등에는 한 아기가 앉아서 날 보고 있었고, 거북이는 그 아이를 내게 맡긴다고 했습니다. 기쁘고 설레는 기분이었어요.

아들을 순산했습니다. 순하고 붙임성 좋으며 적응력이 강한 아이로 자라고 있답니다."

2. 유럽인

유럽인의 태몽에도 천사나 성인이 임신 또는 생명의 탄생을 알리는 전달자로 등장합니다.

태몽 348 천사가 전해 준 메시지

엘사(Elsa)는 임신하기 몇 달 전에 꿈을 꿉니다.

"저는 부엌에서 탁 트인 남쪽 하늘을 바라보고 있습니다. 눈부시게 푸른 하늘로 거대한 '비행체'가 다가오고 있어요. 그 모양은 비행기와 비슷하지만 새처럼 하얗게 빛나고 조용하며, 거대한 형태의 흰 비둘기처럼 생겼습니다.

이 이미지, 푸른 하늘에 떠 있는 모습은 매우 광채가 납니다. 나는 넋을 잃고 서서 아름답게 빛나는 새가 무엇을 가져다줄지 기다리며 마음을 활짝 열었습니다. 그 새가 나를 향해서 오고 있다는 것을 알았고, 나를 통해 곧장 들어와서 집을 산산조각 낼 것도 알았습니다. (중략)

갑자기 두 전달자가 내 옆에 서 있습니다. 금빛 곱슬머리를 가진 젊은이들입니다. 나는 그들이 천사이며 비행체에서 내렸다고 추측합니다. 그들은 함께 말합니다. '우리는 당신에게 메시지를 전하러 왔습니다.' 나는 내용을 종이에 적습니다. 그것은 '글록케(종 항아리)'였고, 그 메시지는 '종이 울렸다'라는 것이었습니다. (중략) 나는 그 뜻을 '당신의 시간이 왔다'라는 의미로 받아들였고, 다른 세계에서 온 그 메시지에 큰 의미를 부여했습니다."[128]

태몽 349 젊은 남자가 선물한 꽃

에밀리아(Emilia)는 어려운 상황에서 한때 낙태를 결심했었습니다. 그녀는 22세에 결혼했는데, 결혼한 날부터 임신을 원했습니다. 다음은 그녀가 꾼 꿈입니다.

"결혼식을 올리고 3주 후, 이사한 새집에 있었어요. (중략) 초인종이 울려서 나가 보니, 밖에 한 젊은 남자가 매우 크고 비싼 꽃을 담은 상자를 들고 서 있었지요. 그가 나에게 물었습니다. '당신이 에밀리아 씨입니까?' 그래서 '네, 그렇습니다' 하고 대답하자 남자가 나에게 그 상자를 건네주었어요. 나는 매우 놀라서 누가 나에게 꽃을 보냈는지를 물었습니다. '누가 보냈나요?' 그러자 그는 미소를 지으며 상자에 붙어 있는 봉투를 향해 손짓했어요. 내가 작은 봉투를 열어 보자 카드에 '새로운 생명의 사랑으로'라고 적혀 있었어요.

저는 매우 흥분해서 상자를 집 안으로 가지고 들어가, 어두운색의 19세기 네모난 마호가니 테이블 위에서 열었습니다. 상자 안에는 커다란 흰 국화 네 송이가 들어 있었어요. 나는 국화를 꺼내어 꽃병에 넣고, 의도적으로 네모난 탁자의 중앙에 정확히 꽃병을 놓았어요. 상자를 배달해 준 청년과 함께 미소를 지으며 멋진 하얀 꽃들을 아주 기쁘게 바라보았습니다. 그와 작별 인사를 마치고 침실로 달려가 남편에게 전화를 걸었어요. 우리에게 도착한 꽃 얘기를 해주었습니다."[129]

16장
숫자로 본 원형상의 유형별 등장 횟수

필자가 조사한 305건 중 태아의 상징인 원형상이 드러난 태몽은 301건으로 전체의 99%에 달합니다. 즉, 태몽에서 원형상이 등장하면 매우 높은 확률로 임신이 됩니다.

원형상의 유형을 보면 동물이 174건(57%)으로 제일 많고, 과일을 포함한 식물이 62건(20%), 보석 등 사물이 30건(10%), 해·별·물·불 등 천체·자연이 20건(7%), 사람이 15건(5%)입니다.

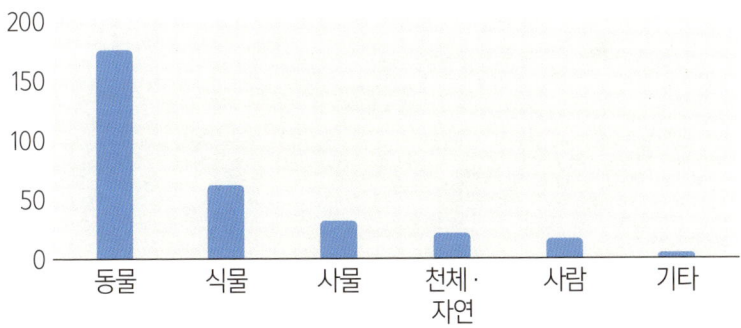

〈표 6〉 태아 원형상의 유형별 등장 횟수

자료: 국경복, 〈태몽현상을 통한 임신·출산·성별예측에 대한 통계검증〉, 《미래연구》 8권 1호, 2023, p.40 참조.

원형상이 등장하지 않았는데도 임신이 된 4건의 사례는 다음과 같습니다.

첫째, 꿈에 안방에서 쉬려고 들어온 임산부와 그녀의 남편에게, 갑자기 방 장롱에서 나타난 천사가 '뭐 하려고 들어왔니?'라고 묻자, 임산부가 너무 놀라서 깨어나 꿈이 중단되었습니다.

둘째, 임산부가 당시 직장과 건강상 이유로 임신을 기대하기 어려운 상황이었는데, 꿈에 경마장에서 복권이 당첨되었다고 주위 사람들이 환호성으로 축하를 해주고 본인도 함께 기뻐한 꿈입니다. 집단무의식이 아닌 개인무의식의 소원성취 욕구가 드러났습니다.

셋째, 임산부가 임신 중일 때 트럼프 대통령과 김정은 위원장이 만나는 꿈으로 태몽현상의 정의에 맞지 않아 이 책에서는 제외했습니다.

넷째, 당시 최고 권력자가 꿈에 나타나 단순히 임산부를 격려만 해주었습니다.

참고로 이양숙이 조사한 228건의 태몽에 등장한 원형상도 동물이 제일 많고(54%), 두 번째는 식물(24%)입니다. 이어서 사람(6.5%), 보석(6%), 기타(6%), 자연현상(3.5%) 순입니다. [130]

6부
태몽은 임신·성별과 출산 여부도 암시하나요?

개인의 상황을 모른 채 꿈을 정확하게 해석하는 것은
운을 기대한다면 모르지만 불가능한 일이다.

- 칼 융

1장
태몽이 있으면 임신인가요?

1. 아이들은 모두 자신의 태몽이 있나요?

반드시 그런 건 아닙니다. 2023년 여름, 둘째를 임신 중인 분을 만났습니다. 필자는 그녀의 첫째 딸 태몽을 해석해 준 적이 있습니다.
"임신 중인 둘째 아이도 태몽이 있나요?"
필자의 질문에 그녀는 다소 침울한 표정을 지었습니다.
"지금까지 없었어요."
"모든 아이가 태몽을 가지고 태어나는 것은 아닙니다."
필자가 대답했습니다.
앞에서 태몽은 인생의 중요한 단계에서 거치는 통과의례에 속한다고 했습니다. 하지만 임산부, 남편이나 친척 등이 아이의 태몽을 반드시 꾸는 것은 아니기에 태몽이 반드시 거쳐야 하는 필수적 통과의례인 것은 아닙니다.
1970년 초, 아이를 잉태했거나 키우는 부인 912명을 대상으로 태몽의 존재 여부를 조사한 연구가 있습니다. 이들 중 70명은 태몽이 없었다고 응답했습니다.[1] 결론은 이렇습니다. 태몽이 없다는 것이 태어날 아이에게 미안해할 일은 아닙니다. 또한 태몽을 꾸지 않았다고 해서 그 사실이 아이의 장래에 어떤 영향을 미치는 것도 아닙니다. 태몽이 있다면 인생을 보다 풍요롭게 살 수 있는 요인이 더 추가 되는 것이라고 생각합니다.

2. 태몽은 임신을 100% 보장하나요?

필자의 조사에 의하면 '그렇다'가 답입니다. 여기에는 몇 가지 선결 요건이 있습니다. 먼저, 꿈이 태몽인지 다른 예지몽인지를 판단할 수 있어야 합니다. 예를 들면 1부 7장에서 소개한 3건의 돼지에 관한 예지몽 중 한 사례만 태몽이었습니다.

다음은 1971년 백제 25대 무령왕릉 발굴에 관한 일화입니다. 당시 공주박물관장이었던 김영배는 무덤을 발굴하기 직전에 꿈을 꿨는데, 멧돼지가 나타나 자신을 들이받자 크게 놀라 잠에서 깨어났습니다.[2] 그는 부인에게 '늦둥이를 보는 거냐?'라는 농담도 했습니다. 꿈에 나타난 멧돼지와 이 동물의 행동을 통해 태몽으로 추측한 것입니다. 그가 발굴한 무령왕릉 안에는 악귀를 쫓고 죽은 자를 지킨다는 진묘수라는 상상의 동물이 있었는데, 그 모습이 멧돼지와 상당히 닮았다고 합니다.

또 다른 사항으로 임산부가 임신 전에 꾸는 꿈에 관한 판단입니다. 임신 극초기 단계에선 임산부 자신도 임신 사실을 알지 못하고, 태몽을 꾸고 나서야 임신 사실을 확인하는 일도 있습니다. 다음 요건에 맞으면 태몽일 가능성이 매우 큽니다. 첫째, 꿈을 꾼 분들 주위 가족이나 지인 중에 임신 가능성이 있는 여성이 있어야 합니다. 둘째, 꿈에서 태아의 상징인 원형상이 드러나야 합니다. 셋째, 태몽은 강렬하고 생생하여 깨어나서도 오랫동안 기억되는 경향이 있습니다.

3. 태몽을 꾸고 얼마나 기다려야 임신이 되나요?

태몽은 어느 때 임신으로 실현이 될까요? 임신 중에 꾼 꿈은 태몽인지 아닌지를 쉽게 판단할 수 있습니다. 문제는 임신 전에 임신을 예고하는 태몽을 꾸었는데, 실현 시기에 대한 아무런 단서도 없는 경우에는 자신이 꾼 꿈이 태몽이라는 확신을 하기 어렵습니다.

할아버지가 태몽을 꾼 지 2년이 지난 후에 손자가 출생한 사례도 있습니다.

태몽 350 식탁 의자에 앉아 있는 손자

진수영 씨의 시아버지는 2018년 5월경에 꿈을 꾸었습니다.

"나의 아파트에서 손자, 형제 모두가 식탁 의자에 앉아 있고 내가 큰 손자에게 무엇인가를 떠먹였습니다. 그때 둘째 손자가 '할아버지, 나도 먹을래'라고 했습니다.

이후 2년 지나서 손자가 태어났습니다."

성다경 씨도 임신하기 약 10개월 전에 태몽을 꾸었습니다(태몽 11).

2장
태몽은 출산도 보장하나요?

1. 이하늬 씨, '어머, 이건 한번 해봐야 돼!'

생명의 탄생은 아이에게는 새로운 세상의 문이 열리는 일입니다. 그러면 아이의 탄생이 엄마에게는 어떤 의미로 다가올까요? 탤런트 이하늬 씨는 임신을 진정한 어른이 되는 과정이라고 합니다. "어머, 이건 한번 해봐야 돼!"라고 그녀는 말하면서 주변에 임신을 추천하는 전도사가 되었습니다.

이하늬 씨는 말합니다. "임신은 여자의 특권이다. 무서워하지 말고 한 몸에 심장이 뛰는 신비를 느껴 보라. 살면서 내가 이것보다 완성도 있는 일을 할 수 있을까 싶다. 한 인간을 씨앗으로 태아로 완전한 아이로 배 속에서 키워 내보내는 과정은 하늘이 주신 사명이다. 임신 전과 출산 후 삶의 포인트 뷰(관점)가 완전히 바뀌었다."

그녀는 임신과 출산 과정에서 태아의 장애 가능성 때문에 낙태 수술 준비까지 한 적이 있습니다.

"원래 건강했는데 대학병원에서 유전자 추적 검사를 했으면 좋겠다고 연락이 왔다. 노산이라 검사를 더 많이 했다. 임신 18주였는데 아이 얼굴도 보지 않았지만, 모성애가 움텄었나 보다. 진료실 문을 닫고 완전히 무너졌다. 쓰러질 정도였다. 양수 검사를 하고 결과를 기다리는데 무슨 정신으로 있었는지 모르겠더라. '제 배 속에 있는 생명을 불쌍히 여겨 주세요'라고 매일 기도했다. 아픈 자녀를 가진 부모의 마음을 깨달았다. 잠도 못 잤다"라며 눈물까지 쏟았습니다. 다행히 양수 검사 결과는 음성이었습니다.

"중간에 제가 음성이고 아이도 안전하다는 연락을 받았다. '너무 감사하다'는 마음보다 양성 판정을 받았을 엄마와 아이들이 생각났다. 그러니까 마냥 감사할 수 없더라. 부모가 되면 어른이 된다고 하지 않나. 제 아이는 죽음에 있다가 삶으로 나왔을 수 있고 장애를 가질 수 있었음에도 건강하게 태어났다. 그냥 '우리는 주신 아이를 맡아서 기를 뿐'이라고 상기시킨다. 몸으로 생명의 신비를 겪는 게 신계와 인간계의 중간에 있는 것 같다. 내가 동물인가 싶으면서도 신계에 있는 느낌이다"[3]라면서 그녀는 말을 끝맺었습니다.

2. 태몽은 출산을 100% 보장하나요?

거의 대부분은 출산으로 이어집니다. 특히 의료기술이 잘 발달한 한국 사회의 현실을 고려하면 출산 확률은 매우 높습니다. 그럼에도 태아의 원형상과 임산부 혹은 꿈을 꾼 이와의 긍정적 상호 작용은 원만한 출산을 암시하며, 분리·이탈 등 부정적 상호 작용은 태아의 유산을 의미하거나 출산하더라도 부모와 사별 또는 이별하게 된다는 주장도 있습니다.[4] 필자는 이 가설을 확인했습니다. 태아의 상징인 원형상과 꿈을 꾼 이와의 긍정적 상호 작용은 태아의 원만한 출산을 암시하며, 반면에 부정적인 상호 작용을 하는 경우에는 유산되거나 출산을 하더라도 제대로 성장하지 못한다고 가정합니다. 긍정적 상호 작용은 태아의 원형상과 꿈꾼 이가 수동적으로 목격하거나 적극적으로 접촉하는 행위를 모두 포함합니다. 부정적 행위는 태아의 원형상이 죽거나, 부러지거나, 썩거나, 혹은 꿈을 꾼 사람으로부터 격리되거나 멀어지는 행위까지도 포함합니다.

꿈을 꾼 이와 태아의 원형상이 긍정적인 상호 작용을 하면 어떻게 될까요? 매우 높은 확률로 출산이 가능합니다.

첫째, 꿈을 꾼 이가 태아의 상징인 원형상을 목격하는 태몽입니다.

태몽 351 지붕에서 집 안으로 내려온 구렁이

임산부인 박영선 씨의 꿈입니다.

"지붕에 있던 커다란 구렁이가 집 안으로 들어왔습니다.

얼마 후 임신 사실을 알고 나서 이 꿈이 태몽인가 보다, 생각했습니다. 태어난 아이는 딸입니다."

태몽 352 임산부의 여동생이 목격한 파란 뱀

이청자 씨의 임신 중에 그녀의 여동생이 꾼 꿈입니다.

"파란 뱀이 담벼락으로 기어가고 있었어요. 태몽이 분명하다고 생각했습니다. 태어난 아이는 딸입니다."

둘째, 앞의 상황과는 반대로 태아의 원형상이 꿈꾼 이를 바라보거나, 가까이 다가오는 태몽입니다.

태몽 353 입을 뻐끔거리며 바라보는 큰 잉어

손정미 씨가 임신 중에 꾼 꿈입니다.

"비늘이 빛나는 큰 잉어가 입을 뻐끔거리며 눈으로는 하늘을 바라보고 있었습니다. 태어난 아이는 아들입니다."

태몽 354 졸졸 쫓아오는 뱀

지정심 씨가 임신 초기에 꾼 꿈입니다.

"누군가와 함께 놀이동산 같은 곳에 놀러 갔는데 사람들이 무척 많았습니다. 사람들 너머로 공연을 하고 있는 파란색 큰 뱀을 보았습니다. 갑자기 그 뱀이 저에게 달려들어 왼손을 물고 놓아주지 않았습니다. 저는 놀랍고 무섭고 황당했지요. 뱀 조련사는 저를 진정시키며 뱀의 입을 잡고 떼어 놓으려고 했습니다. 저는 아프면서도 그 뱀이 너무 이뻐, 오른손으로는 핸드폰을 꺼내 사진을 찍으려고 했는데 찍지는 못했습니다. 조련사가 저를 뱀에게서 떼어 주어서 저는 뱀을 피해 언덕 위로 도망갔습니다. 조련사가 뱀을 내려놓자마자 그 뱀이 다시 제게 달려들더니 물지는 않고 저를 빤히 바라보면서 저를 졸졸졸 쫓아다녔습니다. 태어난 아이는 딸입니다."

태몽 355 임산부의 친정아버지를 똑바로 쳐다보는 뱀

앞에서 인용한 태몽 91의 임산부 박지민 씨의 또 다른 태몽입니다. 이번에는 그녀의 임신 직후에 친정아버지가 꿈을 꾸었습니다.

"안방에 있는 장롱 밑으로 커다란 뱀 한 마리가 들어갔습니다. 장롱 밑으로 손을 넣어 꺼내려는데, 깊숙이 들어가서 꺼내지지 않았습니다. 뱀이 어디 있나 살펴보려고 장롱 밑을 보았습니다. 그때 뱀이 제 눈을 똑바로 보면서 똬리를 틀고 있었습니다. 그 눈이 너무도 또렷해서 저는 얼른 뱀의 눈을 피해 후다닥 일어났습니다.
출생한 아이는 딸입니다. 벌써 열 살이 되었네요."

셋째, 꿈꾼 이와 원형상이 적극적으로 신체 접촉을 하는 꿈입니다. 먼저 꿈꾼 이가 적극적으로 태아의 원형상을 잡거나 안는 태몽입니다.

태몽 356 꼭 안아 준 하얀 새끼 호랑이
아내의 임신 중에 남편인 백범호 씨가 꾼 꿈입니다.
"새끼 백호가 멀리 있다가 다가왔어요. 나는 놀랐지만 꼭 안아 주었습니다. 따스함이 느껴졌습니다. 태어난 아이는 아들입니다."

넷째, 태아의 원형상이 꿈꾼 이에게 적극적으로 접촉하는 행위도 합니다.

태몽 357 임산부의 손목을 덥석 문 뱀
최수진 씨는 임신 초기에 낮잠을 자다가 꿈을 꿉니다.
"숲속에 맑디맑은 시냇물이 있었어요. 나는 '시냇물이 참 맑네'라는 생각을 하면서 자연적으로 생긴 징검돌들을 건너고 있었습니다. 주변에 사람은 없었고 어두웠던 것 같았으나 무섭지는 않았습니다. 다소 좋은 느낌이 들었어요. 징검다리를 건너는데 얕은 시냇물에서 갑자기 팔 정도 되는 두께에 크기는 나의 키만 한 뱀이 솟아오르면서 저의 한쪽 손목을 덥석 물었습니다.
그 순간 너무너무 놀라 꿈에서 깼어요. 깨어나서도 정말로 생생한 꿈이라 태몽이라는 생각이 들었습니다. 태어난 아이는 첫딸이고, 순하고 차분한 성격이지만 성장하면서 경쟁적이고 집중력도 있는 아이로 자라고 있습니다."

태몽 358 품에 안긴 돼지

정선화 씨의 임신 중에 시부모가 꾼 꿈입니다.

"길을 가는데, 예쁘게 생긴 분홍색 돼지가 안겼습니다. 태어난 아이는 딸입니다."

앞서 살펴본 사례들에서는 아이들이 모두 출생했습니다.

다섯째, 태아의 상징인 원형상이 꿈을 꾼 이로부터 멀어지거나 사라지는 모습을 목격한 사례입니다.

태몽 359 담장을 넘어서 사라진 뱀

백선희 씨가 임신 중에 꾼 꿈입니다.

"풀숲에서 큰 뱀이 기어 오는 것을 보았어요. 그 뱀은 담을 넘어서 사라졌습니다.

주위에서는 아들 꿈이라고 했고 실제로 아들을 출산했습니다."

태몽 360 대서양을 향해 헤엄쳐 가는 고래

정혜수 씨가 임신 중에 꾼 꿈입니다.

"보랏빛과 짙은 남색이 은은하게 도는, 반짝이며 굉장히 커다란 고래가 대서양을 향해 미끄러져 헤엄쳐 가고 있었습니다. 힘 있고 신비하며 멋지고 평화롭다는 마음이 들었습니다. 태어난 아이는 딸입니다."

정혜수 씨가 추가로 해준 이야기입니다.

"저에게 인상 깊고 흥미로웠던 특징은, 흔히 생각하기를 태몽에서 동물이 품으로 '들어오는' 경우가 많은 것 같은데 저는 바다를 향해 '나아가는' 모습을 뒤에서 보았던 점과 여러 바다 가운데에서도 '대서양'이라고 분명하게 떠올랐던 점입니다."

태몽 361 소리를 지르고 사라진 호랑이

김범중 씨는 아내의 임신 이전에 꿈을 꾸었습니다.

"호랑이 열 마리가 서로 싸우고 있었어요. 그 중 한 마리가 나무 위로 올라가서 큰 소리로 포효하니, 다른 호랑이들이 더는 싸우지 않고 차분하게 있었습니다. 소리를 지르던 호랑이는 먼 곳을 보면서 사라졌습니다.

태어난 아이는 아들이며 아직 어리지만 잘 크고 있습니다."

여섯째, 꿈을 꾼 이가 적극적으로 태아의 상징인 원형상을 놓아주거나 떠나보내는 태몽입니다.

태몽 362 넓은 물에 풀어 준 잉어

어진화 씨 남편의 꿈입니다.

"강가 혹은 호수에서 엄청나게 큰 잉어 한 마리를 잡았는데, 그 잉어를 큰 바다같이 생긴 넓은 물에 풀어 주었습니다. 태어난 딸은 1992년생입니다."

꿈을 꾼 이에게서 태아의 원형상이 단순히 멀어지거나, 사라지는 모습을 목격하거나, 꿈꾼 이가 태아의 상징인 원형상을 적극적으로 놓아준 경우에도 아이들은 모두 무사히 출생했습니다. 대부분 아이가 성장하면 부모와 떨어져 사는 게 자연스럽기 때문에 단순히 멀어지는 모습이 유산이나 죽음을 의미하지는 않습니다.

꿈을 꾼 이와 태아의 원형상 사이에 부정적인 상호 작용이 있는 경우에는 조사한 10건 중 1건만이 유산되었습니다. 결혼반지에서 다이아몬드가 빠져 사라진 꿈을 꾸고, 임신 11주에 심정지로 태아를 보낸 사례입니다(태몽 365).

필자의 연구에는 드러나지 않았지만, 다른 조사에서 태아가 유산된 경우는 다음과 같습니다. '동물을 쫓아 버린 사례, 동물이 죽거나 동물을 죽인 사례, 식물이 썩거나 쪼개지거나 시들어 죽은 사례, 보석을 빼앗기거나, 사물이 무덤 앞에 놓이거나, 등에 업었던 아이가 사라지거나, 아이가 지하실 물속에 버려지는 사례' 등입니다.[5]

3. 순조롭지 못한 출산을 암시하는 태몽도 있나요?

다음은 유산의 위험을 예고하는 태몽들입니다.

태몽 363 숨을 헐떡이는 검은 물고기

한정수 씨가 임신 중에 꾼 꿈입니다.

"남편과 제가 물속 아래에 서 있었는데, 저 멀리서 잉어 같은 물고기 한 마리가 헤엄쳐서 저한테 오고 있었어요. 저희 부부가 신기하고 '우와' 하는 표정으로 바라보고 있는데 그 물고기가 저에게 확 다가와서 제 허벅지에 붙었습니다. 아름답게 헤엄쳐 오던 물고기가 허벅지에 붙어서는 검은색 물고기로 변하여 숨을 헐떡였습니다.

현실에서는 제가 임신하고 하혈을 해서 석 달 동안 누워 있었고, 한약을 먹고 낳은 아이입니다. 태어난 딸은 자유분방하고 순종을 잘 안 하는 성격이라 저의 기준과 달라 키우면서 고민을 많이 했답니다."

태몽 364 한 마리만 남아 있는 예쁜 물고기

정희선 씨의 임신 전후에 그녀의 친정어머니가 꾼 꿈입니다.

"색깔은 기억나지 않아요. 선명한 색의 예쁜 물고기 두 마리가 놀다가 한 마리는 사라지고 한 마리만 남아 있었어요."

정희선 씨가 덧붙인 내용입니다.

"꿈에서 두 마리였다가 하나가 되었다는 점이 의미가 있습니다. 시험관 시술로 잉태된 아이로 처음에는 수정란을 둘 넣었다가 단태아가 되었는데요. 그래서 물고기가 둘이었다가 하나 남았다는 어머니의 말을 듣고 놀랐습니다. 태어난 아이는 딸입니다."

태몽 365 결혼반지에서 빠져 사라진 다이아몬드

임산부인 지정심 씨가 꾼 꿈입니다.

"6월쯤에 임신을 확인했어요. 그때 결혼반지에 있던 다이아몬드가 빠져 없어진 꿈을 꾸었습니다. 그러고 나서 임신 11주 차에 심정지로 아이를 보내 주었습니다.

유산되고 3개월 후 배란일쯤에 다시 꿈을 꾸었습니다. 이때는 피검 수치로만 임신을 확인한, 아주 초기 단계였습니다.

꿈에서 한 친구와 오랜만에 만나 떡볶이 등 분식을 먹고 계산을 하려는데 제가 지갑을 놓고 와 돈이 없어서 그 친구가 계산했습니다. 그날 밤, 숙소에서 제가 잠든 사이에 결혼반지에 있던 다이아몬드를 친구가 몰래 훔쳐 갔습니다. 자고 일어나서 다이아몬드가 없어진 걸 발견하고는 마음이 먹먹해지더라고요. 친구와 헤어지면서 단호하게 말했습니다. 'CCTV나 지문 감식을 해서라도 다이아몬드 범인을 꼭 찾아낼 거야!' 그러자 친구가 어쩔 수 없다는 듯이 다이아몬드를 건네주었습니다. 마음고생한 것에 대한 억울함과 보석을 찾은 것에 대한 안도감 때문에 길거리에서 펑펑 울면서 꿈에서 깨어났습니다. 태어난 아이는 딸입니다."

다음은 정상적인 태몽인데도 임산부의 친구가 태몽의 의미를 잘못 해석해서 아이를 지우라고 매우 위험한 조언을 한 사례입니다.

태몽 366 시어머니가 꺾은 도라지꽃 한 송이

송미향 씨의 임신 초기에 그녀의 시어머니가 꾼 꿈입니다.

"산 위의 절벽에 보라색 도라지꽃 한 송이가 예쁘고 향기롭게 피어 있었습니다. 내가 그 꽃을 꺾었습니다."

송미향 씨가 추가로 밝힌 내용입니다.

"시어머니께서는 꺾어서 '너에게 주었어야 했는데'라고 얘기했습니다. 저의 한 친구가 이 꿈 이야기를 듣고 아이를 지우라고 과격한 말을 해서 그 친구와 싸웠습니다. 태어난 아이는 아들이며, 잘 성장해서 ○○대학에 진학했습니다."

이 태몽에서 '꽃을 꺾는 행위'는 유산이나 죽음을 의미하지 않고 자신의 소유로 한다는 의미입니다. 과일 태몽에서 과일을 따는 행위가 임신을 암시한다고 생각하면 쉽게 이해할 수 있습니다.

다음은 정상적인 태몽으로 유산에 대한 아무런 암시도 없었는데 태아가 유산된 4건의 사례입니다.

태몽 367 임산부의 품에 안긴 커다란 호랑이

진도연 씨의 꿈입니다.

"커다란 호랑이가 어슬렁어슬렁 걸어와서 내 품에 안겼어요. 황금빛으로 휘황찬란하고 광채도 났어요. 그 큰 호랑이가 다가오는데도 무섭지 않았어요. 임신 이전이어서 그때는 태몽인지도 몰랐어요."

필자가 그녀에게 물었습니다.

"그런데 무슨 일이 있었나요?"

"그 당시 저는 회사를 다녔는데, 집과 회사 사이가 멀어서 이동하는 게 힘들었어요. 회사 일도 바빠서 편히 쉴 수가 없었어요. 임신하고 나서 몸이 아프더군요. 처음에는 그냥 매달 오는 생리통으로 알았어요. 임신 3개월 만에 유산되었지요."

"일을 지나치게 무리해서 유산의 아픔을 겪었군요."

필자도 안쓰러워했습니다.

"너무 안타까워요."

그녀가 말했습니다.

이 태몽에서는 유산에 대한 아무런 암시가 없었는데도, 임산부가 임신 초기에 무리하면서 유산의 아픔을 겪었습니다.

다음 사례에도 유산에 대한 암시는 없습니다. 소화영 씨는 3~5월경 갑작스러운 임신 후 계류 유산 경험이 있고 나서, 10월경부터 임신을 계획했었습니다.

태몽 368 이부자리에 쑥 들어온 황금 구렁이

시아버지가 꾼 꿈을 소화영 씨가 들려주었습니다.

"11월 초, 시아버님이 집에서 주무실 때 꾼 꿈입니다. 시아버지, 시아버지의 아버지, 시아버지의 할아버지가 함께 옛집의 방에 있었는데 아버님이 누워 계신 이부자리에 큰 황금 구렁이가 쑥 들어왔다고 합니다."

태몽 369 엄마의 손을 문 큰 뱀

비슷한 시기에 소화영 씨 자신도 꿈을 꿉니다.

"친정엄마, 친정엄마의 가장 친한 친구분이 저와 함께 있었어요. 예전 집이었는데 방이 많고 큰 집에서 살게 되었습니다. 그 집 어느 방에 정말 화려하고 색이 다채로운 큰 뱀이 친정엄마의 손 주변을 콕 물었습니다. 그 뱀의 화려함에 놀랐고 다음으로 '갑자기 왜 뱀이 집에서 나왔지?' 하며 당황했습니다. 물린 엄마에게 괜찮냐고 물으니 괜찮다고 하셨습니다. 이 태몽을 꾼 이후 임신 테스트기에서 임신 사실을 확인했습니다."

태몽은 정상인데도 소화영 씨는 건강상의 문제로 유산을 경험합니다.

태몽 370 방 안에 들어온 커다란 도마뱀

도연희 씨가 꾼 임신 초기의 꿈입니다.

"꿈에서 큰아들이 '엄마, 방에 이게 들어왔어'라면서 커다란 도마뱀과 함께 방에서 나왔습니다. 큰아들은 당시 생후 22개월이라 현실에서는 말도 잘 못 하는데, 꿈에서는 좀 더 큰 모습으로 말도 잘했고 담담하게 도마뱀을 데리고 나왔습니다. 도마뱀은 1미터도 넘어서 사람이 탈 수 있을 정도로 길고 커다랬는데 징그럽지 않고 날렵하며 색깔이 초록, 노랑 등 화려한 총천연색이어서 예쁘고 신기했습니다. 아직 임신 초기여서 성별도 몰랐습니다."

도연희 씨도 유산의 아픔을 겪었습니다.

앞선 사례와 같이 태몽에서 태아의 원형상과 꿈꾼 이의 상호 작용이 정상적이라고 해도 100% 출생으로 이어지는 것은 아닙니다. 태몽에서 유산에 대한 아무런 암시가 없는데도 임산부가 현실에서 유산을 하는 사례를 살펴보면, 업무로 인한 스트레스나 신체적 부담이 있는 경우 그리고 몸이 약한 임산부의 경우에 발생했습니다. 따라서 임신 중에는 임산부의 건강을 위해서 본인뿐만 아니라 가족, 주변 사람과 사회의 각별한 배려와 보호가 필요합니다.

4. 태몽에서 드러난 원형상으로 아이의 성별을 알 수 있나요?

정답은 '몇몇 예외적인 사례를 제외하고는 알 수 없다'입니다. 임신이 확인되면 이제 태아의 성별로 관심이 옮겨집니다. 특히 초음파로도 아이의 성별을 알 수 없는 임신 초기에는 태몽에서 드러난 원형상으로 짐작과 추정을 합니다. 하지만 보통은 특정한 원형상이 아들이나 딸을 암시하지는 않습니다.

아직도 민가에서는 압도적인 힘이나 권력으로 상징되는 용이나 호랑이를 아들로 인식하는 경향이 있습니다. 하지만 용이나 호랑이 태몽을 꾸어도 딸이 태어나곤 합니다. 또한 생긴 모습으로 오이나 고추를 아들, 꽃을 딸로 추정하곤 하지만 실제로는 민가의 추측과 다릅니다.

1) 용·호랑이·고추·꽃 등의 태몽과 태어난 아이의 성별

첫째, 용 태몽 사례입니다.

태몽 371 하늘로 날아 올라간 용
하용선 씨가 임신 중에 꾼 꿈입니다.
"우리 집에서 용 같은 게 하늘로 날아 올라갔습니다. 꿈 때문에 아들인 줄 알았는데 딸입니다."

꿈에 구름 위에 큰 용이 앉아 있었는데 태어난 아이는 아들인 사례(태몽 58)도 있습니다.
다음은 호랑이 태몽 사례입니다.

태몽 372 산 아래를 내려다보는 호랑이
정지선 씨의 친정어머니가 꾼 꿈입니다.
"태백의 연화산 꼭대기에서 호랑이 한 마리가 아래를 내려다보고 있었는데, 안개가 많이 끼어 있었습니다."
다음은 정지선 씨가 덧붙인 말입니다.
"저는 태몽으로 호랑이가 나와서 아들일 거라고 생각했습니다. 시부모님은 아이가 좋은 운명을 가지고 태어났다고 생각하세요. 태어난 아이는 딸입니다."

한편, 임산부의 침대 위로 뛰어오른 호랑이 태몽의 주인공은 아

들이었습니다(태몽 182).

꽃 태몽은 딸도 아들도 의미할 수 있습니다.

태몽 373 한 아름 안은 꽃

이정화 씨가 임신 중에 꾼 꿈입니다.

"제가 화사하고 푸르른 날, 넓은 들판에 혼자 서서 꽃을 한 아름 안고 있었고, 주변에는 다채롭고 탐스러운 꽃이 가득했습니다.

꿈 얘기를 하니 주변에서는 꽃이므로 딸인 것 같다고 했어요. 실제로 여자아이를 출산했습니다."

김새롬 씨는 당시 대통령으로부터 꽃바구니를 받습니다(태몽 255). 그녀의 남편은 딸로 예측했지만 태어난 아이는 아들입니다.

고추나 오이는 생긴 모습이 남성의 성적 특징을 닮았다고 해서 아들로 해석하기도 합니다.

태몽 374 주렁주렁 열린 고추

신청자 씨의 임신 중 친정어머니가 꾼 꿈입니다.

"고추밭에 고추가 많이 달려 있는데 빨간 고추, 초록 고추가 섞여 있었어요. 주렁주렁 열려 있어서 기분이 좋았습니다. 태어난 아이는 딸이며 건강하게 잘 자라고 있습니다."

태몽 375 훔쳐 온 고추 가지

고성신 씨의 임신 중에 친정어머니가 꾼 꿈입니다.

"궁중 돌담길 큰 나무에 고추가 주렁주렁 열려 있어요. 나무에 고추가 달린 것이 신기해서 나뭇가지를 꺾어서 감춰 가져왔습니다.

놀랍기도 하고 기분이 좋았습니다. 출생한 아이는 아들입니다."

태몽 376 열려 있는 오이

오선화 씨가 임신 전에 꾼 꿈입니다.

"오이가 주렁주렁 열려 있었어요. 태어난 아이는 딸입니다."

앞선 태몽에서 고추나 오이는 성별 암시가 아닌 결실의 상징인 임신을 의미합니다.

민가에서 남아의 상징으로 여겨지는 용, 호랑이, 고추 태몽과 여아의 상징으로 여겨지는 꽃의 태몽 후 출생한 아이들의 실제 성별에 관한 조사 결과를 소개합니다. 필자의 조사에 의하면 용 태몽으로 태어난 12명의 아이 성별은 아들 6명, 딸 4명, 무응답 2명이었고 호랑이 태몽으로 태어난 20명의 아이 성별은 아들 7명, 딸 13명으로 나타났습니다. 고추 태몽으로 태어난 5명의 아이 성별은 아들 2명, 딸 3명이었습니다. 한편, 꽃 태몽으로 출생한 11명의 아이 성별은 아들 4명, 딸 5명이었습니다.

2) 원형상이 크고 장대하면 아들, 작고 귀여우면 딸인가요?

크고 장대한 원형상은 아들, 작고 귀여운 원형상은 딸이라고 해석하는 이들도 있습니다. 하지만 이 주장도 실제와는 다릅니다.

강수지 씨의 임신 중에 그녀의 친정 부모는 한 손녀딸에 대한 태몽으로 호랑이 꿈을 두 번 꿉니다. 첫 번째는 큰 호랑이, 두 번째는 새끼 호랑이로 등장합니다. 강수지 씨의 친정아버지는 크고 노란 호랑이가 집으로 들어오는 꿈을 꿉니다(태몽 52).

태몽 377 난간에서 잡아 준 새끼 호랑이

이번에는 강수지 씨의 친정어머니가 꿈을 꾸었습니다.

"꿈에 나는 해외의 어느 장소에 있었는데, 새끼 호랑이가 난간에서 넘어지려고 하여 내가 잡아 주었습니다."

성다경 씨는 한 아이에 대해서 본인은 3회, 친정어머니는 1회의 태몽을 꿉니다. 3회는 큰 물고기, 커다란 호랑이, 큰 뱀이었고 1회는 작은 새끼 염소로 등장합니다. 태어난 아이는 딸입니다.

2019년 10월, 성다경 씨가 아직 임신 계획이 없었을 때 물고기가 자신을 덥석 안는 꿈을 꿉니다(태몽 11). 또한 2020년 9월에는 어마어마하게 큰 뱀 꿈을 꿉니다(태몽 90).

태몽 378 임산부의 품에 안긴 엄청나게 커다란 호랑이

2020년 7월, 성다경 씨가 임신 초기에 꾼 꿈입니다.

"엄청나게 커다란 하얀 호랑이가 달려들어서 내 품에 안겼는데 하나도 안 무서웠습니다."

태몽 379 잠시 나타난 귀여운 새끼 염소

2020년 8월, 병원에서 성다경 씨의 임신을 확인한 후, 친정어머니가 꾼 꿈입니다.

"새벽 잠결에 아주 귀여운 까만 새끼 염소가 잠시 나타났다 사라졌습니다. 기분을 느낄 새도 없이 찰나에 보았습니다."

3) 태어날 아이의 성별을 암시하는 태몽도 있나요?

대부분의 태몽에서는 아이의 성별을 암시하지 않습니다. 필자의 조사에 참여한 305건 사례 중 아이의 성별 등을 밝힌 건수는 284건입니다. 이 중에서 아이의 성별을 직접 혹은 간접적으로 암시하는 태몽은 다음 8건으로 전체 응답 건수의 2.8%에 불과합니다.

태몽 380 동아줄로 빨간 고추가 끼워진 모습을 바라보는 용

김승연 씨가 임신 중일 때 친정 언니가 꾼 꿈입니다.

"언덕만큼 쌓인 황금색 쌀 뭉치에 동아줄로 빨간 고추가 끼워져 있었고, 용이 위에서 내려다보고 있었습니다. 저는 두려우면서도 따뜻한 기분을 느꼈습니다. 아들이 태어났습니다."

과거 우리 조상들은 아이가 태어나면 대문에 금줄을 쳤습니다. 태어난 아이가 사내아이일 경우 금줄에 숯덩이와 빨간 고추를 꽂았습니다. 이 관습을 떠올리면 꿈은 태어날 아이가 아들임을 암시하고 있습니다.

태몽 381 강렬한 눈빛으로 쳐다보는 수탉

임산부인 오연수 씨는 출산을 며칠 앞두고 꿈을 꿉니다.

"매우 선명한 색감의 수탉이 강렬한 눈빛으로 저를 쳐다보았습니다. 머리에는 금색의 왕관을 쓰고 있었지요.

그리고 잠에서 깼습니다. 저는 아들 태몽임을 직감했습니다. 아들이 태어나는 연도도 닭띠 해였습니다."

갑자기 멋지게 생긴 커다란 수탉이 나와 임산부의 치마 속으로 쑥 들어와서 깜짝 놀라게 한 아들 꿈도 있습니다(태몽 179).

태몽 382 임산부가 손잡은 사내아이
현명신 씨가 임신 중에 꾼 꿈입니다.
"너무 예쁜 사내아이의 손을 잡고 뿌듯해하며 바닷가를 거닐었어요. 태어난 아이는 아들입니다."

태몽 383 임산부에게 다가온 암탉
다음은 딸의 출생을 암시하는 꿈 사례입니다. 임상미 씨는 셋째를 임신한 후 꿈을 꾸었습니다.
"꿈에서 키우던 병아리가 독립했다가, 털이 새하얗고 풍성한 암탉으로 아주 잘 성장해서 알 낳을 때가 되어 엄마에게 왔다며 나에게로 다가왔습니다. 마음이 뿌듯했습니다.
잠에서 깼는데 너무 생생했어요. 털이 하얀 암탉이어서, 현실에서 키우던 병아리가 수탉이라 밖으로 내보내야 했던 상황과 딸을 갖고 싶은 염원이 합쳐진 꿈인가 하고 추측했어요. 딸일 수 있다는 생각이 강하게 들었고, 예정일 한 달 전에 순산했어요. 우연인지는 몰라도 피부가 무척 흰 딸을 낳았습니다."

또 다른 딸 태몽으로 암컷 화초닭이 수컷 화초닭을 밀치고 임산부의 가슴에 있는 밥풀을 쪼아먹은 후 다시 우물로 헤엄치러 간 사례도 있습니다(태몽 178).

태몽 384 엄마와 물장난하면서 노는 여자아이
김수화 씨의 임신 중에 그녀의 언니가 꾼 꿈입니다.

"바닷가에서 제 동생인 임산부가 여자아이와 물장난하면서 노는 걸 보았습니다.

꿈에서 깨어난 뒤 동생에게서 태어날 아이가 여자라는 느낌을 받았습니다. 실제로 딸이 태어났습니다."

이 밖에 딸 태몽으로 임산부가 집 안에 여아용 머리 방울들이 걸려 있는 모습을 본 사례가 있습니다(태몽 320).

3장
태몽은 아이 삶을 어디까지 예지할까요?

1. 방탄소년단(BTS) 멤버들의 태몽과 출생 이후의 삶

방탄소년단(BTS)은 한국의 문화적 힘을 전 세계에 알리는 데 큰 역할을 하고 있는 문화예술인들입니다. 이들은 모두 명예와 부를 얻었고, 아미로 일컬어지는 열성팬들의 사랑도 받는 세계적인 스타입니다. 또한 뉴욕의 국제연합(UN) 총회장에서 연설을 했으며 백악관에서 바이든 미국 대통령을 만나기도 했습니다.

이들은 2021년 5월, KBS2 〈연중라이브〉에 출연해 자신들의 태몽을 소개했습니다. 비슷한 성공의 길을 함께 가고 있는 방탄소년단 멤버 7명의 태몽을 살펴보면서, 각각 태몽이 출생 이후의 삶을 어디까지 예견해 주는지를 비교해 보겠습니다.

태몽 385 할머니의 발목을 꽉 문 뱀

리더인 RM(1994년 출생)의 태몽으로 그의 할머니가 꾼 꿈입니다.
"고추밭에서 뱀이 할머니의 발목 뒤를 꽉 물었습니다."
이 꿈에서 뱀은 태아를 상징하는 원형상이고, 신체의 일부인 '발목을 꽉 문다'는 것은 태아가 엄마의 자궁에 제대로 착상되었다는 은유적 표현입니다. 이 태몽은 장차 아이가 성취할 업적에 대한 구체적인 암시는 하고 있지 않습니다.

태몽 386 담장을 타고 넘어온 호박

슈가(1993년 출생)의 태몽입니다.

"호박이 담장을 타고 집 안으로 넘어옵니다."

아마도 꿈을 꾼 분이 이 장면을 목격했을 것입니다. 태아의 원형상인 호박을 '목격하는' 시각적인 접촉도 아이와 엄마의 만남인 임신을 암시합니다. 그런데 그 호박이 담장을 타고 집 안으로 넘어옵니다. 민속에서 호박은 행운, 횡재, 재물, 사업이나 작품 등을 상징합니다. '호박이 넝쿨째 들어온다'라는 속담과 같이 집에 복이나 행운이 들어온다는 은유적 표현으로 재산이나 업적 등의 성취를 다소간 예지하고 있습니다.

태몽 387 나무에 달린 빛나는 고추

지민(1995년 출생)의 태몽입니다.

"나무에 빛나는 고추가 달렸습니다."

이 꿈에서 태아의 원형상은 고추입니다. 앞에서 살펴본 바와 같이 고추는 남아의 성적 징표가 아니라 임신이라는 결실을 상징합니다. 현실에서 사용되는 용도로 인하여 태몽에서도 고추는 귀한 자녀를 뜻합니다. 또 다른 암시는 '빛나는'에 있습니다. 즉, 아이가 성장해서 달성할 명예나 업적 등이 밝게 빛난다는 뜻입니다. 예지적인 꿈에서 '빛'은 동서양을 막론하고 희망, 명성, 큰 업적, 권세 등을 상징합니다.

태몽 388 어머니의 품 안으로 들어온 황금 잉어

진(1992년 출생)의 태몽입니다.

"황금 잉어가 헤엄치다가 임산부인 어머니의 품 안으로 들어왔습니다."

태아를 상징하는 잉어가 엄마의 품 안으로 들어왔으니, 태아의 순조로운 임신과 출산을 예측할 수 있습니다. 잉어는 민물고기의 왕이라는 믿음으로 인하여 부귀, 재물, 명예, 인기 직업, 출세 등을 상징합니다. 더욱이 그 잉어가 황금색이니 부귀, 재물, 명예가 더할 것입니다. 이는 태아가 성장하여 성취할 일이나 업적이 상서로우며, 부귀할 것까지도 암시하고 있습니다.

태몽 389 용에게서 받은 여의주

뷔(1995년 출생)의 태몽입니다.

"아버지가 용이랑 당구 내기를 했는데 아버지가 이겨서 여의주를 받았습니다."

당시 뷔의 아버지가 운영하던 당구장이 이 예지적인 꿈의 재료로 활용되었습니다. 이 꿈에서 여의주는 태아를 상징하는데, 민속에서 여의주는 무엇이든지 원하는 대로 이루어지게 하는 영험이 있는 신묘한 구슬입니다. 이 구슬을 받은 건 태아가 성장해서 성취할 일, 사업, 업적이 바라는 대로 이루어질 것임을 암시합니다. 여기서 용은 태아의 원형상이 아니라 상서로운 임신 사실을 알리는 메신저입니다.

태몽 390 광야를 달리는 황금 말 세 마리

제이홉(1994년 출생)의 태몽입니다.

"어머니가 황금 말 세 마리가 끄는 마차를 타고 광야를 달리는 꿈을 꾸었습니다."

어머니가 말을 타고 광야를 달리는 행위가 이루어졌기에 순조로운 임신과 출산을 예견할 수 있습니다. 그런데 말 세 마리는 임산부가 아이를 셋 둘 것을 암시하거나, 아이가 하나일 경우에는 그가 달성할 업적의 수나 크기를 암시합니다. 그 말들이 황금이었으므로 태아가 성장해서 하는 일, 사업, 업적이 상서로우며 부귀할 것임을 예지합니다.

태몽 391 황금으로 변한 빗방울

정국(1997년 출생)의 태몽으로 어머니가 꾸었습니다.

"마을에 비가 내리는데 빗방울이 닿는 곳마다 황금으로 변했습니다."

빗방울은 태아를 상징하는 원형상입니다. 물은 생명의 근원으로 재산, 사상, 세력, 일의 기반 등을 의미합니다. 마을에 내리는 빗방울은 마을로 상징되는 활동 영역에 미치는 영향력을 의미합니다. 그런데 빗방울이 닿는 곳마다 황금으로 변하니, 태아가 성장해서 하는 일이나 업적이 상서로우며 부귀할 것임을 암시합니다.

요약하면 리더인 RM의 뱀 태몽은 임신을, 슈가의 호박과 지민의 고추 태몽은 어느 정도의 명예나 업적의 달성을, 진의 황금 잉어와 뷔의 여의주 그리고 제이홉의 세 마리 황금 말과 정국의 황금 빗방울은 큰 명예나 업적 혹은 부를 암시합니다. 이들이 2024년 현재까지 유사한 정도의 명예, 업적, 인기와 부를 누리고 있다고 가정하겠습니다. 하지만 각각의 태몽이 예지하는 범위는 서로 다릅니다. 여기서 얻을 수 있는 결론은 이렇습니다. 태몽이 아이가 성장하여 달성할 수 있는 성취를 모두 암시하는 것은 아니라는 점입니다.

앞의 사례와는 반대로 유사한 태몽을 가지고 태어났다고 하더라도 인생행로가 같거나 유사한 업적의 성취, 달성을 의미하지는 않습니다. 왜냐하면 한 인간의 삶은 태어날 때 주어진 운명과 주변 환경이 끊임없이 상호 작용을 하면서 변화하고 성장하기 때문입니다. 꿈을 뇌과학 측면에서 연구한 신경생리학자 마크 솜즈(Mark Solms)도 이와 같은 견해를 가지고 있습니다. 그는 "많은 심리기능은 환경적 기전과 유전적 기전의 끊임없는 상호 작용에 의해서 만들어진다"라고 주장합니다.[7]

2. 임신만 예지하는 태몽과 출생 이후의 삶도 예지하는 태몽

BTS 멤버들의 사례에서와 같이 태몽 중에는 단순히 임신만을 예지하는 꿈이 있고, 출생 후 아이가 성장하여 성취할 업적이나 성취까지도 예지하는 꿈이 있습니다. 단순히 임신만을 예지한 꿈이라고 해서 아이가 성장하여 큰 성공이나 성취를 이룰 수 없다는 의미는 아닙니다.

다음의 사례는 같은 딸에 대한 임산부와 그 남편의 태몽이지만, 임산부 본인의 태몽보다는 남편이 꾼 태몽이 더 많은 예지를 해주고 있습니다. 정경희 씨는 첫아이 임신 중에 꿈을 꿉니다. 그녀의 태몽은 임신만을 예지하고, 남편이 꾼 태몽은 출생 후 아이의 미래까지도 예지합니다.

태몽 392 남편과 잡은 커다란 2개의 전복

임산부인 정경희 씨의 꿈입니다.

"바다에서 커다란 전복 2개를 남편이랑 같이 잡았어요."

또한 정경희 씨의 남편은 산 위로 날아가는 두 마리의 천마를 목격하는 꿈을 꿉니다(태몽 144).

민속적인 면에서 해석하자면, 정경희 씨 자신이 꾼 태몽에는 장차 아이가 성장해서 달성할 성취에 대한 암시는 별로 없습니다. 하지만 약간의 추정은 할 수 있습니다. 이 꿈에서 드러난 암시는 전복 '2개'입니다. 이 숫자는 상징적으로 태어날 아이의 직업, 성취 등이 2개임을 암시하거나 앞으로 태어날 형제자매의 수를 암시하기도 합니다.

그녀의 남편 태몽은 아이의 출생 이후 삶을 부분적으로 예지하고 있습니다. 첫째, 하늘을 나는 말(천마)의 상징입니다. 현실에서 말은 영리하고 행동이 민첩하며 주인에 대한 충성으로 인간의 사랑을 받는 동물입니다. 천마는 하늘을 날아다니는 말입니다. 천마는 하늘의 상제(上帝)가 타고 다니는 상서로운 전설의 동물로, 경주 천마총에는 하늘을 나는 말의 모습이 그려져 있습니다. 즉, 고대 우리 조상들은 천마의 존재를 믿었습니다. 이러한 믿음이 전승되어 태몽으로 드러난 것입니다.

둘째, 천마의 행위입니다. 이 천마가 산 위로 날아갑니다. 이는 태어날 아이가 성장하여 자신에게 주어진 산으로 상징되는 과업이나 도전 과제를 극복하고 성취를 이룬다는 은유적 표현입니다. 그리고 하늘을 날아 높은 산을 넘어가므로 많은 사람이 알 수 있을 만큼 세상에 소문도 날 것입니다.

셋째, 태아에게 주어진 주변 환경입니다. 산, 돌과 나무의 적절한 배치, 산의 아름다움과 웅장함은 태아가 아름답고 만족할 만한 좋은 환경에서 성장할 것임을 암시합니다.

참고로 정경희 씨는 현실에서 두 딸을 낳았습니다.

다음으로 소개하는 태몽은 한 아이에 대해서 남편과 아내가 번갈아 가며 꾼 4개의 태몽입니다. 태아의 상징인 원형상은 꿈을 꾼 시간적 순서에 따라 두 살 아기, 아기, 갈색 불곰, 노란 해로 각각 다르게 등장합니다. 앞의 꿈 2개는 임신이나 출산까지만 암시하고 태아가 성장한 이후의 삶에 대한 예지는 없습니다.

태몽 393 기저귀 갈아 주고 친척에게 소개해 준 두 살 아이

이재진 씨의 임신 전에 그녀의 남편이 꾼 꿈입니다.

"2021년 5월, 밤에 집에서 꿈을 꿨습니다. 두 살 된 아기가 나와서 제가 안고, 기저귀 갈아 주고, 가족과 친척들에게 소개도 시켜 주었습니다."

태몽 394 아내에게 안겨 준 아기

이재진 씨의 남편은 아내의 임신 전에 또 다른 꿈을 꿉니다.

"2021년 8월, 낮에 집에서 꿈을 꿨습니다. 아내랑 처음 보는 산부인과에 갔는데, 시골 의사가 태아 초음파 사진을 손으로 그려 줍니다. (중략) 이후 아내는 아기를 출산했고, (중략) 저는 아기를 품에 꼭 안고 피난 행렬 속에서 걸어가다가 나중에 가족들을 다시 만나서 아내에게 아기를 안겨 주고 꿈에서 깼습니다."

태몽 395 초원에서 키우는 불곰

남편이 세 번째 꿈을 꿉니다. 이번에는 이재진 씨가 임신 중이었습니다.

"2021년 9월, 낮에 집에서 꿈을 꿨습니다. 넓은 초원에서 갈색 불곰 세 마리를 키우며 보살피고 있었습니다."

태몽 396 엄청나게 큰 노란 해

이번에는 임신 중인 이재진 씨 자신이 꿈을 꿨습니다.

"2022년 1월, 밤에 집에서 꿈을 꿨어요. 저는 남편과 함께 워터파크에 갔다가 언덕에서 엄청나게 크고 노란 해를 보았습니다. 태어난 아이는 아들입니다."

한 아이에 대한 4개의 태몽에서 유추할 수 있는 사실은 단순히 출생만을 암시하는 태몽이라고 해서 그 아이가 장차 장성하여 큰 업적을 달성하지 못하거나 위대한 인물이 되지 못하는 것은 아니라는 점입니다.

4장
숫자로 본 출산 혹은 유산

조사에 참여한 305건의 태몽 사례 중 딸은 157명으로 52%, 아들은 118명으로 39%입니다. 쌍둥이는 5건(10명)으로 2%, 유산은 5건으로 2%, 무응답은 21건으로 7%입니다. 유산된 5건 중 4건은 태몽이 모두 정상이었지만 임산부의 건강 문제나 과로 등의 이유로 유산의 아픔을 겪었습니다. 1건의 태몽만이 유산을 암시했습니다.

〈표 7〉 출생 혹은 유산 등에 대한 응답 유형

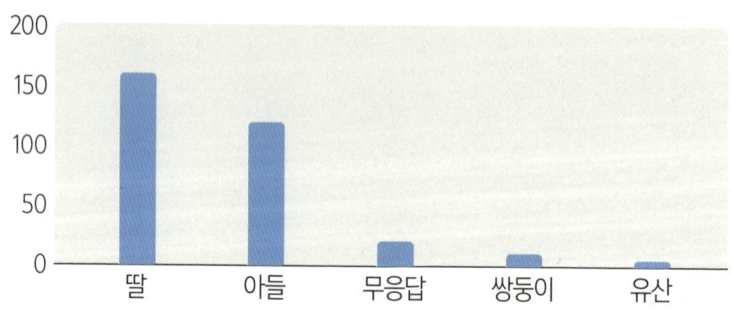

주: 쌍둥이는 출생아 기준으로 10명, 태몽 건수는 5건임.
자료: 국경복, 〈태몽현상을 통한 임신·출산·성별예측에 대한 통계검증〉, 《미래연구》 8권 1호, 2023, p.45 참조.

7부
장기추적을 위한 면담자들과의 대화

많은 심리기능은
환경적인 기전과 유전적인 기전의
끊임없는 상호 작용에 의해서 만들어진다.

- 마크 솜즈

1장
태몽 주인공들의 실제 삶은 어떠한가요?

《삼국유사》, 《삼국사기》, 《고려사》, 《조선왕조실록》 등 역사서에 등장하는 태몽의 주인공들은 거의 모두 왕, 귀족, 장군 혹은 덕망이 높은 승려 등에 한정되어 있습니다. 이들은 과거 신분제 사회에서 가장 높은 위치에 있는 극소수의 남성들이며 여성은 없습니다. 따라서 이들의 태몽에서 드러난 원형상을 가지고 보통 사람들의 삶을 추정하는 것은 적절하지 않습니다.

현대 사회에서 최고의 지위에 오른 노태우 전 대통령의 '구렁이', 김대중 전 대통령의 '호랑이' 태몽도 있습니다. 하지만 보통 시민이 구렁이나 호랑이 태몽을 가지고 태어났다고 해서 모두 대통령이 될 수 있는 건 아닐 것입니다. 이러한 문제의식을 가지고 일반 시민이 특정한 태몽을 가지고 출생했을 때 실제로 어떠한 삶을 살았는지를 알아보기 위한 장기추적 면담을 계획했습니다.

지금까지 심리학에서 태몽과 출생 이후 삶과의 연관성에 대한 연구는 없었다고 봅니다. 다만 민속에서는 태몽의 원형상과 내용을 토대로 출생한 인물의 실제 삶을 해석합니다. 따라서 이와 같은 민속의 해석이 그 주인공의 삶의 여정에 얼마나 설명력이 있는지를 확인하려고 합니다. 필자는 미리 준비한 15개의 질문 항목을 토대로 면담자들과 만났습니다.

1. 용 태몽을 가진 5명의 삶

민속적인 해석에서 용은 사회적 또는 국가적으로 권세가 있고 유명한 사람과 동일시되며, 효용·명예·득세나 성공 여부와 관계된 표상물이자, 거대하고 벅찬 일거리·사건·사업체·단체·세력·작품 등을 상징합니다.[1]

이 책의 맨 앞에서 소개한 태몽의 주인공인 송비연 씨는 1979년생으로 면담 당시(2023년 1월)에 44세였습니다. 그녀는 태몽 1인 '갑자기 달려든 용' 태몽의 주인공으로 딸 중에 장녀로 태어났습니다. 필자가 그녀에게 물었습니다.

"태어나셨을 때의 집안 형편을 얘기해 주세요."

"중하위 정도 생활 수준이었어요. 아파트가 아닌 주택에서 살았어요."

"가족 중 어느 분이 주로 키우셨나요?"

"열 살까지는 할아버지가 키웠어요. 할아버지는 저를 '조선에서 둘도 없는 손녀딸'이라며 무척 귀여워해 주셨어요. 저는 잘 때도 할아버지를 찾아서 잤어요. 그 이후에는 어머니가 키워 주셨죠."

"어머니와 관계는 어땠나요?"

"애착이 무척 강해요."

"살아가는 동안에 자신에게 가장 긍정적으로 영향을 미친 분은 누구라고 생각하세요?"

"어머니예요. 제가 중학생 때 엄마가 사업을 하셨는데, 사업장에 방문한 제가 실수로 큰 거울을 깼어요. 엄마는 저를 혼내지 않고 '오늘 액땜해서 물건이 많이 팔리겠다'라고 말했어요. 저에 대한 한 없는 신뢰와 긍정적 지지를 해주었어요."

"지금까지 살아온 얘기를 해주시겠어요?"

"제가 초등학교 6학년 때까지는 내성적인 성격이었어요. 이후로는 외향적이고 적극적으로 살았어요. 어린 시절에는 여객기 스튜어디스가 꿈이었어요. 스튜어디스 양성을 위한 전문대도 나왔죠. 그런데 2001년 미국 뉴욕에서 9·11 테러가 나는 광경을 TV로 목격하고 부모님이 말리는 거예요.

어머니 사업이 잘되고 해서 미국으로 어학연수를 갔다가 칼리지에 다녔어요. 공부에 흥미가 있고 성적도 좋아서 미국 ○○대학 전자공학과에 합격했어요. 미국에서 4년 6개월간 있었는데, 그 시절이 무척 행복했어요. 당시 장래 꿈은 교수나 전자공학 분야의 전문가가 되는 거였어요. 그때 갑자기 어머니가 하시던 사업이 크게 기울었어요. 꿈을 접어야 했지요.

귀국해서 어머니를 도와 사업을 일으키려고 무척 노력했는데, 잘 안됐어요. 나중에는 어머니로부터 독립해서 제 나름대로 사업에 착수한 적이 있어요. 그러다가 우연한 기회에 비트코인을 알게 되었어요. 몇 주일을 비트코인에 대해서 공부한 후, 아버지에게서 1,000만 원을 빌려서 시작했어요. 2017년에 엄청나게 큰돈을 모았어요. 그때 남자 친구도 사귀었지요. 하지만 주위의 권유로 투자한 사업에서 돈을 거의 잃고, 사귀던 남자 친구와도 헤어졌어요. 한때는 너무 힘들어서 정신건강의학과를 찾기도 했습니다.

2019년에 현재의 남편을 만나고, 학원 강사 일도 하면서 사업의 재기를 계획하고 있어요."

"현재의 생활에 만족하시나요?"

"네, 지금은 행복해요. 저는 성격이 낙관적이에요."

"지금까지 살면서 인생의 전환점이 있었다면, 그때가 언제인가요?"

"제가 미국에서 공부하던 25세 때 하나님을 맞이한 겁니다. 힘이 들 때마다 하나님께 기도하는 습관이 생겼어요. 저의 기도에 응답도 해주셔요. 또 다른 전환점은 어머니의 사업 실패로 유학의 꿈이 좌절된 거지요. 귀국해서 비트코인으로 큰돈을 벌었지만, 동업자들과 하던 사업이 잘 안되었어요. 이후 소송사건에도 휘말려서 우울증까지 생겼지만 다 승소하고 마음의 안정을 찾았어요. 이제 재기를 위해 새로운 사업을 계획하고 있습니다."

"태몽이 실현되었다고 보세요?"

"실현 중인 것 같아요. 비트코인으로 한때는 200억 원까지 벌었는데, 지키지 못한 것은 제가 그 당시에 돈을 관리할 준비가 되지 않았기 때문이라고 봐요. 저는 인생에서 또 다른 성공의 기회가 올 것으로 생각합니다."

"태몽에 대해서 추가로 하실 말씀이 있나요?"

"평소에 제 태몽이 용꿈이라는 생각은 하지 않고 살고 있어요. 다만 꿈을 꾸셨던 아버님이 '너는 잘살 것이다'라는 말씀을 하셨어요. 이 말보다는 하나님이 저를 도와주실 거라는 강한 믿음이 있습니다."

태몽 397 하늘을 나는 용

또 다른 용꿈의 주인공인 이혜수 씨는 1983년생으로 면담 당시에

39세였습니다. 그녀의 태몽입니다.

"어머니가 임신 직전에 꾼 저의 태몽입니다. 아주 화창한 날씨였대요. 넓은 학교 운동장 위로 커다란 용이 입에 유람선 같은 배를 물고 하늘을 날고 있었어요. 운동장과 유람선 안에는 사람들이 가득했고요. 사람들은 손뼉을 치며 환호성을 질렀고, 기자들은 플래시를 터트리며 사진을 찍으면서 감탄했다고 합니다."

2023년 1월 초에 이혜수 씨와 대화한 내용입니다. 그녀는 집안의 장녀이고 주된 양육자는 어머니로 그녀를 사랑으로 키웠습니다.

"살아온 과정에 대해서 얘기해 주시겠어요?"

"아버지가 건설업을 하셨는데, 제 나이 20대 초반에 사업이 망했어요. 그리고 20대 중반에 사랑하는 사람을 사고로 잃었어요."

"집안의 불운이 자신의 진로에 어떠한 영향을 끼쳤는지요?"

"그때 저는 대학교에서 미술을 전공하고 있었어요. 그런데 아버지의 사업 실패로 학업을 중퇴하고, 학원에서 영어 강사를 하면서 돈을 벌어야 했어요. 대학원에 진학하여 심리 상담으로 방향을 튼 계기가 되었어요.

제가 태어날 때만 하더라도 딸 태몽에 용이 등장했다고 하면 다들 걱정 반, 놀람 반의 반응을 보였다고 해요. 지금도 가끔 그런 반응을 보이는 사람이 있는데, 정말 제가 받은 기가 세서 그런가요?"

"요즘은 여성들도 사회 진출이 활발하잖아요. 강한 기운을 타고 났다고 해서 여성이 팔자가 세다는 말에는 동의하지 않습니다. 성격은 어떠신지요?"

"저는 밝고 장래에 대해서 낙관적이에요. MBTI 성격유형으로 보면 ESTJ형이지요."

"활동적이고 사교적이며, 단호하고 지도력이 있는 외향적 성격이

시네요. 학업과 직업은 어떠한가요?"

"대학교를 졸업하고 ○○대학원 상담심리학과에서 석사 과정을 마쳤어요. 이후 상담심리사 자격증을 따고 이 분야 관련 프리랜서로 일을 하고 있어요."

"경제적인 생활 수준은 어떠세요?"

"평범하지만 행복해요."

"태몽이 실현되었다고 보나요?"

"실현되어 가는 중이라고 생각해요. 집단 상담 프로그램을 운영하면서 누군가를 도와 그들이 성장하고 행복해지는 것을 보면 보람을 느끼고 저도 기쁘기 때문이에요."

"덧붙이고 싶은 말씀은요?"

"태몽을 생각하면 희망차고 무슨 일을 해도 잘될 거라는 느낌이 있어요. 그리고 추진하는 일이 막히더라도 '앞으로는 잘될 거야'라는 긍정적인 마음으로 임해요. 저에게는 태몽이 힘든 상황을 극복하는 지표가 되고 있어요."

태몽 398 임산부가 매달려 승천하는 용

또 다른 용꿈의 주인공인 박수진 씨는 1991년생으로 면담 당시 33세였습니다. 아래로는 남동생이 하나 있습니다. 그녀의 어머니가 임신 중에 꾼 꿈입니다.

"어머니가 물에서 승천하는 용에게 매달려 하늘로 올라갔어요. 이때 어머니는 용에게서 떨어지지 않으려고 다급히 용의 귀를 붙잡았어요. 꿈속에서 어머니는 매우 놀랐다고 합니다."

"태어났을 때 집안의 경제적 형편은 어땠나요?"

"가난했어요. 시골에서 아버지는 대형차 운전을 하셨어요. 나중에 어머니가 식당을 운영하면서 형편이 조금씩 나아졌어요."

"어린 시절 양육은 주로 누가 했나요?"

"어머니입니다. 만 한 살까지는 아버지가 주로 양육하셨지만요. 제가 잠을 자지 않을 때는 항상 차에 태워서 재워 주고, 딸 다치지 말라고 칼끝을 완만하게 만들 정도로 저에 대한 사랑이 깊었어요. 이후 아버지는 운전 일에 전념했기 때문에 매일 저녁 늦게 집에 들어왔고 제 학교 졸업식에 참석도 하지 못했어요."

"어머니와 심리적인 애착은 어떠했나요?"

"엄마와 관계는 돈독했어요. 저에게 헌신적이었고요. 저도 어머니의 처지를 측은하게 생각했어요. 제가 기숙사 생활을 할 때도 다른 친구들은 버스를 타고 다니는데, 저는 항상 자동차로 데려다주셨어요."

"부모님으로부터 깊은 사랑을 받으셨네요. 어머님의 양육 방식은 어땠는지요?"

"사랑과 자율로 저를 키우셨어요. 제가 호기심이 많아서 뭔가를 하고 싶다고 얘기하면 무엇이든지 경험이니까 좋다고 허락하셨어요. 초등학교 때 친구 중에서 제가 제일 먼저 휴대폰을 가졌어요. 한국 무용을 하고 싶다고 했을 때도 어머니가 허락해 주셨어요. 1998년 당시에 아버지는 덤프트럭을 운전하고 어머니는 식당을 운영하면서 집안 형편이 좋아졌어요. 그런데 아버지가 운전하는 도중에 오토바이와 충돌하는 사고가 났어요. 아버지 잘못은 아니었지만, 인사 사고라서 배상을 하느라 가정 경제가 다시 힘들어졌어요."

"성장 과정에서 긍정적인 영향을 미치신 분이 있다면요?"

"어머니예요. 제가 초등학교 때 조숙했고, 자극을 추구하는 경향이 있었어요. 또래 관계에 만족하지 못하고 중학생 오빠들과 어울렸지요. 비행 청소년으로 빠질 수도 있었어요. 그때 어머니가 '너마저 잘 안되면 엄마는 죽는다'라고 하셨어요. 그리고 제가 하늘이 무너져도 솟아날 구멍이 있는 사주라고 해요. 당시의 경험이 저에게 성장과 성숙을 줄 것으로 믿었어요. '이 또한 지나가리라'라는 문구를 자주 떠올렸어요. 제가 집안의 기둥이라는 말을 아빠가 틈만 나면 이야기하셔서 부담스러웠지만 크게 방황하지는 않은 것 같아요. 비행하는 언니, 오빠들과 함께하면서 '그들을 도울 방법은 무엇일까?'를 생각했고, 비행 청소년을 돕고 싶어서 청소년상담사가 되기로 결심했어요. 그때 상담심리학과나 심리학과가 개설된 대학들을 모두 찾아서 파일로 만들었어요. 지금도 그 파일을 가지고 있습니다. 이 같은 동기가 저를 심리상담 분야로 이끌었던 거 같아요. 항상 스스로 독립적으로 살려고 노력했어요."

"본인의 성격은 MBTI로 보면 무엇인가요?"

"쾌활하고 사교적이며 외향적인 ESFP형이예요. 청소년기에는 매우 외향적으로 친구 관계에서도 감초 역할을 했어요. '약방의 감초'라는 말이 있죠. 감초는 한약재의 독성을 낮춰 주고 좋은 성분은 강화시켜 주잖아요. 집단 내에서 그러한 역할을 자주 하기도 했고, 주변에서 그런 역할을 해주기를 원하기도 했어요."

"공부는 어느 정도 하셨나요?"

"상담심리학 석사 졸업입니다. 대학과 대학원에서 모두 상담심리학을 전공했어요."

"현재 직업은요?"

"2016년 2월 초에 K도에 있는 모 군부대 전문 상담관으로 취업했어요. 이제 8년째 근무하고 있네요."

"현재 경제적인 생활 수준은요?"

"보통이라고 생각해요. 저도 벌고, 남편도 군 장교로 근무해서 조금씩 저축하며 살고 있어요."

"생활의 만족도는요?"

"보통이라고 생각해요. 딸아이가 있어서 행복해요."

"현재 본인의 세상을 바라보는 성향은 어떠신지요?"

"낙관에 가까운 중간이라고 봐요."

"지금까지 살아오면서 겪은 인생의 극적인 전환점들이 있으면 소개해 주세요."

"세 번 정도 있었어요. 첫째는 고등학교 2학년 때입니다. 항구가 있는 시골에서 고등학교를 다녔어요. 텃세가 심했고, 친구들이나 선배들에게 많이 시달렸어요. 외롭고 힘들어서 여섯 살 연상의 남자 친구를 사귀기도 했어요. 엄청나게 방황했고요. 그러던 어느 날, 노는 친구들하고 어울리려고 애쓰는 제 모습이 초라하고 안타깝게 느껴졌어요. 그래서 공부를 하기로 결심했어요. 그러나 기본 지식이 없다 보니 힘들더군요. 1학기 기말고사를 보았는데, 잘 안됐어요. 다시 마음을 추슬렀어요. 끝까지 해보자는 결심을 하고 방학기간에 열심히 공부했죠. 2학기 중간고사 결과를 보니 성적이 오르기 시작했더군요. 그때 기억나는 일은 전교 1등도 못 맞힌 문제를 제가 그에게 설명해 주었던 거예요. 주위에서는 이게 무슨 일이냐며 크게 격려해 주었고, 아빠에게 성적을 얘기했더니 잘했다고 엄청나게 칭찬해 주었어요. '나도 하면 되는구나'라는 확신을 가졌어요.

둘째는 대학원 때인데, 무척 힘이 들었어요. 실습량이 아주 많았고, 국가지원 사업을 받고 프로그램 개발에도 참여해서 바빴어요. 2,000명이 넘는 사람들에게 심리검사 교육을 시키면서 다녔어요. 더욱이 교수에게 평가받아야 하는 처지여서 크게 불안하기도 했지요. 결과론적이지만 이때 심리상담 실력이 크게 늘었습니다.

셋째는 2016년 2월, 대학원 졸업을 앞두고 군대 상담관 시험에 합격한 것이에요. 이제 스스로 온전한 독립을 하게 된 셈이죠. 함께 일하는 상담관 중에는 제가 제일 나이가 어렸어요. 사단장님은 우리 부대에 인재가 왔다며 칭찬해 주었답니다. 격려 덕분에 큰 힘이 났어요."

"하시는 일에 관하여 얘기해 주세요."

"전문 상담관으로 군인들을 대상으로 심리상담과 심리치유를 하고 있습니다."

"태몽이 실현되었다고 보세요?"

"(웃으면서) 용이 승천하는 거요? 제 꿈은 실현 과정에 있다고 봐요. 살면서 용꿈을 태몽으로 가지고 있는 분들을 만났어요. 제가 느끼기에 이분들은 에너지가 엄청나고, 근성과 열정이 있으셨어요. 저도 장래에 엄청난 에너지가 들어와서 무엇인가를 하고 있지 않을까 하는 생각이 들어요."

"덧붙일 말씀은요?"

"제 인생은 전반전도 끝나지 않았다고 봐요. 아직은 제 꿈이 실현되었다고 보기에는 너무 약한 것 같아요."

태몽 399 선비로 변한 용

네 번째로 소개할 용 태몽의 주인공인 강성철 씨는 1975년생으로 인터뷰 당시 49세였습니다.

"저를 임신했을 때 어머님이 꾼 꿈입니다. 용이 하늘에서 집으로 내려와 한옥 대들보를 감싸고 있다가 선비로 변해서 어머니 품에 안겼습니다."

다음은 2023년 5월 중순, 그와 만나서 대화한 내용입니다. 그는 2남 중 장남으로 태어나 어린 시절 부모님의 이혼으로 아버지와 친할머니의 손길 아래에서 성장했습니다. 아버지는 아들을 믿고 맡기는 방식으로 자율성을 주었고, 친할머니는 맹목적인 사랑을 베풀어 주셨습니다.

"성장 과정에서 본인의 주된 성격은요?"

"밖에서는 외향적으로 사람 만나는 것을 좋아했어요. 하지만 집에 있을 때는 혼자 있는 것도 좋아했어요."

"학업과 현재 직업은 어떠신지요?"

"○○대학교를 졸업한 후 2006년에 시험에 합격하여 공무원이 되었습니다."

"공무원을 선택한 이유가 있나요?"

"대학을 졸업하고 해운 관련 대기업에 취직해서 배를 탔어요. 일도 재미있고 즐거웠어요. 제가 배를 타고 미국 뉴욕항에 들어갔었는데, 그때 할머니가 돌아가셨어요. 직업이 저와는 잘 맞았지만, 이렇게 살면 안 되겠다는 생각이 들더군요. 회사를 그만두고 다시 공부해서 공무원이 되었어요. 이제 18년 차 중견 간부가 되었네요."

"현재 경제적 생활 수준은 어떠신지요?"

"보통이라고 봐요. 제 위만 보면 만족스럽지 않고, 저보다 가난한 사람들을 보면 그래도 제가 괜찮다고 생각해요. 아내도 공무원으로 맞벌이예요."

"본인의 성격은 어떠신지요?"

"세상을 낙관적으로 보려고 해요. 세상은 자기가 생각하는 대로 보인다고 봐요. 아름답다고 보면 아름답죠. 결국 마음의 문제라고 봅니다."

"태몽이 실현되었다고 보나요?"

"진행 중인 것 같아요."

"그렇게 생각한 이유는요?"

"지금 결론을 내리는 것은 섣부른 판단이라고 생각해요. 제 인생은 하나하나 만들어 가는 중이라고 봅니다."

"자신의 태몽과 관련해서 남기고 싶은 말이 있나요?"

"긍정적인 꿈이므로 앞으로도 잘될 것으로 생각합니다."

태몽 400 승천하는 용

다섯 번째로 소개할 용 태몽의 주인공인 송승룡 씨는 1976년생으로 인터뷰 당시 47세였습니다. 다음은 송승룡 씨의 어머니가 꾼 꿈입니다.

"제 고향 시골 마을에 다른 마을로 통하는 언덕이 있는데 그 언덕에 고목 나무가 하나 있습니다. 어머니 꿈에, 갑자기 사람들이 그 고목 나무에 큰 용이 있다며 우르르 구경을 가자고 했답니다. 어머니가 그 소리를 듣자마자 사람들이 승천하는 용을 쳐다보면 용이 하늘로 못 올라간다는 생각이 들어, 그 방향을 바라보다 안 보려고 눈을 감으셨답니다. 꿈에서 깨어 주위 사람들에게 물어보니 태몽이라고 했대요."

2023년 2월 중순, 그와 나눈 대화입니다. 그는 비교적 유복한 농촌 마을에서 3남 중 장남으로 태어났습니다. 그의 어머니가 주 양육자였는데, 아들을 믿고 맡기는 방식으로 양육했습니다. 그는 자신이 공부를 잘했기 때문에 그런 것 같다고 생각했습니다.

"성장 과정에서 긍정적인 영향을 미치신 분이 있다면요?"

"제가 네 살 때부터 같은 동네 누나가 저를 교회로 데리고 다녔어요. 이후 기독교 교리가 저를 이끌어 주었다고 생각해요. 신이 내 인생을 주관한다는 점, 악하지 말고 선하게 살라는 가르침 등이 큰 영향을 미쳤어요. 어려운 일이 있으면 기도로 구하고 응답을 받기도 해요."

"본인의 성격은 어떤가요?"

"외향적이지만 지나치지는 않습니다. 사람을 많이 만나지도, 만나는 걸 꺼리지도 않아요."

"학업은 어디까지 하셨나요?"

"학부는 ○○대학을 졸업했고 대학원은 해외에서 국제관계 석사를 했어요. 귀국하여 다시 취업했고, 2020년에 ○○대학에서 국제관계로 박사학위를 받았습니다."

"지금까지 살아오면서 겪은 인생의 극적인 전환점들이 있으면 소개해 주세요."

"첫째는 유학입니다. 대학 졸업 후 들어간 첫 직장이 민간 회사였어요. 3년을 근무하고 해외로 유학을 갔습니다. 석사를 마치고 귀국하여 제 경력에 큰 변화가 있었지요. NGO(비영리기구) 성격의 싱크탱크(think-tank) 기관에 취업하여 지금까지 14년간 근무하고 있습니다. 둘째는 결혼입니다. 아이가 생기고 인생관도 달라졌습니다. 아내와 처가 모두가 독실한 기독교인이에요."

"현재 하시는 일에 관하여 얘기해 주세요."

"변호사와 같은 자격증이 없으니 전문직이라고 하기도 그러네요. 그냥 직장인이고, 다른 한편으로는 소설을 쓰는 작가예요. 문단에 정식으로 등단한 것은 아니지만 지금까지 역사소설 등 몇 권의 책을 썼습니다. 한 소설책은 2,500부 넘게 팔렸어요. 대단한 건 아니지만요. 지금은 조선 후기를 시대 배경으로 하는 역사소설의 집필을 마쳤고 조만간 출간할 계획입니다."

"경제적인 생활 수준은 어떤가요."

"보통이에요."

"생활의 만족도는요?"

"행복해요. 집안에 특별한 문제가 없고, 건강하고, 무엇보다 제가 원하는 일을 하고 있기 때문이죠."

"태몽이 실현되었다고 보세요?"

"태몽이 나의 미래를 예지한다고는 생각하지 않아요. 하지만 용꿈이 나쁜 꿈은 아니라고 봐요. 어머님은 독실한 기독교인이지만 저에게는 아직도 더 기대가 있어요. 제가 세속적인 성공을 하기를 원하셔요. 어머님은 현재의 제 모습이 다소 아쉽다고 생각하시는 듯해요. 자식이 잘되었으면 좋겠다는 기대와 아쉬움이 있는 것이죠."

"덧붙일 말씀은요?"

"태몽 때문에 어찌 될 거라는 의미 부여는 하지 않아요. 다만 작가로서 대중성을 확보하고, 독자들이 제 소설을 많이 읽었으면 좋겠다는 소망은 있어요. 최근에 출판사와 제 소설 발간에 관한 합의가 이뤄지고 있어요. 제 인생은 실현되는 과정에 있다고 봅니다."

2. 구렁이 태몽을 가진 사람의 삶

한국의 민속에서 구렁이는 신화, 설화, 전설에 자주 나오는 동물입니다. 우리 조상들은 집안을 지켜 주는 영물로 인식하고 있습니다. 이러한 한국인의 집단무의식으로 인하여 구렁이는 강대한 세력

을 가진 사람, 권세나 명예 혹은 기관, 업적 등을 상징합니다.²

태몽 401 나무에 걸려 있는 큰 구렁이 두 마리

태몽의 주인공인 김린 씨는 1976년생으로 인터뷰 당시에 47세였습니다. 다음은 그녀의 어머니가 꾼 꿈입니다.

"어머니께서 임신 중에 꾸신 저의 태몽입니다. 나무에 노랗고 큰 구렁이 두 마리가 걸려 있었다고 합니다. 서로 엉켜서 번쩍이는데 그 모습이 예뻤대요."

2023년 7월 중순, 그녀와 나눈 대화입니다.

"먼저 궁금한 점부터 물어보겠습니다. 형제자매가 어떻게 되시는지요?"

"두 살 위 언니, 저 그리고 두 살 아래의 남동생이 있어요."

"그러면 구렁이 두 마리가 김 선생님과 동생을 뜻한다고 보시나요, 아니면 본인이 이룰 성취나 업적이 둘이라고 보시나요?"

이 질문에 그녀는 단호한 어조로 말했습니다.

"제 태몽이니 제가 두 가지 일을 성취할 것으로 생각합니다."

"태어났을 때 집안 형편은 어땠나요?"

"가난했어요. 어머니는 몹시 가난한 시골 집안 출신이었고, 아버지 집안 형편은 어머니에 비해 나았어요. 아버지는 월남전에도 참전하셨어요."

"어린 시절에 양육은 주로 누가 했나요?"

"어머니예요."

"어머니의 양육 방식은 어떠했나요?"

"폭언을 하는 등 부정적인 언어를 많이 쓰셨어요. 지금은 그렇지 않지만, 어렸을 때는 어머니가 하는 말에 영향을 받았어요."

"성장 과정에서 본인에게 긍정적인 영향을 미친 사람이나 책이 있나요?"

"(잠시 생각하다가) 어렸을 때 《지란지교를 꿈꾸며》라는 책을 읽었어요. 이 책에서 '말보다 행동을 앞세우는 사람이 되자', '남의 잘못을 그대로 본받지 말고 반면교사로 삼자'라는 교훈을 얻었어요.

다른 하나는 하나님을 영접한 거예요. 교회는 열다섯 살부터 나갔는데, 어머니가 불교 신자여서 교회에 나가는 것을 반대해 당시에는 강한 믿음을 가지진 못했어요. 그러다가 마흔한 살에 성경에서 하나님이 세상을 창조하셨다는 문구를 보고 하나님이 현존하신다는 믿음을 가졌고, 예수님을 본받는 삶을 살아야겠다고 생각했어요."

"성장 과정에서 본인의 주된 성격은 어땠나요?"

"어린 시절에 어머니로부터 부정적인 말을 많이 들으며 자라다 보니 마음에 상처를 받았어요. 많이 우울했죠. 그런데 제가 본디 성격이 활발하고, 사람 만나는 것을 좋아해요. 남을 위해 앞장서는 것도 좋아하고요. 양면성이 있었어요."

"학업은 어디까지 하셨나요?"

"○○대학 미대 회화과를 졸업했어요."

"현재는요?"

"컴퓨터 그래픽 관련 교육학원을 운영하고 있어요."

"경제적 수준은요?"

"보통이라고 생각해요."

"생활에 대한 만족도는요?"

"중간이라고 봐요."

"지금의 본인 성격은요?"

"낙관적이에요. 저의 MBTI 성격유형은 ESFJ로 감정을 주 기능으로 사용하는 외향적 판단형입니다."

"자신이 생각하는 인생의 전환점이 있다면요?"

"(아쉬운 표정을 지으면서) 성장 과정에서 저를 이끌어 준 멘토가 없었어요. 전환점은 두 가지 정도가 생각나네요. 첫째, 대학 졸업 후 20대 중반에 그래픽 아트에 관심을 가졌어요. 그때는 아무도 하지 않던 시절이었어요. 〈토이 스토리(Toy Story)〉라는 3D 애니메이션을 보고 '나도 해보고 싶다'는 생각이 들었지요. 외국 서적을 보아 가면서 독학으로 포토샵을 공부했어요. 이게 계기가 되어 IT 분야 대형 게임 회사에 취업했고, 지금까지 이 업종에서 일하고 있어요.

둘째, 마흔한 살에 하느님을 영접한 것이에요. 예전에는 우울증이 있어서 그냥 먼지처럼 사라졌으면 좋겠다고 생각하곤 했죠. 지금은 우울증이 없어졌어요. 힘든 일이 생겨도 지나갈 것으로 믿어요. 현재 닥친 일을 잘 다스리려면 포기하지 않고 긍정적으로 살아야겠다는 생각을 해요."

"게임 회사에는 언제 들어가셨나요?"

"스물여섯 살 때요. 제가 디지털 아트 대회에서 큰 상을 두 번이나 받았어요. 저의 인터뷰가 언론에 기사화되기도 했지요. 이 일을 계기로 취업하게 되었습니다."

"태몽이 실현되었다고 보세요?"

"아니요. 앞으로 실현되리라고 봐요. 지금 추진하고 있는 일들이 있거든요. 잘될 거예요."

3. 뱀 태몽을 가진 사람의 삶

민속적인 해석에서 뱀은 구렁이와 비슷하게 강대한 세력을 가진 사람, 권세나 명예, 지혜 등을 상징합니다.[3]

태몽 402 굴뚝을 타고 올라가는 하얀 뱀

정진명 씨의 태몽입니다.

"어머니께서 저를 임신했을 때, 백사가 우리 집 굴뚝을 느릿느릿 천천히 기어오르는 꿈을 꾸셨습니다."

필자는 이 꿈을 민속적인 관점에서 다음과 같이 해석해 주었습니다. "오래전부터 한국인들의 집단무의식에 뱀은 뛰어난 지혜나 교활함을 상징해 왔습니다. 이러한 잠재의식은 태아가 성장 후 권세, 명예 혹은 세력을 가진 사람으로 성장할 것임을 암시합니다. 특히 백사(하얀 뱀)는 예로부터 진귀한 동물로 인식되어 왔기 때문에 태아가 성장하여 자신이 추구하는 분야에서 특출난 능력을 발휘할 것을 암시합니다. 이 꿈에서 백사는 서서히 움직이며 굴뚝을 올라갑니다. 여기서 집의 굴뚝은 자신이 하는 일의 기반, 회사 등을 상징합니다. 즉, 사회적 기반을 토대로 서서히 상승함을 의미합니다."

2023년 2월 초, 면담 당시 정진명 씨는 60대 중반이었습니다. 그와 나눈 대화입니다.

"태어났을 때 집안의 경제적 형편은 어땠나요?"

"중간 정도였어요. 당시 시골은 모두가 어려웠을 때이니 중간이라고 해도 도시의 생활 수준에는 크게 못 미쳤죠."

"어린 시절 양육은 주로 누가 했나요?"

"어머니죠. 어머니는 가족들과 어려운 이웃에게 희생과 조건 없는 사랑을 말 없는 실천으로 보여 주시고, 저를 기독교 신앙으로 인도해 주신 분입니다."

"어머니의 양육 방식은 어떠했나요?"

"배움은 없으신 분이었지만, 끝까지 저를 믿어 주시고 모든 결정을 내가 할 수 있도록 맡기신 분이에요. 저에게는 신앙을 가질 것만 부탁하셨어요. 집안에서 어머님은 가족들의 기도를 주관하셨어요. 저는 어머님의 기도 소리를 들으면서 자랐어요."

"성장 과정에서 긍정적인 영향을 미친 분이 있다면요?"

"제가 대학에 진학했을 때, 제게 장학금을 주신 분이 있었어요. 정말 훌륭하고 따뜻한 마음을 가진 분이었지요. 장학금을 통한 경제적인 지원뿐만 아니라 방황하던 시기에 좋은 말씀으로 정서적 안정을 주셔서 큰 도움이 되었어요."

"본인의 성격은 어떤가요?"

"고등학생 때까지는 내향적이었고, 대학생 때는 토론과 담론을 즐겼어요. 이후 외향적인 성격이 되었죠."

"학업은 어느 정도 하셨나요?"

"대학원 MBA 과정 수료예요."

"지금까지 살아오면서 맞이한 인생의 극적인 전환점들이 있으면 소개해 주세요."

"첫째는 ○○대학교 합격입니다. 그때부터 자신감도 생기고 세상을 스스로 헤쳐 나갈 능력도 생겼으니까요. 몇 군데에서 장학금을 받고 과외 일도 하면서 수입이 생겨 자립할 여건이 되었어요. 문제는 이공학부 공부가 제 적성에 안 맞는 거였어요. 오히려 어학이 적성에 맞아서 영어를 비롯한 외국어 공부를 열심히 했어요. 그런데 나중에 사업하면서는 공대에서 배운 지식도 필요하더군요.(웃음)

둘째는 결혼이에요. 아내는 제가 지방에서 근무할 때도 저를 믿고 함께 생활했어요. 그때부터 생활이 안정되고 하는 일도 잘되었죠. 아내에게 잘해야 한다는 마음이 늘 있습니다.

셋째는 기독교 신앙을 받아들인 것입니다. 같은 직종에서 일하는 분들을 보면 경제적인 성공을 거두었음에도 마음의 평안을 찾지 못하고 불안해하거나 우울해하는 분들이 있어요. 절대자에 대한 믿음으로 영성의 세계를 이해하고 안정된 삶을 즐길 수 있으면 좋을 텐데, 하는 아쉬움이 있습니다."

"하시는 일에 대해서 얘기해 주세요."

"대학 졸업 후 대기업 근무로 사회생활을 출발했어요. 그런데 저에게 맞지 않은 일도 시키고 해서 여러 번 직장을 옮겼습니다. 이후 기업금융(Investment Banking)업에 종사해 왔습니다. 적성에 맞았고 제가 노력한 것도 있지만 재운이 따라서 성과가 좋았습니다. 현재는 독립해서 투자회사를 운영하고 있습니다."

"경제적인 생활 수준은 풍족하시겠네요."

"네, 경제적으로는 충분히 안정되었습니다."

"생활의 만족도는요?"

"만족합니다. 삶에 대한 태도도 긍정적이고요."

"태몽이 실현되었다고 보세요?"

"그것보다도 절대자에 대한 믿음을 가지고 긍정적 태도로 노력하여 주어진 삶을 사는 것이 저에게는 더 중요해요. 물론 저의 태몽이 '내가 이렇게 될 것을 예견했나?' 하는 생각이 들기도 하고요. 남들 말로는 제가 느리대요. 저의 삶은 천천히 위로 올라가는 과정이에요. 백사가 천천히 올라가는 태몽 때문에 그런 것이 아닌가 하는 생각이 들기도 합니다."

4. 돼지 세 마리와 큰 박 2개의 태몽을 가진 사람의 삶

민속적인 해석에서 돼지는 재물, 작품, 돈, 사업체, 복된 일거리 등을 상징합니다.[4] 이러한 이유로 돼지꿈을 꾸면 복권 당첨이나 일확천금의 행운이 들어온다고 해석하는 경향이 있습니다. 또 호박은 '호박이 덩굴째 들어온다'라는 속담에서와 같이 횡재나 재수있는 일, 돈, 작품 등을 상징합니다.

다음은 박상희 씨의 태몽으로 그녀의 어머니는 2개의 꿈을 꾸었습니다.

태몽 403 집에 들어온 돼지 세 마리

"내가 임신 사실을 알기 직전이었어요. 낮에 대문으로 돼지들이 들어왔어요. 내가 재래식 부엌으로 들어가니까 돼지 세 마리가 따라 들어왔어요."

태몽 404 다리를 벌려서 받은 큰 박 2개

"또 다른 꿈은 임신 중에 꾸었어요. 꿈에 높은 산이 있고, 나는 중턱쯤 산허리에 난 길을 걷고 있었어요. 위쪽을 보니까 아주 뽀얀 한 아름 크기의 박 2개가 열려 있는 거예요. 나는 까치발을 들고 손으로 땄어요. 그런데 박이 데굴데굴 굴러서 다리를 벌리고 그 2개의 박을 받았어요."

필자가 그녀에게 해석해 준 내용 중 일부입니다. "세 마리의 돼지 꿈은 자식이 셋이거나, 태아가 성장하여 서로 다른 세 가지 업적(연구, 일, 사업, 관직 등)을 달성하게 된다는 암시일 수 있습니다."

2023년 1월 중순, 박상희 씨를 만나서 인터뷰를 진행했습니다. 그녀는 1975년생으로 당시에 47세였습니다. 필자가 물었습니다.

"태어났을 때 집안 형편은 어땠는지요?"

"아빠는 무역과 유통업을 하셨는데 잘되었어요. 엄마는 초등학교 교사셨고요. 유복한 환경이었어요."

"형제자매는요?"

"딸만 셋으로 제가 첫째이고요, 제 아래로 두 살, 세 살 아래 여동생들이 있습니다.'

"자매가 셋이군요."

"꿈에서도 돼지가 세 마리였잖아요!"

"부모님 입장에서는 복덩어리들이 들어온 거군요." 필자는 웃으면서 응수했습니다. "어린 시절에는 누가 키워 주었나요?"

"세 살까지는 친할머니와 외할머니가 키워 주셨어요. 두 분은 친구였어요. 다섯 살 이후에는 엄마가 교사 일을 중단하고 양육해 주었어요."

"엄마는 어땠나요?"

"저를 사랑으로 키웠는데, 엄격하기도 했어요."

"성장 과정은 어땠나요?"

"중간에 아버지의 사업 실패로 집안이 망했어요. 어린 시절 꿈은 의사가 되는 거였는데, 망한 집안 환경으로 고등학교 시절에 많이 방황했어요. 결국 ○○대학교 경제학과에 입학했어요.

대학 졸업 후 중소기업에서 회계를 맡았는데, 어느 날 전화 한 통을 받았어요. 아버지의 빚을 저보고 대신 갚으래요. 저는 무섭기도 하고, 남들이 알까 봐 창피하기도 했어요. 엄마 몰래 아버지가 진 큰 빚을 다 갚았어요. 한 달 월급이 100만 원이 안 되던 때로 정말 힘든 시절이었지요. 당시 저는 사람들을 만나는 게 싫었어요. 대인기피증이었죠. 많이 울었어요. 한때는 극단적인 생각도 했고요.

그러다가 절에 나갔는데, 우연히 어떤 스님을 만났어요. 저는 하소연했죠. 그러자 스님이, '그렇게 계산하고 아등바등 살아도 남는 게 하나 없는 건 마찬가지다'라고 하셨어요. 이 말씀이 가슴 깊이 들어왔어요. 저는 '그래, 다른 선택으로 10년만 더 살아 보자'라고 결심했어요.

대학원에 들어가서 상담심리와 명상을 공부했어요. 이후 권위 있는 민간의 상담심리 분야 학회의 자격증과 국가 자격증 등을 여럿 땄어요." 그녀는 자신이 딴 자격증들을 일일이 설명해 주었습니다.

"정말 자격증을 많이 따셨네요."

"제가 불안이 좀 있어서요." 그녀는 희미하게 웃었습니다.

"현재 직업은요?"

"심리상담소를 운영하고 있어요. 월 평균수입은 400만 원, 거기에 중소기업 자문역으로 월 200만 원을 따로 벌고 있어요."

"자신의 경제적 생활 수준은 어떻다고 생각하나요?"

"풍족하다고 봐요."

"생활에 대한 만족도는요?"

"중간 정도예요."

"현재 본인의 성격은 어떠한가요?"

"낙관과 비관 사이 중간이에요. 저는 주로 양극성 장애(마음이 흥분된 상태와 우울한 상태가 교대로 나타나거나, 둘 가운데 한쪽이 주기적으로 나타나는 심리적 장애)가 있는 분들을 많이 상담하는데, 제 성격과도 잘 맞는 거 같아요. 그분들은 순수한 면이 많고 위험하지도 않아요."

"태몽이 실현되었다고 보세요?"

"어떻게 되면 실현되었다고 보아야 하나요?"

그녀는 나에게 되물어 와 필자가 대답했습니다.

"성공 여부는 각자 주관적인 영역이기도 해서 판단하기가 쉽지 않지요."

"거의 실현되어 가는 과정에 있다고 봐요. 현재 제 직업이 태몽에서와 같이 둘이거든요. 박사과정도 1년 정도 남아서 곧 박사 논문을 써야 해요. 직업 측면에서는 실현되었다고 볼 수 있고, 학문 측면에서는 거의 다가가지 않았을까요?"

5. 화초닭 태몽을 가진 사람의 삶

민속적인 해석에서 닭은 다른 새과 동물과 마찬가지로 어떤 사람과의 동일시, 작품, 일 거래, 재물, 권세, 명예 등을 상징합니다. 이 중 닭의 울음소리는 사회적인 계몽 사업으로 명성을 떨치거나, 가운의 융성, 집안의 경사 등을 뜻합니다. [5] 화초닭은 한국의 전통 닭으로 깃털이 화려하고 우아하여 화초처럼 아름답다는 의미에서 '화초닭'이라고 불립니다.

연정화 씨의 태몽은 암컷 화초닭이 수컷 화초닭을 밀치고 엄마 가슴에 있는 밥풀을 쪼아 먹은 후, 우물 안으로 들어가 유유히 헤엄을 치고 있는 꿈입니다(태몽 178). 다음은 2023년 1월 하순에 연정화 씨와 나눈 대화입니다. 그녀는 1971년생으로 인터뷰 당시 51세였습니다. 집안에서는 1남 4녀 중 막내딸로 태어났습니다.

"가족 중 어느 분이 주로 키우셨나요?"

"어머니예요."

"어머니와 관계는 어땠나요?"

"엄마는 성격이 강하고, 감정 기복이 많았어요. 저를 그리 잘 돌본 편은 아니었죠. 아들은 오빠 하나이고 공부를 잘해서 모든 정성과 사랑이 오빠에게 갔어요."

"어머니가 어떻게 양육하셨나요?"

"억압적이면서도 방임했죠. 저에게 뭔가를 해줘야 할 때는 신경을 쓰지 않고, 자신의 성격대로 살았어요. 엄마는 고집이 세고 자기주장이 강했어요. 솔직히 엄마에 대한 좋은 인상은 별로 없고 양가감정이 있어요. 어릴 적에 저는 사랑을 받으려고 순종적이었어요. 아빠는 예민하고 소심한 성격이지만 엄마보다는 자상했어요. 어렸을 때 아빠가 공터에 심은 콩을 따서 구워 주신 기억이 나요."

"성장 과정에서 자신에게 긍정적인 영향을 미친 분이 있다면요?"

"어렸을 때는 많은 영향을 끼친 건 아니지만 부지런한 아버지를 존경했던 때도 있었고, 책에서 영감을 얻은 적도 있었어요. 성장해서는 남편입니다. 제가 스무 살에 남편을 만나서 스물다섯일 때 결혼했어요. 처음에는 그가 저를 무척 따라다녔어요. 남편은 저보다 세 살이 많은데, 서로 의지가 되었지요. 저는 남편에게 엄마 같고, 남편은 저에게 오빠 같았어요. 당시에는 시집도 경제적 형편이 별로 좋지 않아서, 저의 용돈을 쪼개서 남편이 공부하도록 도움을 주었어요. 남편은 취직해서 지금은 공기업에 다녀요. 남편은 세상에서 제일 잘한 일이 저를 만나 결혼한 것이라고 주위 사람들에게 얘기한답니다. 우리 부부는 1녀 1남인데, 이제 아이들도 20대로 성장했네요."

"자신의 성격은 어떠한가요?"

"밝고 외향적이에요."

"공부는 어디까지 하셨나요?"

"교육대학원을 마쳤어요. 올해 정식으로 교육공무원으로 발령받았어요."

"나이가 있으신데, 어떻게 이 직업을 갖게 되었나요?"

"대학에서 미술 전공을 했어요. 결혼 후에는 전업주부로 아이들만 키웠는데, 남편 혼자 벌어서는 생활이 어렵더라고요. 처음에는 미술치료로 가볍게 시작했죠. 미술치료를 하다 보니 심리상담을 공부해야겠더라고요. 그래서 40대에 상담심리를 복수 전공했어요. 2015년에 교육대학원에 합격해서 교사자격증도 따고, 심리상담 분야 자격증도 땄죠. 이후 청소년상담복지센터, 중등학교 등에서 계약직으로 일했어요. 지난해 교사 임용시험에 합격해서 올해는 정식 공무원으로 발령이 났어요."

"그 연세에 대단하시네요. 지금 경제적 생활 수준은 어떤가요?"

"보통이라고 생각해요. 다행히 아이들이 잘 성장해서 독립했어요."

"생활의 만족도는요?"

"중간 정도로 비교적 행복한 편이라고 봐요."

"현재 본인의 성격은요?"

"좋을 때는 좋고, 힘들면 짜증도 내요. 다른 사람들은 저보고 순한 편이라고 해요. 아버지를 닮아 자신을 억압하는 부분이 많이 있다고 생각해요."

"살면서 겪은 극적인 변화는요?"

"무엇보다 남편을 만나 결혼한 거예요. 다음은 늦깎이로 2011년 상담심리 공부를 시작해, 2022년 교사 임용시험에 합격한 거예요."

"태몽의 화초닭과 같이 현재의 삶이 '유유자적하다'라고 생각하세요?"

"실현되어 가는 중이라고 생각해요. 직장에서는 본 업무 외에도 행정적인 일들이 많고요, 현재 보직에는 방학이 없어요."

6. 물고기 태몽을 가진 2명의 삶

민속적인 해석에서 물고기는 어떤 사람과의 동일시이거나 작품 또는 재물을 상징하고, 그것을 잡는 포획 수단이나 관찰 또는 취급한 경위 여하에 따라 현실의 어떤 일·사건 경위를 비유하거나 상징할 수 있습니다. 물고기 중 잉어는 태몽인 경우, 현실에서 재주 있고 처세를 잘하는 사람과 동일시되거나, 태아가 장차 성공했을 때 명예를 얻을 일과 관련됩니다. [6]

태몽 405 잡아서 들어 올린 오색 잉어

첫 번째로 소개할 태몽의 주인공은 정명화 씨입니다. 그녀는 1988년생으로 인터뷰 당시에 36세였습니다. 태몽은 정명화 씨의 친정아버지가 꾸었습니다.

"아내의 임신 중에 꾼 꿈입니다. 꿈에 친구들과 냇가에 갔습니다. 내가 그곳에서 오색의 잉어를 잡아서 들어 올렸습니다. 꿈에서도 무척 기뻤습니다."

2023년 4월 중순, 정명화 씨와 대화를 나누었습니다. 그녀는 2녀 중 차녀로 어린 시절에는 어머니가 주로 양육했습니다. 어머니는 학업을 중시했으며 딸을 엄격하게 키웠습니다. 정해 놓은 규칙에서 어굿나면 체벌도 가했습니다. 그런 어머니에게 정명화 씨는 양가감정을 가지고 있습니다.

"성장 과정에서 긍정적인 영향을 미친 분이 있다면요?"

"엄마죠. 엄격했지만 제가 학업이나 성적 등으로 성취를 하면 아낌없는 격려도 해주었어요. 목표한 공부 범위를 달성하거나 예비문제를 다 맞힐 때마다 칭찬하고 격려해 주셨던 것이 학업의 주된 원동력이 되었지요. 보상 심리였을까요? 그러한 점에서 만족감도 들었죠."

"본인의 성격은 어떤가요?"

"어린 시절, 집에서는 순종적이었어요. 학교에서는 중학생 때부터 고등학교 3학년 때까지 학급 회장이나 부회장을 했어요. 적극적으로 친구들과 잘 어울렸고 친구들을 좋아했죠."

"학업은 어느 정도 하셨나요?"

"○○대학교 법대를 졸업했어요."

"지금까지 살아오면서 본인이 생각하는 인생의 극적인 전환점들이 있었다면 소개해 주세요."

"첫째는 제가 스무 살에 집안이 크게 기울었어요. 대학교 1학년 때였죠. 외향적인 성격이 소극적, 부정적, 염세적으로 변했어요."

"서울 시내에 있는 명문대 법대에 합격한 일이 아니고요? 그런 대학에 들어갔으면 고등학교 때 공부도 잘하셨을 텐데요."

"대학에 합격해서 다행이라는 생각은 했어요. 고등학교 때 성적이 우수하긴 했어요."

"다행이다, 그렇게 생각하시는군요."

"둘째는 결혼이에요. 대학 때부터 부모로부터 독립해서 살고 싶었어요. 부모님은 결혼 전엔 독립은 절대 안 된다고 했죠. 결혼하니까 드디어 독립했구나 하는 생각이 들고, 심리적으로도 안정이 되었어요."

"그래요? 회계사 시험 합격도 중요한 전환점이 아닌가요?"

"그렇지는 않아요. 대학을 졸업한 후 스물여섯 살에 합격했는데, '다행이다'라는 정도로만 생각했어요."

"그렇군요. 직업은요?"

"현재 한 대형 회계법인에 다니고 있어요. 회계사가 된 지 9년 차가 되어, 팀장으로 일하고 있습니다."

"현재 경제적인 생활 수준은요?"

"보통이에요."

"부부 모두 전문직으로 연봉이 상당할 텐데요?"

이 질문에 정명화 씨는 가만히 미소만 지었습니다.

"생활의 만족도는 어떤가요?"

"결혼해 독립했다는 점에서 만족해요. 남편은 자상하고, 집안일도 많이 도와줘요."

"태몽이 실현되었다고 생각하세요?"

"진행 중이라고 봅니다. 앞으로 이룰 것도 많고, 아직은 성장 과정이라고 봐요. 앞으로도 회계사로 꾸준히 일하고, 태어날 자식들도 부족하지 않게 키우고 싶은 소망이 있어요."

"끝으로 남기고 싶은 말이 있나요?"

"제 꿈의 해석이 미래에 어떻게 반영될지 궁금해요."

태몽 406 치마폭에 담은 큰 물고기 두 마리

두 번째 물고기 태몽의 주인공은 김정국 씨로, 1964년생이며 인터뷰 당시 60세였습니다. 그의 태몽입니다.

"어머니께서 저를 임신하기 전에 꾸셨던 꿈입니다. 꿈에 어머니가 어느 동네에 있는 샘터에 갔습니다. 큰 샘터였는데 물이 샘솟는 곳에서 아주 크고 긴 형태의 검은색 물고기 두 마리가 갑자기 나오면서 어머니 치마폭 안으로 들어왔습니다. 어머니는 매우 놀라서 치마폭에 물고기들을 감싼 채로 샘터의 주인집 마당에 달려가 무릎을 꿇고 '허락 없이 물고기를 잡은 잘못을 제발 용서해 주세요' 하면서 계속 빌다가 깼다고 합니다."

다음은 필자의 해석입니다. 임산부는 샘터의 주인집 마당으로 가서 무릎을 꿇고 '허락 없이 물고기를 잡은 잘못을 제발 용서해 주세요'라고 빕니다. 이 부분은 두 가지로 해석할 수 있습니다. 하나는 이 예지적인 태몽 중에도 꿈을 꾸는 분의 전두엽(인지기능을 담당하며 보통 수면 중에는 쉬는 곳)이 부분적으로 활성화되어 '내가 이 물고기들을 가져가도 되나' 하는 의식적인 자각이 이루어지면 그렇게 행동할 수 있습니다. 다른 하나는 현실에 그와 유사한 샘터가 있어서 그 샘터에 얽힌 사연을 어머님이 알고 계셨다면 그 사연이 꿈속에서 재생되어 그러한 행동을 했을 수 있습니다. 이 부분은 어머님께 직접 여쭤보면 알 수도 있을 것입니다.

다음은 2023년 4월 중순, 김정국 씨를 만나서 나눈 대화입니다. 필자가 먼저 질문했습니다.

"먼저 궁금한 점부터 물어보겠습니다. 태몽의 끝부분에서 어머님이 잘못했다고 샘터의 주인에게 사죄한 이유가 있지 않았을까 생각하는데, 어머님께 그 이유를 여쭤보셨나요?"

"어머니께 물어보지는 않았지만, 제가 지금 생각해 보면 이런 것 같습니다. 당시 어머니는 '출가하면 외인'이라는 유교적 관습이 강한 가정에서 성장했는데 저를 낳은 장소가 외할아버지 집이었습니다. 그래서 어머니는 자기 집이면서도 출가했기 때문에 남이라고 생각되는 집의 샘터에서 물고기를 얻게 되어서 그런 죄송한 감정이 일었던 것이 아니었나, 하고 짐작해 봅니다. 현실에서도 외할아버지의 집 마당에는 큰 샘터가 있었습니다."

"당시의 생활환경은 어떠했나요?"

"제가 태어난 외할아버지 집은 경상도 지리산 자락의 중턱에 홀로 자리 잡고 있었고 마을과도 멀리 떨어져 있었습니다. 오지 중의 오지였지요. 초등학교도 편도 4킬로미터 정도 거리에 있어서 책가방을 메고 힘겹게 걸어 다녔던 기억이 납니다."

"형제자매는 어떻게 되나요?"

"독자입니다."

"태어났을 때 집안의 경제적 형편은요?"

"어머니는 제가 태어나기도 전에 어떤 사정으로 인해 아버지와 이미 헤어진 상태였고, 가진 것 하나 없이 외할아버지 집에서 지내고 있었습니다."

"어린 시절 양육은 주로 누가 했나요?"

"어머니와 떨어져 있었던 몇 년을 제외하고는 어머니가 했습니다."

"어머니의 양육 방식은 어떠했나요?"

"어머니는 원래 일일이 간여하는 성격이 아니었고 저에게 잔소리를 한 적도 거의 없었습니다. 어머니는 제가 어렸을 때 돈을 벌고자 산골에서 나와 도시로 가셨고, 저는 초등학교 3학년이 되어서 어머니가 있는 도시로 나왔지요. 복잡하고 사람 많은 도시와 새 학교에 적응하기 힘들었고, 중학교를 졸업할 때까지 공부라는 것을 아예 하지 않았습니다. 공부는 물론이고 숙제도 늘 안 해 가서 반에서는 항상 관찰 대상인 학생이었지요. 스스로 폐쇄적으로 생활했던 시기었습니다."

"본인의 원래 성격은 어떤가요?"

"원래부터 내향적인 성격이었지만, 어린 시절 도시로 나간 어머니와 떨어져 엄격하고 완고하신 외할아버지 집에서 살면서 더욱 소심하게 변했습니다. 어렸지만 어머니와 떨어져 있던 그 시기에 정서적인 공허함과 불안감을 대단히 크게 느꼈었던 것 같습니다."

"성장 과정에서 긍정적인 영향을 미친 분이 있다면요?"

"도시로 나온 이후에는 어머니 동생인 외삼촌입니다. 당시 세관의 말단 공무원이셨는데, 제가 고등학교 다닐 때 좋은 이야기를 많이 해주셨지요."

"무슨 얘기를 해주셨나요?"

"외삼촌은 우리 집에 들를 때마다 저를 앉혀 놓고 '인생을 바르게 살아야 한다. 세상의 올바름을 지키는 것이 중요하다'라는 공자님류의 말씀을 많이 하셨어요. 결정적으로 외삼촌은 제가 고등학교 3학년을 마칠 무렵에 당시 고등고시 준비생들이 보던 《고시계》란 책을 저에게 주셨습니다. 그때 저는 책 뒷부분에 있던 고시 합격기 두 편에 너무나도 깊은 감명을 받아서 수백 번을 반복해서 읽고 거의 외웠지요. 제 인생의 목표를 고시 합격으로 정하게 되었습니다."

"학업은 어느 정도 하셨나요?"

"공부에 전혀 관심을 두지 않고 있다가 중학교를 마칠 무렵에 갑자기 정신이 들었습니다. 당시 고입 연합고사라는 인문계 고등학교 입학 자격시험이 있었는데 '이 시험에서 떨어지면 어떻게 하지?'라는 생각이 들어서 공부를 하기 시작했어요. 막상 공부를 해보니 생각보다 재미있었고 시간 가는 줄 몰랐습니다. 그래서 고등학교에 들어가면서부터 공부에 집중적으로 매달려 그 도시에 있는 국립대학에 진학하게 되었지요. 당시 우리 집은 어머니 혼자서 날품을 하셨기 때문에 하루하루의 끼니를 걱정해야 할 정도로 매우 어려웠고 참고서 한 권 제대로 살 수 없었지만, 단과대학(사회대)을 수석으로 입학해서 4년간 등록금 부담 없이 대학에 다닐 수 있었습니다. 이후 고시에도 수석으로 합격해서 공무원이 되었고, 계속 꾸준히 공부하여 석사·박사학위를 받았습니다."

"지금까지 살아오면서 본인이 생각하는 인생의 극적인 전환점들이 있다면 소개해 주세요."

"가장 중요한 건 외삼촌으로부터 우연히 받았던 《고시계》라는 책을 보고 인생의 방향을 정한 것입니다. 그 방향에 맞게 고시 공부를 할 수 있는 행정학과를 선택했고, 대학을 졸업하면서 고시라는 관문을 거쳐 공직의 길로 들어섰지요.

다음으로는 정무직 차관급을 끝으로 공직생활 30년을 마치고 로펌의 고문으로 간 것입니다. 무엇보다 공직 퇴직 후에도 일을 계속할 수 있어서 행복합니다. 로펌에서 제가 맡은 업무영역이 있으며 함께 일하는 팀원들과 관계도 만족스럽습니다."

"공무원을 하시면서도 보람 있는 일도 있었을 것 같은데요?"

"공직에 들어와서 하는 일들이 제 적성에 맞았고 만족감도 있었습니다. 어려운 업무들을 완수할 때는 성취감도 컸습니다."

"현재 경제적인 생활 수준은요?"

"보통 정도입니다."

"생활의 만족도는 어떤가요?"

"전체적으로 만족합니다. 아내는 저와 달리 성격이 적극적이고 활달해서 서로 보완이 잘되고 있고, 아이들도 이제 성장해서 직장에 다니고 있지요."

"본인의 현재 성격은 어떠세요?"

"원래 내성적이고 소극적이었는데, 공직생활을 하면서 계속 바뀌었습니다. 점점 긍정적이고 낙관적으로 되었고 매사에 자신감도 많이 생겼습니다."

"태몽이 실현되었다고 생각하세요?"

"공직에서 정무직까지 올라간 것이 그렇다고 본다면 실현되었다고도 볼 수 있겠지요."

"태몽과 관련해서 더 하시고 싶은 말이 있나요?"

"시간이 많이 흐른 지금이 아니고, 만약 제가 어린 시절에 태몽에 관한 이러한 해석을 들었다면 아마도 '말이 되지 않는 이야기다'라고 생각했을 것입니다."

7. 거북이와 자라 태몽을 가진 2명의 삶

태몽의 주인공인 구신영 씨는 1977년생으로 인터뷰 당시 45세였습니다. 그녀의 태몽은 거북이가 달에 오르고 있는데, 임산부인 그녀의 어머니가 보고 있다고 재수 없다며 뚝 떨어진다는 내용입니다(태몽 225).

'갑자기 거북이가 자신을 여자가 봐서 재수 없다며 뚝 떨어진' 부분을 보면, 임산부는 태아의 원형상인 거북이를 신기하게 바라보는데 그 거북이는 '여자가 자기를 봐서 재수 없다'라고 합니다. 아들을 절실히 원하는 집안에서 혹시라도 딸이면 어쩌지, 하는 임산부의 '두려움과 걱정스러운 감정'이 드러나고 있습니다.

2023년 1월 초에 구신영 씨와 대화한 내용입니다.

"태어나셨을 때의 집안 형편을 얘기해 주세요."

"태어났을 때는 잘살았어요. 그런데 제가 다섯 살 때 아버지가 하시던 사업이 실패해서 그 이후에는 힘들게 살았어요."

"가족 중 어느 분이 주로 키우셨나요?"

"엄마예요. 저는 엄마와 애착이 강해요. 제가 어렸을 때 엄마는 불평불만이 많았어요. 아빠가 돈을 헤프게 쓰고, 월급도 제대로 가져다주지 않았기 때문이에요."

"어머니가 어떻게 키우셨나요?"

"엄마는 털털하신 성격으로 세세하게 간섭하지는 않았어요. 어떻게 보면 무관심하다고 할까요. 하지만 생활력은 강했어요."

"형제자매는요?"

"제가 둘째이고 딸만 셋이에요. 친할머니는 아들을 낳아야 한다고 엄마를 계속 압박하셨어요."

"당시는 아들을 선호하는 시절이었죠." 필자가 응수했습니다.

"첫째가 딸이니까 엄마를 더욱 압박했겠죠. 나중에 들은 얘기로, 언니와 여동생은 한복을 입고 들판에서 꽃을 따는 태몽이었는데 이 같은 태몽은 딸 꿈이라고 생각했대요. 아버지가 저에 관해 꾼 태몽이 하나 더 있는데요, 구렁이가 담장을 넘어 집에 들어오는 모습을 보고 크게 놀란 꿈입니다. 그때 집안에서는 아들을 강하게 바라는 분위기가 있었고, 꿈 내용 때문에 저를 아들이라고 추측하셨다고 해요. 엄마는 시어머니에게 기가 많이 죽은 상태에서 딸인 저까지 낳아 무척 힘들어하셨어요."

"꿈에서도 어머니가 거북이를 바라보고 있는데, 태아로 상징되는 그 거북이가 '여자가 봐서 재수 없네' 하면서 떨어졌잖아요. 어떻게 생각하세요?"

"거북이가 달을 향해서 가다가 떨어지잖아요? 이 때문에 그동안 조심하면서 살았어요. 무엇을 하다가도 잘 안되면 '태몽 때문이 아닌가?' 하는 생각이 들기도 해요. 내 해석으로 꿈의 이 부분은 엄마가 받았던 심리적 압박이 그대로 드러난 것 같아요. 예지적인 것이 아니고 심리적인 거지요. 임신 중에 엄마는 태아와 일심동체이잖아요!"

"살아가는 동안에 자신에게 크게 긍정적으로 영향을 미친 분은 누구라고 생각하세요?"

"저는 젊은 시절, 존경할 수 있는 사람하고 결혼하게 해달라고 기도했어요. 남편이 그래요. 포용력이 넓고 성실해요. 남편은 성실함보다 더 나은 지혜는 없다고 생각해요. 그가 자랑스러워요. 지금은 건설회사 간부로 일해요."

"본인에 대해서 얘기해 주시겠어요?"

"대학원 졸업 후 심리상담사로 일하고 있어요."

"생활에 만족하시나요?"

"네. 경제적으로도 비교적 풍족하고, 부모님께서도 안정이 되어 잘살고 계십니다. 아들이 하나 있는데, 독립적이고 성격도 긍정적이에요. 가족끼리도 사이가 좋아요."

"태몽이 실현되었다고 보세요?"

"제가 끈기가 없었는데, 심리상담 공부를 계속하는 것을 보면 거북이의 끈기를 닮은 것은 아닌가 생각도 돼요. 태몽의 내용이 실현되어 가고 있다고 생각합니다."

"실현 중이라고 생각하시는 이유가 있나요?"

"프리랜서로 일하다가 공부를 계속해서 자격증을 따고 정식으로 취업도 했어요. 지금도 상담 공부는 계속하고 있고요."

"끝으로 하실 말씀은요?"

"그동안 나 자신이 끈기가 없다고 생각했어요. 그런데 거북이의 상징적 의미를 들으니, 끈기에 대한 새로운 시각이 생기는 것 같아요."

태몽 407 어머니가 받은 큰 자라

박장수 씨는 1958년생이며 인터뷰 당시에 65세였습니다. 그는 3남 1녀 중 둘째입니다.

"어머님이 임신했을 때 꾼 태몽입니다. 친할아버지께서 저희 집안 소유의 논에서 잡아 온 큰 자라를 어머니가 받아서 장독대에 두었습니다."

다음은 2023년 2월에 박장수 씨와 나눈 대화 내용입니다.

"태어났을 때 집안의 경제적 형편은 어땠나요?"

"동네 기준으로는 부자였어요. 하지만 워낙 가난한 시골이었기 때문에 중간 정도로 살았다고 봐야죠."

"어린 시절 양육은 주로 누가 했나요?"

"어머님이시죠. 어머님은 농사도 지으셨어요."

"어머니와 심리적인 애착은 어떠했나요?"

"아주 강했어요. 제가 대학 2학년이던 1980년에 민주화 운동을 하다가 감옥에 투옥된 적이 있었어요. 그날부터 어머님은 교회에 나가기 시작하여 하루도 빠짐없이 새벽기도를 다니셨어요."

"어머니의 양육 방식은 어땠는지요?"

"어머님은 제가 하고 싶은 대로 하도록 다 허용하셨어요. 학교 다녀오면 노느라 정신없었죠. 어렸을 때는 개구쟁이였어요. 대보름날에 불놀이하다가 옷을 태우고, 놀다가 얼음물에 빠지기도 했어요.

한번은 우리 동네로 시집오는 분이 있었는데 개울물을 막아서 얼려 놓고 못 들어오게 방해한 적도 있었어요.(웃음)"

"성장 과정에서 긍정적인 영향을 미치신 분이 있다면요?"

"아버님이죠. 대학 나온 사람이 매우 드물었던 시대에 대학을 졸업하셨어요. 아버님은 과묵하셨고 늘 책을 가까이하셨어요. 집에 '대인춘풍 지기추상(待人春風 持己秋霜, 남을 대할 때는 봄바람처럼 너그럽게 하고, 자기 자신을 지키는 것은 가을 서리처럼 엄하게 하라)' 글귀가 적힌 액자가 걸려 있었어요. 이 문구가 저의 좌우명이 되었어요. 대학 시절에 민주화 운동을 하다가 징역 살고 나온 날, 아버님이 저보고 한마디 하셨어요. '세상의 모든 일에는 때가 있는 법이다.' 그러면서 한쪽으로 치우치지 않게, 제가 읽고 있던 사회과학 서적 외에 동양 고전도 함께 읽으라고 권해 주셨지요."

"본인의 성격은 어떤가요?"

"낙관적이에요. 9년 전에 암이 발병해서 지금도 투병하고 있지만, 두렵지는 않아요."

"공부는 어디까지 하셨나요?"

"대학 졸업입니다."

"현재 직업은요?"

"사회운동가로 NGO 활동을 하고 있습니다."

"현재 경제적인 생활 수준은요?"

"중하위죠. 내 소유의 집도, 일정한 소득도 없습니다. 1997년 IMF 직후에 아는 분에게 보증을 서준 일이 평생의 족쇄가 되었네요."

"생활의 만족도는요?"

"풍족하지는 않지만 크게 부족하다는 생각은 안 해요. 그리고 사회적으로 소외되는 이웃들에 대한 따뜻한 마음을 가지고 있습니다."

"인생의 극적인 전환점들이 있으면 소개해 주세요."

"첫째는 대학에 입학하여 학생운동을 시작한 것이에요. 민주화 운동을 하다가 감옥에 가기도 했지요. 둘째는 결혼입니다. 아내는 같은 대학에 다니던 모범생이었어요. 결혼 후 아이들을 키우기가 어려워 외가에 보냈어요. 이후 아내는 아이들을 데리고 친정 식구들과 함께 해외에서 10년을 넘게 살았어요. 지금은 가족들이 함께 지내고 있습니다. 셋째는 제가 9년 전에 암에 걸려서 건강 회복에 집중하느라 다른 활동은 거의 하지 못하게 된 일입니다."

"태몽이 실현되었다고 보세요?"

"저의 태몽 얘기를 하며 생각나는 게 있어요. 제가 초등학교부터 지금까지 주로 부반장, 부위원장, 부이사장, 부회장 등으로 앞에 '부' 자가 들어가는 자리에 많이 있었다는 거예요. 맨 앞에 서지 않고 바로 뒤에서 일을 돕는 자리입니다. 자라는 물 아래 밑바닥에 있다가 숨을 쉴 때만 위로 올라오잖아요. 제 그동안의 직책이 자라 태몽 때문이 아닌가 하는 생각이 들어요.(웃음)"

8. 가지와 사과 태몽을 가진 사람의 삶

민속적인 측면에서 가지와 사과 태몽에 대한 해석입니다. 먼저 가지는 현실에서 인간의 식재료로 유용하게 쓰이며, 윤이 나는 보랏빛은 가지만의 특징입니다. 따라서 가지는 가정이나 사회에 유익한 일이나 달성될 업적을 뜻합니다. 다음으로 사과는 자라서 잎과 꽃이 피고 그 꽃이 진 다음에 열매를 맺고 그 열매가 자라서 익은 것으로 성숙한 사업, 일, 연구업적 등을 이룰 것을 암시합니다.

태몽 408 임산부가 받은 커다란 가지와 탐스러운 사과 2개

정진우 씨는 1985년생이며 인터뷰 당시에 39세였습니다.

"어머니가 저를 임신했을 때 꾼 꿈입니다. 꿈을 두 번 꾸셨는데, 한 번은 커다란 가지들이 주렁주렁 달린 꿈이었습니다. 또 한 번은 누군가에게서 탐스러운 사과 2개를 받았답니다."

2023년 4월에 정진우 씨와 나눈 대화입니다. 필자가 물었습니다.

"무슨 꿈 같아요?"

"아시잖아요? 가지에 사과 2개…(웃음)"

"아! 남성성을 상징하는 것으로 이해하시는군요."

"그렇지 않은가요?"

"여기서 가지와 사과는 결실의 상징입니다. 태아가 엄마의 몸에 잘 착상되었다는 암시죠. 태어났을 때 집안의 경제적 형편은 어땠나요?"

"중간 정도였어요. 아버지는 공무원이셨고, 어머니는 전업주부였어요."

"어린 시절 양육은 주로 누가 했나요?"

"어머니요."

"어머니의 양육 방식은 어떠했나요?"

"저를 사랑으로 키우셨어요. 그래도 어머니를 속이면 많이 혼났어요. 초등학교 때, 어머니 몰래 가서 하는 게임이 그렇게 재미있을 수가 없었어요. 한번 가기 시작하니 자꾸 생각나고 멈추기가 어렵더라고요. '몰래 가자', '걸리더라도 한번 놀고 혼나자'라는 마음으로 갔었죠. 지금 생각해 보면 어머니께 사실대로 말씀드렸으면 몇 차례는 보내 주셨을 것 같은데, 오락실에 갔다는 행위보다는 거짓말을 했다는 것 때문에 속이 상하셔서 화를 내셨던 것 같습니다. 그 이후에는 맞은 기억이 없습니다."

"어머니와 애착은 어떤 정도인가요?"

"어머니는 저에 대한 사랑이 강해요. 제가 다 성장했는데도 만나고 헤어질 때마다 울먹거리는 경우가 많아요."

"성장 과정에서 본인의 성격은 어땠나요?"

"내성적이었어요. 어린 시절, 웅변 학원에서 발표하고 내려올 때 운 적도 있어요. 잘하지 못했다고 생각해서였는지 아니면 너무 쑥스러워서였는지 모르겠지만 대중 앞에서의 그 압박감을 이겨 내지 못했던 것은 분명한 것 같아요."

"성장 과정에서 자신에게 긍정적인 영향을 미친 분이 있다면요?"

"한 분은 신부님입니다. 어린 시절에는 신부가 되는 게 꿈이었어요. 제가 다니던 성당 신부님을 잘 따랐거든요. 그분으로부터 긍정적인 영향을 받았어요. 또 한 분은 어머니죠. 어머니는 늘 저를 지지해 주고 제 마음에 안정을 주셨어요. 제가 고등학교 때 저의 가정이 재산 문제로 힘들었어요. 저도 방황했고요. 게임방에도 가고 술도 마셨어요. 그런 모습을 본 어머니는 제 친구들까지 집에 초대해서 함께 놀라고 허락해 주셨어요."

"지금까지 살아오면서 겪은 인생의 극적인 전환점이 있나요?"

"대학교 2학년을 마치고 군대를 다녀와서 본격적으로 변리사 공부를 시작했어요. 4~5년간 시험공부를 했는데, 한번은 2차 시험이 한 달도 안 남았는데 시험에 대한 압박감 때문에 공부를 포기하고 싶더라고요. 그때 어머니께서는 '공부가 안되는 것은 어쩔 수 없는 거 아니냐. 이번에 (합격이) 안 되더라도 괜찮다'라고 하면서 안정감을 주셨어요. 어머니의 권유로 제주도에 10~15일 정도 여행을 다녀왔어요. 이후 압박감 없이 공부할 수 있었어요."

"그해에 합격하셨나요?"

"아니요. 그해에는 낙방했고, 다음 해에 합격했어요. 스물아홉 살 때였어요. 또 하나는 결혼이에요. 진부한 말일 수 있겠지만 정말로 평생 친구를 사귄 것 같아요. 이래도 되나 싶을 정도로 자주 술자리를 가지며 많은 대화를 나누고 있답니다. 제가 불안을 많이 느끼는 성격이었는데, 결혼 이후에 안정감을 찾아가고 있는 것 같습니다. 이러한 안정감이 업무로도 연계되어 좀 더 성장하는 계기가 되었던 것 같아요."

"학업은 어디까지 하셨나요?"

"○○대학원입니다. 변호사, 변리사, 법조인들이 많이 다니는 지식재산권 분야를 공부했습니다."

"직업은요?"

"10년 차 파트너 변리사입니다."

"경제적인 생활 수준은요?"

"보통입니다."

"생활에 대한 만족도는요?"

"결혼도 하고, 최근에 아내가 임신해서 행복합니다."

"현재 본인의 주된 성격은요?"

"비관에 가까워요. 어린 시절에 집안이 경제적 문제로 타격이 심했는데 그 영향인 것 같아요."

"태몽이 실현되었다고 보나요?"

"진행 중이라고 봐요. 가정도 안정되고 일도 자리를 잡았지만, 불안한 점도 있어요. 현재 변리사 사무실을 4명이 공동으로 운영하는데, 매출이 정상 궤도에 올라가야 안정을 달성한 것으로 봅니다. 또한 지금까지 제가 한 경험도 일부에 불과하고 아직 못 해본 경험도 있어서요."

"왜 그렇게 생각하나요?"

"이 업계에서는 연 매출이 20억 원은 넘어야 중기업으로 봐요. 제가 버는 돈 액수보다는 제 생각에 이 정도는 돼야 안정적이라고 보지 않을까 하는 생각이 있어요."

"태몽에 대해서 더 하실 말씀은요?"

"그동안 미신으로만 알고 있었어요. 얘기를 들으니 더 관심이 가고, 해석이 맞는진 모르겠지만 아직 진행 중이니까요."

9. 동자 태몽을 가진 사람의 삶

태몽 409 산신령 같은 할아버지가 건네준 동자

송진선 씨는 1957년생으로 인터뷰 당시 67세였습니다. 그는 6남매 중 셋째입니다.

"나를 낳기 전, 어머니 꿈에 북두칠성이 환하게 떠 있는 가운데 산신령 같은 허연 영감이 한쪽 팔에 아기를 안고 있었습니다. 다른 팔에는 지팡이를 들고 별을 가리키면서 아기 이름 석 자를 가르쳐 주었습니다. 그리고 나서 아기를 밧줄에 묶어 천천히 밑으로 내려 보내 주었습니다. 어머니는 그 아기를 유심히 바라보고 있다가 품에 딱 안고 깜짝 놀라서 깨보니까 꿈이었다고 합니다.

그러면서 이름 석 자가 선명하게 떠올랐고 '태몽이구나' 하는 생각을 하고 있는데 첫닭이 울었습니다. 그래서 조금 더 자고 일어나려고 그대로 잠이 들었습니다. 아침에 깨보니 그 이름이 머릿속에 계속 맴돌면서도 생각이 나지 않았습니다. 그래서 꿈 얘기를 할아버지(어머니의 시아버지)에게 말씀드렸더니, 나라님이 되라는 아주 귀한 태몽인데 이름을 잊어버려 안타깝다면서 직접 저의 현재 이름을 지어 주셨습니다."

송진선 씨는 산신령 같은 할아버지가 준 이름을 어머니가 잊어버려 본인의 팔자가 잘 풀리지 않는 걸까, 하는 생각을 할 때가 있다고 했습니다. 하지만 태몽의 예지적인 의미는 잠자는 도중에 그 이름을 잊었다고 해서 변하지 않습니다. 이 꿈은 태아가 성장하여 큰 업적을 이루거나 큰 성취를 할 것임을 예지하고 있습니다.

또한 '북두칠성은 불교 이미지인데, 자신이 기독교 신자이니 불교로 바꾸라'라는 주변 사람의 충고를 들었다고 합니다. 그러나 꿈에서 나타난 북두칠성은 불교에서만 신성한 의미가 있는 건 아닙니다. 북두칠성은 태고부터 신성한 것으로 전승되어, 사람들의 집단 무의식을 형성하고 있다가 꿈에서 상징으로 나타난 원형상일 뿐입니다. 기독교 성서에도 동방 박사(현자)들을 아기 예수에게로 이끄는 것이 별이라고 기록되어 있습니다. [7]

또한 이 꿈에서 아이를 데려다준 하얀 할아버지는 신선으로 보입니다. 신선사상은 불교가 아니라 도교에서 비롯됩니다. 이렇게 오해하는 이유는 절에 가면 칠성각이나 독성전 등에 산신령의 모습도 있기 때문입니다. 한국의 불교는 토착화된 샤머니즘과 더불어 도교의 신선사상도 흡수했기에 사찰에서 이러한 신선 혹은 산신 그림을 볼 수 있습니다. 이 꿈에서는 산신령 할아버지가 아이를 임산부에게 전달해 주는 전달자 역할을 합니다.

다음은 2023년 1월 하순에 태몽의 주인공과 나눈 인터뷰 내용입니다.

"출생 당시 어머니에게 종교가 있었는지요?"

"어머니는 개신교 집사였어요."

"태어났을 때 집안의 경제적 형편은 어땠나요?"

"중간 정도였어요. 아버님이 농협에 다니시면서 인쇄소도 운영하셨어요."

"그 당시 그 정도면 잘사는 편이 아니었나요?"

"그렇다고 생각하지 않습니다."

"어린 시절에 양육은 누가 했나요?"

"어머니였어요. 어머니는 제가 아니면 못 살 정도였으니까요. 저를 사랑으로 키우셨지만, 대학에 들어가고 나서부터는 어머니와 떨어져서 살았어요."

"성장 과정에서 가장 긍정적인 영향을 미친 분이 있다면요?"

"책이었어요. 아버지가 인쇄소를 운영하셔서 정말 책을 많이 읽었어요. 초등학교 때 《위대한 링컨》과 같은 책도 읽었어요. 유식했죠. 독서가 제 인생에 제일 큰 영향을 미쳤어요."

"본인의 성격은 어떤가요?"

"내성적이면서도 외향적이라고 생각해요."

"학업은 어느 정도 하셨나요?"

"대학원을 마치고 박사학위를 받았어요."

"지금까지 살아온 여정을 말씀해 주시겠어요?"

"대학 졸업 후 모 대기업 계열사에서 사원으로 시작해 부장까지 11년을 근무했어요. 한번은 미국에 연수를 가서 경영 분야 강의를 듣는데, '앞으로 컨설팅 분야를 하면 좋겠구나' 하는 생각이 들더군요. 귀국해서 기업의 전략을 세우는 컨설팅 사업을 7년간 했어요. 주요 고객은 기업들이었어요. 대기업도 있었고, 사업이 잘되어 돈도 상당히 벌었죠. 그런데 함께 일하는 직원의 배신으로 소송사건에 휘말리면서 더는 못 하게 되었어요. 이 기간에 얻은 게 있다면 박사 공부를 계속해서 학위를 딴 거예요. 컨설팅업을 하는 데 학위가 필요하다고 보았어요. 이후 모 제약회사에서 전무로 2년간 근무했어요. 또 다른 회사 부사장으로 3년, 모 화장품 회사 대표이사 사장으로 3년을 근무했습니다. 2013년에는 ○○대학교 경영학과 정교수로 근무했죠. 도중에 어떤 기업에 경영컨설팅을 해주었는데, 그 회사 매출액이 1년 만에 70억 원에서 140억 원으로 두 배나 늘어난 거예요. 그러자 저에게 일정한 지분을 주고 경영에 직접 참여해 달라고 해서 대표이사 일도 했었어요."

"지금까지 살아오면서 인생의 극적인 전환점이 있었는지요?"

"대학교 교수로 재직하던 2015년 12월이었어요. 기말고사를 보는데 한 학생이 우는 거예요. 왜 그러냐고 물으니, 학생이 '교수님, 제 어머니가 위독한데 살려 주세요. 여동생이 2명이고 제가 가장 역할을 해야 돼요. 취직하려고 원서를 18군데 넣었어요. 그런데 취업이 안 돼요.' 저는 그 학생을 부둥켜안고 함께 울었어요. 시험을 보던 다른 학생들도 울어서 갑자기 교실이 울음바다가 되었어요.

이후, 저는 앞으로 젊은이들의 취업을 돕는 일에 종사하자고 결심했어요. 중소기업들을 모아서 협회를 만들고 대기업과 중소기업, 중소기업 상호 간 협업을 통해서 기업들을 키우면 젊은이들도 취업이 잘되겠다는 생각이 들었어요. 주위에 뜻을 같이하는 분들과 힘을 합해서 중소기업 관련 협회를 조직하고 2016년에 발기인 대회를 마쳤습니다. 2017년에는 중소벤처기업부에 등록된 사단법인으로 정식 출범했고요. 2023년 현재는 협회 회원사가 2,000곳이 넘습니다. 저는 이 협회 임원으로 일하고 있습니다. 제 목표는 2030년까지 우리 협회의 기업 중 10곳을 연 매출이 1조 원 이상인 유니콘 기업으로 성장시키는 것입니다."

"본인의 직업이 무엇이라고 보면 됩니까?"

"모 언론에서 저를 직업이 6개인 사람으로 소개한 적 있었어요. 교수, 사업가, 기업 사외이사, 기업 자문교수 등이었어요. 지금은 주로 협회 일에만 매진하고 있습니다."

"경제적인 생활 수준은 어느 정도세요?"

"중간 정도라고 생각합니다."

"생활의 만족도는요?"

"행복하다고 봐요. 지금은 낙관적이에요."

"자신의 태몽이 실현되었다고 보세요?"

"아니요. 제 현실과 안 맞아요. 꿈대로라면 나라님이 되는 거잖아요! 한때 여러 군데에서 정치 참여를 권유받기도 했지만 다 거절했어요."

"대통령, 장관, 국회의원이 되어야 나라님이 되었다고 보시는 것 같네요."

"…(웃음)"

2장
장기추적 면담 참여자의 태몽과 달성 여부 평가

1. 장기추적 조사 참여자들의 삶 비교

이 장에서는 면담에 직접 참여한 태몽 주인공들의 삶을 비교해 보겠습니다.

먼저, 조사에 참여한 15명의 사례가 한국인을 대표하는 태몽은 아니라는 점을 알아야 합니다. 한국인의 평균적인 삶의 여정을 예측하기에는 표본 수가 너무 작기 때문입니다. 그럼에도 심층적인 면접 조사가 특정한 원형상을 가진 일반 시민의 삶 단면을 보여 줄 순 있다고 봅니다.

둘째, 면담 참여자에 대한 통계입니다. 참여자 15명의 연령대는 30대 4명, 40대 6명, 50대 1명과 60대 4명입니다. 남녀 성별은 여성 8명과 남성 7명입니다. 태아의 상징인 원형상은 용인 경우가 5명 그리고 구렁이, 흰 뱀, 돼지와 큰 박, 화초닭, 오색 잉어, 물고기, 달과 거북이, 자라, 가지와 사과, 동자인 경우가 각각 1명입니다.

셋째, 태몽의 실현 여부를 묻는 질문에 대해서는 물고기 태몽을 가진 김정국 씨만이 실현되었다고 응답했습니다. 연령이 60대인 분

〈표 8〉 면담 참여자 15명 통계

성명	나이	성별	원형상	직업	본인 평가	비고
송비연	44	여성	용	학원 강사	진행 중	전 사업가
이혜수	39	여성	용	심리상담사	진행 중	
박수진	33	여성	용	전문 상담관	진행 중	
강성철	49	남성	용	중견 상담관	진행 중	
송승룡	47	남성	용	소설 작가	진행 중	
김린	47	여성	구렁이	학원 강사	진행 중	전문직
정진명	60대 중반	남성	하얀 뱀	사업가	무응답	자산가
박상희	47	여성	돼지, 큰 박	심리상담사	진행 중	
연정화	51	여성	화초닭	상담 교사	진행 중	
정명화	36	여성	오색 잉어	회계사	진행 중	
김정국	60	남성	물고기	로펌 고문	달성	전 차관급 공무원
구신영	45	여성	달, 거북이	심리상담사	진행 중	
박장수	65	남성	자라	NGO 활동	–	
정진우	39	남성	가지, 사과	변리사	진행 중	전문직
송진선	67	남성	동자	협회 부회장	진행 중	전 회사 CEO, 전직 교수

주: 열거된 성명은 모두 가명임.

들을 포함하여, 나머지 참여자들은 모두 자신의 태몽이 '진행 중'이라고 답했습니다. 한국인의 평균 수명이 80세 초반이고, 이들 모두가 현재도 사회 활동을 하고 있으며 연령대는 30~50대가 15명 중 11명인 점을 감안하면 이해가 됩니다.

2. 어떤 기준으로 인생의 성공을 판단해야 할까요?

무엇을 기준으로 인생의 성공 여부를 판단할 수 있을까요?

첫째, 세속적인 출세를 기준으로 보면 김정국 씨입니다. 물고기 태몽을 가진 그는 차관급인 정무직까지 역임하고 한 대형 로펌에서 고문으로 일하고 있습니다. 특히 어린 시절이 불우했고 매우 가난한 환경에서 성장한 점을 고려하면 출세했다고 볼 수 있습니다.

둘째, 경제적 부를 기준으로 보면 정진명 씨입니다. 백사 태몽을 가진 그는 수백억 원이 넘는 자산가입니다. 현재도 금융 분야에서 왕성한 활동을 하고 있습니다. 그는 15명의 면담자 중 제일 큰 부를 쌓았습니다.

셋째, 사회적 영향력을 기준으로 보면 송진선 씨입니다. 그는 신령이 임산부인 어머니에게 동자를 건네준 태몽의 주인공으로 최근까지도 주위에 베푸는 삶을 살고 있습니다. 그는 평사원으로 기업에 입사하여 최고 경영자까지 올랐으며, 대학교수를 마치고 우리나라 중소기업들을 위한 협회를 만들어 이들이 대기업으로 성장하도록 돕는 데 그동안의 경험과 열정을 쏟아붓고 있습니다. 그가 우리 사회에 미치는 선한 영향력은 크고도 넓습니다.

넷째, 성공적인 삶의 여부는 주관적인 평가 영역이기도 합니다. 이혜수 씨의 태몽은 용이 하늘로 승천하는 것입니다. 인터뷰 당시 그녀는 심리상담사로 일을 하고 있었습니다. 집단 상담 프로그램을 운영하면서 누군가를 돕고, 그들의 성장과 행복감을 지켜보면서 보람을 느끼며 기쁘게 살아가고 있습니다. 세속적인 측면을 보면 아직 자신의 태몽만큼 크게 성공한 것은 아니지만, 그녀는 일에 만족하면서 사회에도 선한 영향력을 전달하는 보람 있는 삶을 살고 있습니다.

3. 자기충족적 예언과 태몽 주인공들의 믿음

20세기 초, 사회학자 윌리엄 토머스(William Thomas)는 사람들이 어떤 상황을 마음속에서 '실제'라고 결정해 버리면, 결국 결과에 있어서 그 상황이 실제가 된다고 주장했습니다. 미국 사회학자 로버트 머튼(Robert K. Merton)은 이러한 현상을 '자기충족적 예언(Self-fulfilling prophecy)'이라고 이름 붙입니다. [8]

자기충족적 예언의 효과를 현실에서 검증한 실험이 있었습니다. 이를 피그말리온 효과(Pygmalion effect) 혹은 로젠탈 효과(Rosenthal effect)라고 합니다. 높은 기대가 성과의 향상으로 이어지는 심리적 현상을 뜻합니다.

그리스 신화에 나오는 인물인 피그말리온(Pygmalion)은 아름다운 여성상을 조각합니다. 너무도 아름다운 창작물에 도취된 그는 아프로디테 여신에게 이 조각상에 생명을 불어넣어 달라고 간절하게 빕니다. 여신 아프로디테는 자신의 아들 큐피드를 보내고, 큐피드의 키스로 조각상이 살아납니다. [9] 간절한 믿음과 소망이 현실화된 것이지요.

1968년, 심리학자 로버트 로젠탈(Robert Rosenthal)은 샌프란시스코의 한 초등학교 학생들을 대상으로 실험을 했습니다. 먼저 전교생의 지능지수를 검사한 후, 그 결과와 관계없이 무작위로 학생 중 20%를 뽑아 담임 선생님들에게 이 아이들은 특별히 IQ가 높으니 학업성취 향상 가능성이 매우 클 것이라고 믿게 했습니다. 8개월 후 다시 지능검사를 해보았더니, 20%에 선발되었던 학생들은 실험 전 IQ와는 상관없이 다른 학생들보다 성적이 향상되었고 IQ도 높게 나왔습니다. 학생들의 지능지수가 높다고 믿은 선생님들이 그들

을 더 열정적으로 가르치고 학생들 자신에게도 긍정적인 기대감을 품게 했던 것입니다.[10]

좋은 태몽을 가진 주인공들은 자신의 장래에 대해서 낙관적인 신념을 가지고 있었습니다. 자기충족적 예언이 실현될 수 있는 요소 하나가 생긴 것입니다. 용 태몽의 주인공인 이혜수 씨는 말합니다. "태몽을 생각하면 희망차고 무슨 일을 해도 잘될 거라는 느낌이 있어요. 설령 추진하는 일이 막히더라도 앞으로는 잘될 거라는 긍정적인 마음을 가져요. 저에게는 태몽이 힘든 상황을 극복하는 데 도움을 주는 지표가 되고 있어요."

또 다른 용꿈의 주인공인 강성철 씨도 자신의 꿈에 대한 믿음이 있습니다. "긍정적인 꿈이니, 앞으로도 잘될 것으로 생각합니다."

4. 태몽이 인간의 모든 삶을 예지하는 것은 아닙니다

1) 태몽의 예지 범위와 큰 태몽의 에너지

태몽은 임신을 결정적으로 암시합니다. 또한 필자의 조사에 의하면 출산도 98.7%의 확률로 예지합니다. 정상적인 태몽을 꾸고서도 유산한 경우는 대부분 임산부의 몸이 약하거나 일을 지나치게 해서 몸에 무리가 간 경우입니다.

어떤 태몽은 출생 후 삶에 대한 암시는 없고, 또 어떤 태몽은 출생 이후 삶을 어느 정도 예지합니다. 김구 선생의 밤알 태몽은 태아의 임신까지만을 예지합니다. 한편, 안중근 의사의 북두칠성 태몽은 장차 그가 성장하여 큰일을 성취할 것임을 예지합니다.

태몽 중에서도 해, 달, 별, 용, 호랑이, 구렁이 등 이른바 '큰 꿈'을 꾸는 이들은 태몽 중에 강한 에너지를 받고, 태어난 아이도 이러한 강한 기운을 갖게 된다는 믿음이 있습니다. 용 태몽의 주인공인 박수진 씨는 태몽을 꾸는 동안 가지게 된 강한 에너지가 자신의 장래에도 영향을 미친다고 믿고 있습니다(태몽 398). 그녀는 이렇게 말합니다. "살면서 용꿈을 태몽으로 가지고 있는 분들을 만났어요. 제가 느끼기에 이분들은 에너지가 엄청나고, 근성과 열정이 있으셨어요. 저도 장래에 엄청난 에너지가 들어와서 무엇인가를 하고 있지 않을까 하는 생각이 들어요."

2) 양육 환경도 중요합니다

태몽을 심리적으로 유전되어 타고나는 기질의 발현 현상으로 이해할 수도 있습니다. 태몽의 예지가 아이의 장래를 정한다는 결정론적 관점입니다. 이에 대해 신경생리학자이면서 뇌과학자인 마크 솜즈와 올리버 턴불(Oliver Turnbull)은 "자연(유전)과 양육(환경)은 최초의 발달 순간부터 역동적인 상호 작용 속에 있다"라고 합니다. DNA의 어떤 특별한 단백질은 사람의 눈을 파란색이나 갈색으로 만들고, 머리칼을 검은색이나 붉은색으로 만듭니다. 하지만 여러 방식으로 환경도 이러한 생리적인 기전에 영향을 줍니다. 인간의 뇌 안에서 일어나는 많은 심리기능은 환경적인 기전과 유전적인 기전의 끊임없는 상호 작용에 의해 만들어집니다.[11]

사람은 태몽뿐 아니라 양육 환경에도 크게 영향을 받는데 이 외부적인 환경은 크게 다음의 두 가지로 나뉠 수 있습니다.

첫째, 양육에 영향을 미치는 사회적인 환경입니다. 정진명 씨와 송진선 씨가 태어날 당시에는 나라가 가난했지만, 곧 경제는 고도성장기를 거칩니다. 이들은 사회에 진출하여 회사 사장이나 기업가로 성공합니다. 한편, 박장수 씨는 억압적이고 권위주의적인 체제에서 조국의 민주주의를 회복하기 위해 투쟁하는 삶을 살았습니다. 이렇듯 인간의 운명과 삶의 상당한 부분은 그들이 처한 시대적·사회적 환경에 영향을 받게 됩니다.

둘째, 또 다른 요인은 가정 환경입니다. 박수진 씨는 승천하는 용 태몽의 주인공입니다(태몽 398). 그녀는 가난한 가정에서 자랐고 비행 청소년으로 빠질 수도 있었습니다. 하지만 자신을 믿고 지지하는 어머니의 헌신과 사랑 덕분에 어려운 사람들을 돕는 전문 상담관으로 성장할 수 있었습니다. 김정국 씨는 물고기 태몽의 주인공입니다(태몽 406). 그는 어린 시절 홀어머니 아래에서 자신의 타고난 성격도 변화될 정도로 힘든 삶을 살았습니다. 그의 인생 방향에 결정적으로 영향을 준 사람은 외삼촌입니다.

다른 분들의 사례에서도 태몽의 원형상이 상징하고 암시하는 것 못지않게 성장 과정에서 겪는 긍정적이고 지지적인 양육 환경이 매우 중요하다는 사실을 알 수 있습니다. 이들이 전문직으로 성장하고 사회에 진출할 수 있었던 이유도 자신을 지지해 주고 공감해 주는 어머니, 아버지, 외삼촌이나 심지어 좋은 책이 훌륭한 멘토 역할을 해주었기 때문입니다.

3) 본인의 자유의지와 실천도 중요합니다

인간은 성장하면서 스스로 자유의지를 가지게 됩니다. 비록 태어날 때 유전적인 소인이나 태몽의 예지가 있었다고 해도, 자신의 운명을 스스로 개척해 나가려는 신념, 의지와 실천력도 중요합니다.

용 태몽의 주인공인 강성철 씨는 해운업의 전문 직업이 본인 적성에도 맞고 좋아하는 일이었지만, 외국에 있었던 관계로 할머니 임종을 보지 못한 일이 계기가 되어 스스로의 결단으로 공직으로 방향을 전환합니다(태몽 399).

구렁이 태몽의 주인공인 김린 씨는 어린 시절 부모님의 지지를 받지 못하는 힘든 상황에서도 책에서 용기를 얻고 '말보다 행동을 앞세우는 사람이 되자', '남의 잘못을 그대로 본받지 말고 반면교사로 삼자'라는 교훈을 얻어 이를 실천하여 스스로 독립하게 됩니다(태몽 401)."

다음은 자신의 자유의지로 인생의 방향을 결정한 태몽 주인공의 사례입니다.

태몽 410 상사에게 받은 진귀한 동물 한 쌍

고승연 씨의 친정어머니가 임신 중일 때 꾼 꿈입니다.

"꿈에서 저는 회사에 다니고 있습니다. 직장 상사가 프랑스 출장을 다녀오면서 아주 진귀한 동물 한 쌍을 전달해 주셨습니다. 저만 비밀리에 받은 상황이라서, 이후 회사 직원들이 단체로 기념사진을 찍을 때 털에서 윤이나는 보드라운 고슴도치 같은 동물들을 치마폭에 감싸 안고 사진을 찍었습니다. 동물들이 제 품 안에서 달싹거리는 감각이 너무도 생생했습니다. 저는 태몽으로 직감했고 귀한 아이가 태어날 것이라는 느낌과 소중함, 기대감을 느꼈습니다."

다음은 이 태몽의 주인공인 고승연 씨가 필자에게 전달해 준 내용 중 일부입니다.

"이 꿈은 저희 엄마가 저를 가지셨을 때 꾸신 꿈이에요. 저는 선생님(필자) 해석 중에 '한 쌍'이 상징하는 바에 대한 대목이 가장 인상적이었어요. 제가 장녀이고 제 아래로 두 살과 네 살 터울의 여동생과 남동생이 있습니다. (중략) 이 꿈에서의 동물 한 쌍은 저와 여동생을 의미하는 것 같기도 합니다.

그리고 해석을 읽으면서 맨 처음 떠오른 것은 제 직업적 경로에 관한 것이었어요. 제가 학부 때 불어를 전공해서 외국계 기업을 20여 년 다니다가 지금은 상담사를 하고 있으니 말이에요. 엄마는 저의 대학 입학 원서를 불문과로 넣으신 장본인이랍니다('프랑스'에서 온 진귀한 동물 한 쌍!). 저는 어문학 쪽에도 관심이 컸지만 심리학에 대한 끌림이 있었습니다. 그래서 서른 중반에 대학원에 들어가 지금의 직업을 갖게 되었습니다. 저의 인생경로를 보면 태몽도 일방적인 계시는 아니고, 이후 삶에서 어느 정도 '사람의 의지와 상호 작용하는 게 아닌가?' 하는 생각도 듭니다."

8부
태몽현상을 과학적으로도 입증할 수 있나요?

우리가 아는 것은 물방울 하나에 지나지 않지만,
우리가 모르는 것은 큰 바다와도 같다.

- 아이작 뉴턴

1장
두 거인의 만남과 동시성 이론의 발표

1. 예지적인 꿈의 기이한 현상

융은 일생 동안 예지적인 꿈을 여러 번 꿉니다. 꿈과 관련한 그의 일화들을 소개합니다.

꿈 융의 꿈과 처가 식구의 죽음

"어느 날 융은 자기 아내와 닮은 부인의 형상이 구덩이에서 위로 떠오르는 꿈을 꾸었습니다. 그는 깨어나서 아내를 깨웠습니다. 새벽 3시였습니다. 그 꿈이 하도 기이하여 한 사람의 죽음을 예시하는 것일지도 모른다고 즉각적으로 생각했습니다. 아침 7시에 아내의 조카가 새벽 3시에 죽었다는 소식을 들었습니다."[1]

꿈 황금 풍뎅이 꿈과 현실에서의 재현

이번에는 융이 아닌 그의 환자가 꾼 꿈입니다. 당시에 그는 한 여성 환자를 정신치료하던 중이었는데 그녀의 저항 때문에 애를 먹고 있었습니다.

"그녀(환자)가 받은 우수한 교육은 이 목적에 어울리는 무기를 손에 쥐어 준 셈이었습니다. 그것은 기하학적으로 한 치도 나무랄 데 없는 현실 개념을 동반한 날카로운 데카르트적 합리주의였습니다. 그녀의 합리주의를 인간주의적인 이성으로 다소 약화시켜 보려고 했지만 성과가 없어서, 몇 번의 시도 끝에 나는 그녀가 자신을 가두었던 지식의 증류기를 깨부수고 나올 만한 어떤 것, 즉 예기치 않은 비이성적인 것과 맞닥뜨리기만을 바라고 있었습니다.

그러던 어느 날, 나는 그녀의 달변에 귀를 기울이기 위하여 창을 등지고 그녀와 마주 앉았습니다.

'전날 밤, 꿈에서 누군가 황금 풍뎅이(값진 장식품)를 저에게 선물했어요.' 그녀가 말문을 열었습니다.

그녀가 나에게 이 꿈 이야기를 하는 도중에 무언가가 내 뒤에 있는 창문을 가볍게 두드리는 소리를 들었습니다. 뒤돌아보니 꽤 큼직한 날것(곤충)이 어두운 실내로 들어오려고 유리창 밖에서 무던히도 애를 쓰고 있었습니다. 나는 창문을 열고 안으로 날아드는 곤충을 잡았습니다. 그녀에게 그 딱정벌레를 건네며 말했습니다. '여기 당신의 풍뎅이가 있습니다.'

이 사건은 그녀의 합리주의에 허를 찔렀고, 이것으로 그녀의 지성적 저항의 얼음은 깨져 버렸습니다. 그제야 치료를 성공적으로 계속할 수 있었습니다. 이 이야기는 나뿐만 아니라 많은 사람도 관찰했고, 부분적으로는 의미상의 일치와 관련된 수많은 수집 사례 가운데 전형적인 하나의 예일 뿐입니다."[2]

융은 깊은 생각에 잠깁니다. 어떠한 논리로 이 기이한 현상을 설명할 수 있을까요? 그가 나중에 '동시성 현상'이라고 이름을 붙인 이론은 어느 한 양자물리학자와의 만남이 계기가 됩니다.

2. 정신세계와 물질세계를 탐구했던 두 거인의 운명적 만남

융은 파울리에 대해서 이렇게 묘사합니다. '자신의 궤도에서 이탈한 32세의 매우 지적인 남자.' 그의 이름은 볼프강 에른스트 파울리(Wolfgang. E. Pauli, 1900~1958)입니다. 1924년에 그가 발견한 배타원리(Exclusion principle)는 양자역학의 기념비적인 사건 중 하나입니다. 1945년, 그는 아인슈타인(Albert Einstein)의 추천으로 노벨물리학상을 받습니다. '명석한 두뇌를 놓고 따진다면, 아마도 파울리를 능가할 사람은 없을 것'이라는 평가를 받는 천재였습니다. 그러나 심리적인 관점으로 보았을 때, 그는 내면의 혼란으로 고통받으며 살던 나약한 한 인간이었습니다. [3]

파울리는 불행한 유년기를 보냈습니다. 그의 아버지는 오스트리아 빈 대학의 유명한 화학 교수였는데, 성실한 가장과는 거리가 먼 바람기 많은 위인이었습니다. 파울리의 어머니는 이를 비관하고 결국 음독자살합니다. 파울리는 젊은 시절에 물리학을 연구하면서도 매음굴에 자주 출입하며 방탕하게 지냈습니다. 그러다 어느 카바레의 무희와 결혼했는데 1년이 채 못 되어 파국을 맞이합니다. 그의 인생에서 중요한 두 여인, 즉 어머니의 죽음과 아내와의 이혼으로 그의 정신은 파국의 길로 들어서게 됩니다.

주색에 빠진 파울리는 여러 차례 뜻하지 않은 망신을 당하게 되자 두려움이 엄습했고, 급기야 아이러니하게도 자신이 원수처럼 여기던 아버지의 권고를 받아들여 심리치료를 받게 됩니다.

1930년, 융과 파울리의 운명적인 만남은 이렇게 이루어집니다. 융은 55세, 파울리는 30세였습니다. 처음에 융은 파울리의 꿈을 통해 여성 문제가 있음을 파악하고, 당시 자신의 문하로 있던 여의사

융(왼쪽)과 파울리(오른쪽)

인 로젠바움에게 보냅니다. 꿈 분석을 중심으로 한 심리치료를 통해서 파울리는 치유와 더불어 자기성찰의 길을 걷게 되었고, 1945년 노벨물리학상을 수상한 이후에도 융과는 치료사와 내담자의 관계를 넘어선 지적 교류를 하게 됩니다. 이후 융과 파울리는 거의 26년 동안 치료자와 내담자, 사제 관계, 동료 교사의 관계를 맺었습니다.

1952년, 스위스 취리히에서 융과 파울리는 공동으로《자연의 해석과 정신(The Interpretation of Nature and The Psyche)》을 발간합니다. 융과 파울리의 공동작업은 그 자체로서 기록될 만한 독특한 사건입니다. 동시성 원리를 통해 물리학적 발견과 심리학적 발견이 어떻게든 서로 포용해야 하는 공동의 지점을 탐구한 것입니다.⁴

1958년, 58세인 파울리는 췌장암으로 세상을 떠나면서 마지막 말을 남깁니다. "지금, 나는 아직도 오직 한 사람, 융과 이야기하고 싶구나."

3. 태몽현상을 이론적으로 설명할 수 있는 동시성 현상

융이 주장하는 동시성 현상(Synchronicity phenomena)이란 '인과적으로는 설명이 안 되지만, 시간과 공간을 초월하여 분명히 의미상으로 연결되는 현상'을 말합니다.[5]

철학박사이자 교수인 지우리오도리(Giuliodori)는 이 현상을 두 가지 요소로 정리합니다. 첫째, 문자 그대로 직접적으로 무의식에서 드러나는 이미지나 꿈, 갑작스러운 생각, 예감 등과 같이 의식에 간접적으로 상징화되거나 암시되는 이미지가 있습니다. 둘째, 이러한 내용과 일치하는 객관적인 사실이 있습니다. 그리고 외부에서 일어나는 사건은 관찰자의 지각 밖에서 발생할 수 있으며, 공간이나 시간상 거리가 있을 수 있습니다.[6]

이러한 동시성 현상은 무의식 원형들의 작용과 연관이 있을 것이라고 융은 생각합니다.[7] '원형'이란 인간 정신의 선험적 조건이며 정신작용을 자율적으로 조절하는 원동력입니다. 무의식에는 의식의 제약된 시간과 공간 조건을 초월하여 이를 상대화하는 기능이 내포되어 있습니다. 집단적 무의식은 의식보다 오랜 역사 속에서 형성된 것이므로 의식이 아는 것보다 더 많은 것을 알고 또한 지각할 수 있습니다. 동시성 현상이 생기려면 일차적으로 의식의 긴장이 무너지고 의식 너머의 새로운 것을 파악하려는 강한 호기심이나 감흥이 일어나는 것이 보통입니다.

4. 숫자로 본 태몽의 동시성 현상

의식 너머의 것 또는 새로운 사실을 파악하려는 강한 호기심이나 정신적 감흥 현상 중 하나가 태몽입니다.

태몽 411 아빠가 주운 큰 밤

태몽의 주인공인 김성희 씨가 밝힌 내용입니다.

"아빠의 누나인 고모가 꾼 꿈이에요. 꿈에 고모의 남동생인 저희 아빠가 몸을 굽혀서 똘망똘망한 큰 밤을 주웠대요. 그런데 옆에 있던 아빠의 형님인 큰아빠가 이를 시샘하면서 '나도 주워야지' 하고 찾았답니다. 결국 큰아빠도 밤 한 톨을 주웠다고 해요.

엄마는 처음에 임신 사실을 모르고 있다가 병원에 가서 확인하고 알게 되었대요. 이 꿈을 꾼 후 1998년 5월에 제가 태어났고, 제 사촌은 한 달 후인 6월에 태어났어요."

"고모와 아버지 사이가 가까운가요?" 필자가 물었습니다.

"네, 가까워요. 고모가 동생인 저희 아빠를 무척 아껴요." 그녀가 대답했습니다.

이 태몽은 임산부가 임신하기 이전에 임산부의 올케인 새언니가 꾸었습니다. 새언니의 꿈은 임산부의 임신 사실보다 시간상으로 앞서고 공간적으로도 서로 다릅니다. 한 가지 공통점은 임신(물리적 사실)과 꿈(정신현상)이 의미상 일치를 이룬다는 점입니다. 융이 말하는 동시성 현상의 전형적인 사례입니다.

필자는 융의 동시성 현상이 태몽에서 출현하는 방식을 다음의 세 가지로 유형화했습니다.[8]

첫째, 임산부 자신이 임신 중에 임신을 예지하는 태몽을 꿉니다. 즉, 물리적 사건과 정신현상이 시간적이나 공간적으로 일치합니다.

둘째, 임산부의 임신 중에 다른 사람(친부모, 남편 등)이 대신 태몽을 꿉니다. 즉, 물리적 사건과 정신현상이 시간상으로는 일치하는데, 공간적으로는 서로 다릅니다.

셋째, 임산부가 아직 임신하지 않았는데 임산부 본인이나 다른 사람이 미리 임신이 될 것을 예지하는 태몽을 꾸고, 나중에 임신이 실현됩니다. 즉, 물리적 사건과 정신현상이 시간과 공간을 초월하여 이루어지며 의미상으로만 일치합니다.

필자가 조사한 전체 305건 태몽 중에 첫째 유형은 전체의 48%인 146건으로 가장 높은 비율로 나타났습니다. 둘째 유형은 전체의 27%인 83건입니다. 셋째 유형은 전체의 25%인 76건입니다. 〈표 9〉는 이러한 현상을 도표로 표현한 것입니다.

이 같은 결과는 동시성 현상에 대한 통계적인 확인입니다. 객관

〈표 9〉 원형상의 출현 대상과 출현 횟수

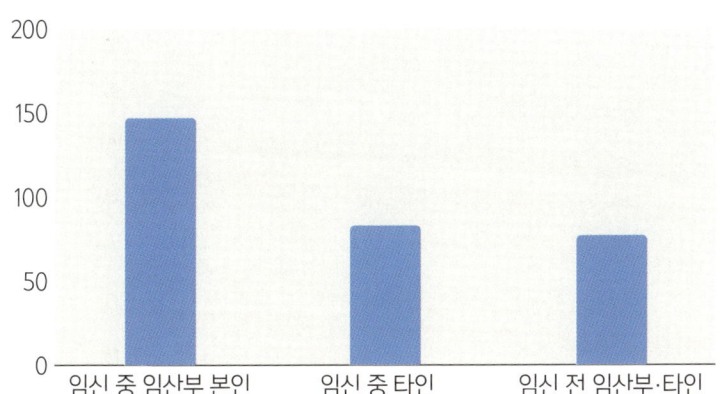

자료: 국경복, 〈태몽현상을 통한 임신·출산·성별예측에 대한 통계검증〉, 《미래연구》 8권 1호, 2023, p.38 참조.

적 사실을 밝히기 위해서는 보다 체계적이고 과학적인 사고와 검증이 필요하다고 봅니다. 융과 파울리가 제시한 동시성 현상은 아직도 엄밀하게 검증되지 못하고 있습니다. 다음 장에서는 태몽현상과 같은 예지적 정신현상을 과학적으로 입증할 가능성에 대해서 살펴보고자 합니다.[9] 과학적인 증명이 실현된다면 태몽을 포함한 예지적인 꿈도 확실하게 과학의 영역으로 들어오게 될 것입니다.

2장
양자역학, 인류의 삶을 크게 변화시킨 새로운 불

　인간은 불을 자유롭게 이용하면서 커다란 진보를 이룹니다. 그리스 신화에서 프로메테우스(Prometheus)는 인간을 돕기 위해 신들을 속이다가 제우스 신의 노여움을 삽니다. 화가 난 제우스 신은 인간에게서 불을 빼앗아 버립니다. 그러자 프로메테우스는 불을 훔쳐다가 인간에게 돌려줍니다. 그로 인해 프로메테우스는 코카서스 산정에 사슬로 묶여 매일 독수리에게 간을 파 먹히는 형벌을 받게 됩니다.[10]

　과학의 발전으로 우주 질서의 신비가 하나씩 드러나면서 인류에게는 새로운 희망의 빛이 비치고 있습니다. 이제 인간은 지상에서 수십만 킬로미터 떨어진 지구의 궤도상에 인공위성을 띄우기도 하고, 달에도 갈 수 있습니다. 과거에는 상상도 할 수 없던 과학적인 업적입니다. 1920년부터 꽃을 피우기 시작한 양자역학(Quantum mechanics)도 인류가 발견한 새로운 빛입니다.

　이 책에서는 동시성 이론에 대한 과학적인 증명 가능성을 양자역학에서 찾고자 합니다. 이를 위해서는 먼저 꿈이 만들어지는 인간의 뇌에 대해서 간단히 살펴볼 필요가 있습니다. 뇌과학의 발전에 결정적인 역할을 이룬 업적 중 하나는 '뇌파의 발견'이라고 봅니다.

1. 뇌파의 발견, 정신세계와 물질세계를 연결하는 다리

오늘날 인간은 생각만으로 컴퓨터를 통하여 사물을 움직일 수 있는 시대에 살고 있습니다. 이게 가능한 이유는 생각하는 동안 뇌에서 발생하는 뇌파(brain wave)를 포착하여 활용할 수 있게 되었기 때문입니다. 하지만 인간의 뇌에서 뇌파가 나온다는 사실을 최초로 발견한 시기는 지금으로부터 100년이 채 안 됩니다.

1929년, 독일의 정신과 의사 한스 베르거(Hans Berger, 1873~1941)는 인간의 뇌파를 최초로 측정합니다. 뇌파란 인간의 뇌가 활동할 때 뇌에 있는 신경세포들이 상호 작용을 하면서 만들어지는 전류(electric current)입니다.[11] 베르거는 뇌파를 증폭하여 기록하는 뇌전도*를 이용해서 환자의 머리 표면으로부터 뇌파를 측정하는 데 성공합니다.** 뇌파는 머리의 표면에서 측정 가능할 뿐만 아니라 미약하게나마 외부로도 전달됩니다.[12] 베르거의 뇌파 발견은 뇌신경과학을 획기적으로 발전시키는 계기가 됩니다.

---

* EEG(electroencephaleogram) 혹은 뇌전도(腦電圖). 뇌의 신경세포가 만들어 내는 전기 충격을 뇌파라 하는데, 이를 측정하고 기록하는 것을 말한다.
** 헤르츠(Hz)는 1초 동안에 진동(사이클)이 몇 번 있는지를 나타내는 단위로, 8Hz는 1초 동안에 8회의 진동(사이클)이 있다는 뜻이다.

2. 생각만으로 사물을 움직일 수 있어요!

커피나 물을 마시거나 자동차 운전을 하고 싶다는 생각만으로 현실에서 컵에 있는 액체를 마시고, 자동차 운전을 할 수 있을까요? 정답은 '할 수 있다'입니다. 인간은 생각만으로 사물을 움직일 수 있습니다.

2012년 5월 16일, 55년간 사지마비 상태로 지낸 50대 여성이 '브레인게이트'로 불리는 신경 시스템의 도움을 받아, 자기 생각대로 로봇팔을 움직여 커피가 든 병을 집어 들어 빨대로 마시는 데 성공합니다. 미국 브라운대 메디컬센터와 하버드 의대 등의 전문가로 구성된 연구팀은 사지마비 환자의 뇌에 전극 칩을 이식해 로봇팔을 움직이는 기술을 개발했다고, 세계적인 과학 잡지 《네이처》 온라인 판에 소개합니다. 연구팀은 여성 환자가 지난해 실험에서 컴퓨터로 연결된 로봇팔을 생각대로 움직여 커피가 든 병을 탁자 위에서 집어 들고 빨대로 마시는 장면을 담은 비디오 영상도 공개합니다.[13]

이것이 가능한 이유는 '뇌-컴퓨터 인터페이스(BCI; Brain-Computer Interface)' 기술 덕분입니다. 뇌-컴퓨터 인터페이스란 뇌와 컴퓨터의 연결을 뜻합니다. 이 BCI 기술은 뇌의 활동을 측정하여 이 정보를 컴퓨터에 전송하고, 컴퓨터는 전송받은 정보를 통하여 신체를 제어하거나 기기를 조작할 수 있습니다. 이 기술의 작동 원리 중 하나는 뇌파를 측정하는 방법입니다. 생각을 하거나 신경을 집중할 때, 꿈을 꿀 때도 뇌파가 발생합니다. 뇌파의 전기적 신호를 컴퓨터가 받아서 사물을 조작하게 됩니다.[14]

BCI 개념은 1973년 미국 UCLA의 자크 비달(Jaques Vidal) 교수가 처음으로 제안했습니다.[15] 그리고 2013년, 미국 미네소타주립대의 빈 히(Bin He) 교수 연구팀은 뇌파를 통해서 생각만으로 드론을 정밀하게 제어하고 여러 장애물을 통과시키는 실험에도 성공합니다.[16]

3. 뇌파를 발생시키는 뇌는 어떻게 작동할까요?

이제까지 알려진 뇌를 움직이는 세 가지 기본 요소는 뇌세포인 뉴런, 이온 가설, 신경전달물질입니다. 첫째, 신경세포인 뉴런(neuron)은 뇌의 기본적인 구성단위로 신호를 전달합니다. 둘째, 이온은 개별 신경세포에서 발생하는 전위의 변화에 의한 전기 신호를 산출하여 신경세포 내에서 전달합니다. 이를 이온 가설이라고 합니다. 셋째, 뉴런들 사이에 떨어져 있는 조그만 간극을 시냅스(synapse)라고 합니다. 신경세포는 신경전달물질이라는 방출된 화학 물질을 매개로 하여 서로 떨어진 다른 신경세포와의 정보 소통이 가능해집니다.[17] 이 세 가지 기본 요소가 상호 작용하여 현실에서는 생각이, 수면 중에는 꿈이 만들어집니다. 여기까지가 뇌과학자들이 발견한 고전 역학적인 뇌의 물리적·화학적 운동 방식입니다.

그런데 영국의 저명한 수학자이며 이론물리학자인 로저 펜로즈(Roger Penrose)는 저서 《황제의 새로운 마음(The Emperor's New Mind)》을 통해 인간 의식의 본질은 양자 현상이라고 주장합니다.[18] 그는 뇌의 미세 소관에서 일어나는 양자중첩 현상이 우리의 의식을 만들어 내고, (중략) 뇌는 양자역학적으로 작동한다고 합니다.[19] 하지만 그는 실험적으로 입증한 증거를 제시하지는 않았습니다.

2022년, 커스켄스(Christian Matthias Kerskens)와 페레즈(David

López Pérez)는 인간의 뇌에서 양자얽힘 생성이 생리적·인지적 과정의 일부로서 발생한다는 실험적 증거를 발견했다고 주장합니다.[20] 이들이 제시한 실험적 증거가 옳다면 인간의 뇌는 양자적으로도 작동하게 됩니다. 양자역학적 운동 원리는 고전 역학과는 다르기 때문에 양자역학의 특성에 대해서 살펴볼 필요가 있습니다.

4. 양자세계는 얼마나 작을까요?

양자역학은 매우 작은 규모의 미시(micro)세계를 연구하는 분야입니다. '양자(quantum)'란 셀 수 있는 아주 작은 양의 덩어리 또는 알갱이를 말합니다. 얼마나 작을까요? 원자의 주위를 도는 전자(electron)나 빛 알갱이인 광자(photon)도 양자에 속하는데, 전자의 크기는 10^{-18}미터 이하입니다. 이같이 매우 작은 미시세계에 있는 양자에는 거시세계의 물리 법칙과는 다른 법칙들이 작동됩니다.[21]

양자인 전자나 광자의 크기가 실감이 나지 않으니 원자, 원자핵과 전자의 크기를 비교해 보겠습니다. 원자 전체의 크기를 관중석을 포함한 야구장의 크기라고 상상하겠습니다. 이때 원자 전체에서 원자핵이 차지하는 크기는 야구장에 놓인 유리구슬만 한 크기입니다. 그런데 원자의 주위에 있는 전자의 크기는 원자보다 1/1000 이상 더 작습니다. 야구장에 놓인 유리구슬을 다시 1/1000 이하로 축소한 것이 전자의 크기라고 상상하면 됩니다.[22]

이제부터는 아주아주 작은 전자나 광자와 같은 양자의 세계에서 벌어지는 기이한 현상들을 살펴보겠습니다. 양자가 움직이는 운동 법칙을 알아 가다가 놀라실까 봐 먼저 양자역학으로 노벨상을 받은 이 분야 최고 권위자들의 말을 소개합니다. 양자역학의 개척자 중의 한 사람인 닐스 보어(Niels Bohr)는 "양자이론을 접하고 충격 받지 않은 사람은 내용을 제대로 이해하지 못한 사람"이라고 합니다. 미국의 천재 물리학자 리처드 파인먼(Richard Feynman)은 "이 이론을 제대로 이해하는 사람은 세상 어디에도 없다"라고 단언합니다. 23

5. 양자는 파동이면서 입자이기도 합니다

빛은 입자일까요, 아니면 파동일까요? 결론부터 말하면 양자물리학에서는 모든 물질이 입자와 파동의 성질을 동시에 가지고 있다고 봅니다. 입자란 질량이나 에너지 등의 덩어리를 뜻합니다. 앞에서 예를 든 전자와 같이 입자는 매우 작은 유리구슬을 상상하면 됩니다. 파동이란 소리나 파도같이 물체의 출렁임이 전파되어 가는 현상을 뜻합니다. 파동은 물 입자들의 운동, 소리는 공기의 떨림, 지진은 땅의 떨림이 전파되는 현상입니다. 24

물리학에서 빛이 입자인지 파동인지를 가지고 뜨거운 논쟁이 있었습니다. 요약하면, 1860년대 제임스 클러크 맥스웰(James Clerk Maxwell)은 빛이 파동이라는 이론을 확고히 합니다. 1905년, 아인슈타인은 빛이 에너지와 운동량을 가진 입자라고 주장합니다. 1924년, 루이 드 브로이(Louis de Broglie)는 모든 물질은 입자나 파동으로도 작용할 수 있다고 주장합니다. 그는 1924년 박사 논문에서 '파동-입자 이중성 이론'을 제시하고 1929년 노벨상을 받았습니다. 그사이 많은 추가 실험을 통하여 빛뿐만 아니라 전자 등도 파동과 입자의 성질을 함께 가지고 있다는 사실이 받아들여집니다.[25] 그렇다면 인간의 뇌에 나오는 뇌파도 파동이면서 동시에 입자적 성질도 가지고 있어야 합니다.

6. 양자얽힘 현상을 입증하여 노벨상을 받은 과학자들

2022년 노벨물리학상은 양자얽힘(Quantum entanglement) 현상을 과학적으로 입증한 세 명의 연구자가 받습니다. 이들은 알랭 아스페(Alain Aspect, 프랑스), 존 클라우저(John Clauser, 미국) 그리고 안톤 차일링거(Anton Zeilinger, 오스트리아)입니다.[26]

'얽힘'이란 두 사물이나 두 사람이 문자 그대로든지 비유적으로든지 어떤 형태로든 서로 얽혀 있는 상황을 말합니다. 양자역학에서 얽힘은 과거에 만난 적 있는 입자 같은 두 물체가, 물리적으로 떨어진 이후에도 마치 서로 계속 대화할 수 있듯이 이상한 유대를 유지하는 현상을 말합니다. 멀리 떨어져 있는 두 연인이 서로의 마음을 느끼는 것처럼 말이죠. 말하자면 그들은 서로 얽혀 있고, 서로 이어져 있는 것입니다.[27]

양자얽힘이란 아주 작은 입자인 광자(photon)나 전자(electron)의 쌍에 성립하는 불가사의한 관계를 말합니다. 예를 들어 광자 2개의 편광(빛의 파동이 진동하는 방향)을 생각해 보겠습니다. 이때 각각의 편광 방향은 측정하기 전에는 알 수 없습니다. 그런데 특수한 장치로 이들 광자의 쌍(2개)을 만들어 한쪽 광자의 편광 방향을 측정하는 순간, 다른 쪽 광자의 편광 방향이나 떨어져 있는 거리가 모두 확정이 됩니다. 이때 쌍인 2개의 광자는 양자얽힘 상태에 있다고 합

니다.²⁸

양자얽힘 현상을 이해하기 위해서는 이론물리학자 데이비드 봄(David J. Bohm)이 제시한 '실현 가능한 사고실험(Thought experiemnt)'의 사례가 적절해 보입니다. 사고실험이란 어떤 개념이나 새로운 아이디어를 입증하기 위해 생각만으로 진행하는 실험이며 실제 실험으로 실시되지는 않습니다.²⁹ 그는 2개의 전자가 바닥상태(에너지가 낮은 상태)에서 스핀(spin)-쌍을 이루고 있는 수소분자(H₂)를 예로 듭니다. 이때 수소분자 하나가 2개의 수소원자로 분리되었다고 생각합니다. 2개의 원자(A, B)는 서로 멀리 이동하고 있지만, 각 원자에 속한 전자의 스핀은 서로 반대 방향으로 유지하고 있습니다. 즉, 둘 중 하나는 스핀-업(up)이고 다른 하나는 스핀-다운(down)입니다.

특정한 실험계에서 둘 중 한 원자 A의 스핀을 관측하면 동일한 계에서 B의 스핀을 정확히 예측할 수 있습니다. 두 원자가 분리되어 서로 멀어지고 있어도 스핀이 서로 반대라는 것은 이미 결정된 사실이며, 관측 행위는 이들이 '어느 방향으로 서로 반대인지'를 알려 줄 뿐입니다. 원자 A와 원자 B가 아무리 떨어져 있어도 이러한 얽힘상태는 여전히 성립합니다.³⁰

즉, 얽힘상태에 있는 두 입자는 아무리 멀리 떨어져 있어도 한쪽

양자얽힘(Quantum entanglement)

의 측정 결과가 다른 한쪽에 바로 영향을 미치게 됩니다. 그러나 상대성 이론에 따르면 자연계의 최고 속도는 광속이며, 그것을 넘어서는 빠르기로 정보를 전할 수는 없습니다. 그런데 아주 작은 미시 세계에서는 상대성 이론의 한계를 넘어선다는 것입니다.

양자얽힘 상태에 있는 2개 입자를 통하여 자기 주위에 있는 정보를 떨어진 장소로 전송하는 기술인 양자순간이동(Quantum teleportation)도 가능하게 됩니다.[31] 양자순간이동 혹은 원격이동이란 물체 자체를 이동시키지 않고 물체에 대한 정보를 이동시키는 것을 말합니다.[32]

양자의 순간이동을 성공시킨 실험 사례들이 있습니다. 2004년, 안톤 차일링거 박사의 그룹은 양자를 다뉴브강의 한편에서 건너편까지 600미터를 광학섬유를 통해 성공적으로 전송했습니다. 또한 2012년, 중국 연구원그룹이 '양자상태'를 대기를 통해 97킬로미터 전송하는 데 성공했습니다. 같은 해에는 유럽 4개국 출신의 한 팀이 거의 8,000피트 상공에서 카나리아 제도인 라스팔마스와 테네리페스의 스테이션 사이 85마일 정도에 '광자의 특징'을 전송합니다.[33]

7. 양자중첩 현상이란 무엇인가요?

양자중첩(Quantum superposition)이란 여러 상태가 확률적으로 하나의 양자에 동시에 존재하며, 측정하기 전까지는 양자상태를 정확히 파악할 수 없는 상태를 말합니다. 둘 이상의 양자상태가 합쳐진 상태로, 측정하기 전까지는 측정에 의한 여러 결과 상태가 이미 확률적으로 동시에 존재합니다.

양자중첩(Quantum superposition)

　현실의 거시세계에서 논리적으로는 말이 안 되는 이 현상을 반박하기 위하여 1935년에 노벨물리학상을 받은 과학자 에르빈 슈뢰딩거(Erwin Schrödinger)는 또 다른 사고실험을 제안합니다.
　잔인하기는 하지만 우선 상자 안에 고양이 한 마리, 독약이 든 유리병, 방사성 물질, 방사능을 측정하는 장비와 망치를 넣습니다. 이때 방사성 물질이 붕괴하면 방사선이 나오고, 방사능 측정 장비가 작동하면서 망치가 독약 병을 깨뜨립니다. 깨진 병에서 나오는 독가스를 마시는 고양이는 죽게 됩니다. 1시간 후에 방사능이 붕괴할 확률은 50%입니다. 1시간 후에 고양이는 살아 있을까요, 죽어 있을까요? 고양이가 살아 있는 상태와 죽어 있는 상태가 중첩되어 있다고 표현해야 할까요?[34]
　양자세계에서는 이 사건이 관측되기 전까지는 확률적으로밖에 계산될 수 없으며, 가능한 서로 다른 상태가 공존한다고 합니다. 슈뢰딩거가 제안한 이 사고실험은 우연적으로 일어나는 이러한 사건이 미시세계에서 어떻게 있을 수 있느냐고 반문하기 위하여 제안했던 것입니다. 하지만 슈뢰딩거가 제안한 사고실험은 그의 의도와는 다르게 역설적으로 양자중첩 현상을 쉽게 이해하는 데 활용됩니다. 이를 '슈뢰딩거의 역설(paradox)'이라고 합니다. [35]

 2012년 노벨물리학상은 양자중첩 현상을 과학적으로 입증한 세르주 아로슈(Serge Haroche, 프랑스, 1944~)와 데이비드 와인랜드(David Wineland, 미국, 1944~)가 받게 됩니다. 두 사람은 하나의 광자 또는 하나의 원자를 진공상태의 실험 장치 안에 두 가지 다른 양자상태가 공존하는 형태로 가둬 두는 데 성공했습니다. 또 그 상태를 측정해서 두 상태 중 하나가 붕괴되고 하나만 측정되는 현상을 관측했습니다. 이 실험은 슈뢰딩거의 고양이가 원자나 광자의 상태라면, 관측을 하기 전까지는 죽음과 삶의 상태를 함께 가지고 있다는 것을 증명한 셈입니다. [36]

8. 양자의 양자터널링 현상은 무엇인가요?

 벽에 테니스공을 던지면 공은 벽을 맞고 던진 방향으로 다시 튀어나옵니다. 그런데 전자나 입자를 벽에 대고 쏘면 일부는 반사하지만 다른 일부는 벽을 통과하여 반대편 방향으로 나갑니다. 입자는 동시에 파동의 성격이 있으므로 던진 전자를 입사파, 반사된 파동을 반사파, 벽을 뚫고 나간 파를 투과파라고 합니다. 이때 에너지 벽을 통과하는 것은 확률적입니다. 즉, 양자터널링(Quantum tunneling)이란 전자를 방출했을 때 넘을 수 없는 에너지 산을 통과해 반대편에서 전자가 발견되는 현상을 말합니다. 전자는 입자이면서 파동의 성격도 가지고 있어서 회절하거나 투과하기 때문에 우리는 집 안, 방 안에서도 휴대폰을 사용할 수 있습니다. [37]

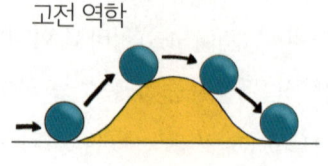
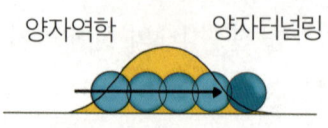

양자터널링(Quantum tunneling)

3장
태몽현상의 입증을 위한 사고실험을 제안합니다

1. 태몽현상은 양자역학적으로 입증 가능할까요?

 2021년 9월, 필자는 미래학회에서 '동시성 현상과 양자역학의 연관성에 관한 질문'으로 주제 발표를 했습니다. 태몽현상의 예를 들어 융의 동시성 이론을 양자역학을 통해 입증할 가능성에 대해서 발표를 하고, 참석한 전문가들의 견해를 듣고 싶었습니다. 발표 요지는 다음과 같습니다.
 사람은 누구나 잠을 자는 동안 서너 차례 렘수면 시간을 거칩니다. 렘수면 시간 동안에는 대부분 꿈을 꾸는데, 이때 인간의 뇌에서는 1초당 30회 이상의 주파수가 나오는 감마파(30Hz 이상)가 방출됩니다. 그런데 파동은 동시에 입자적 성격을 가집니다. 뇌파도 파동이기 때문에 꿈꾸는 뇌에서는 입자가 방출됩니다. 인간의 몸에서 입자가 나온다는 사실은 이미 과학적으로 밝혀졌습니다. 이 입자의 양자중첩, 양자터널링과 양자얽힘이 이루어지면 양자전송 현상을 통하여 물질세계에서 일어나는 현상과 태몽이 상호 간에 의미상 일치되는 동시성 현상이 발생할 수도 있다는 것이 그날 발표의 주요 내용이었습니다.

 토론이 시작되자, 저명한 물리학자 한 분이 이 제안에 반박합니다. "국 교수! 거, 말도 안 되는 소리 좀 하지 마세요. 인간의 몸에서 나오는 입자는 밖으로 나오자마자 소멸됩니다. 그러니 그 가설은 성립될 수 없어요!" 양자역학에 관한 깊은 지식이 없던 저는 그 교수의 지적에 아무런 반박도 할 수 없었습니다.

 며칠 후, 그날 토론에 참석했던 또 다른 박사 한 분을 우연히 만났습니다. 그가 말했습니다. "나는 국 박사(참고로 필자는 물리학 박사가 아닙니다!) 말이 일리가 있다고 생각합니다."

 이 말을 듣고 나서 다시 힘이 났습니다.

 '좌절하지 말고 양자역학을 더 공부하자!'

 그러던 어느 날, 미국의 물리학자인 케네스 포드(Kenneth W. Ford)의 《양자물리학의 강의》라는 책에서 그가 스스로 묻고 답한 내용을 읽었습니다. "얼마 정도면 '짧은' 시간이고 얼마 정도면 '긴' 시간일까? 우리 인간에게 1년은 긴 시간이고 100분의 1초는 짧은 시간이다. 한편, 입자에게 100분의 1초는 영겁의 세월이다. 뮤온(muon) 입자의 평균 수명은 약 2마이크로초(2×10^{-6}초)이다. 이것은 전자와 같이 작은 입자인 아원자 세계에서 짧은 시간인가 긴 시간인가? 답은 매우 긴 시간이다. 그 시간 동안 입자는 원자 또는 분자의 지름보다 훨씬 멀리 이동할 수 있기 때문이다. 입자가 검출기에서 측정 가능한 궤적을 남기려면 얼마나 오래 살아야 하는가? 답은 약 10^{-10}초 이상이다."[38]

 매우 작은 입자나 광자의 세계에서 100분의 1초가 매우 긴 시간이라고 한다면, 이는 입자가 소멸되기 이전에 양자얽힘과 양자전송 현상 등을 통하여 동시성 현상이 발생할 수 있는 충분한 시간이라고 봅니다.

2. 임산부는 발신자, 꿈꾼 이는 수신자가 될 수 있나요?

최초로 뇌파의 존재를 입증한 정신과 의사 한스 베르거가 인간의 뇌에서 텔레파시(telepathy)를 측정하려고 한 이유가 있었습니다. 1892년, 그는 말에서 떨어지는 사고를 당해 거의 죽을 뻔한 위기에 처했다가 기적적으로 죽음을 모면합니다. 그날 저녁에 그는 자신의 아버지로부터 잘 지내느냐는, 전혀 예상치 못한 문안 전보를 받았습니다.

그는 생각합니다. '나와 형제애가 유난히 깊었던 큰 누나가 갑자기 부모님에게 내가 불운을 맞은 것이 틀림없다고 주장했다. 아마도 극한의 위험이 닥치고 확실한 죽음이 눈앞에 다가온 순간, 내가 발신자가 되고 나와 특별히 가깝던 누나가 수신자가 되어 텔레파시를 실행했을 것이다.'[39] 베르거는 텔레파시가 어떤 '심령 에너지'의 물리적 전달에 근거하며, 이를 측정할 수도 있겠다고 생각했던 것입니다.[40]

베르거가 처음에 생각했던 방식을 태몽에 적용하면, 임신 예정이거나 임신 중인 임산부가 발신자가 되고 꿈꾼 이가 수신자가 되어 꿈을 꿀 수도 있습니다. 이때 어떤 조건에서 뇌에서 방출하는 입자의 정보 전달이 이루어지느냐가 중요한 관건이 됩니다.

1886년, 영국 정신연구협회는 《살아 있는 자들의 환영(Phantasms of the Living)》이라는 책에서 149건의 꿈 텔레파시를 다루었는데, 대부분 친척이나 친구 사이에서 일어난 것이었습니다. 저자들은 사례

신고의 정확성, 확증적 증거 등을 조사한 끝에 꿈과 깨어 있는 현실의 삶 모두에서 텔레파시가 존재한다는 진정한 증거가 있다고 주장합니다.[41]

프로이트와 융에 이어 정신분석학 운동의 세 번째 창시자인 알프레드 아들러(Alfred Adler)는 이러한 초자연적인 경험을 터무니없는 것으로 보았습니다.[42]

프로이트는 초기에 꿈과 텔레파시에 대하여 호감을 가졌지만 적극적인 지지는 하지 않았습니다. 그러다가 1944년, 《꿈의 오컬트적 의미(The Occult Significance of Dreams)》에서 텔레파시가 진짜로 존재할 가능성이 있다는 잠정적인 결론에 도달합니다. 프로이트는 "나는 우리 학파 내부에서 실행한 일련의 실험으로 감정적인 색채를 강하게 띤 기억이 큰 어려움 없이 텔레파시를 통해 성공적으로 이송될 수 있으며, 잠자는 누군가에게 닿아 꿈에서 수신된다는 가능성을 무시할 수 없다는 인상을 종종 받았다"라고 말합니다.[43]

이 문제를 과학의 영역으로 끌어들여 오기 위해서는 실험을 통한 입증을 해야 합니다. 2013년, 카릴 스미스(Carlyle Smith)는 자신이 가르치는 트렌트대학에서 65명의 학생을 대상으로 꿈의 초감각적 지각(Extra sensory perception) 현상에 대한 연구를 합니다. 실험에 참여하는 학생들에게 한 여성의 사진을 보여 주고, 그녀의 유방암 질병에 대한 꿈을 유발하기 위하여 '꿈을 배양'해 달라는 요청을 합니다. 물론 학생들에게는 사전에 그 여성의 병에 대해 밝히지 않았습니다. 그녀에 대한 꿈 내용을 학생들에게 요청합니다. 하지만 실망스러운 결론에 도달합니다.[44] 입증을 못 한 것이죠.

필자의 태몽 연구에 의하면 태몽을 꾸는 수신자는 대부분의 경우 임산부와 정서적으로 강한 유대관계가 있어야 합니다. 따라서 카릴 스미스 교수의 연구에서는 아무런 연관도 없는 사람들을 발신자나 수신자로 정했기 때문에 이러한 결과가 나왔다고 봅니다.

또한 수신자인 꿈꾸는 사람은 수면 중 무의식적인 상태에 있어야 합니다. 이때 임산부 뇌에서 방출되는 입자는 양자중첩, 양자터널링, 양자얽힘 현상을 통하여 임신과 연관된 감정 같은 정보가 양자 순간이동을 하게 됩니다.

수신자인 꿈을 꾸는 이의 의식 경계가 무너지는 무의식 상태에서 전달받은 정보를 토대로 꿈이 만들어집니다. 태몽의 강렬하고, 강하게 기억에 남는 특성을 고려하면 태몽은 렘수면 시간에 꿀 가능성이 높습니다.

3. 사고실험을 제안합니다

필자는 다음과 같은 사고실험을 제안합니다.

첫째, 태몽과 같이 강하게 기억에 남는 큰 꿈은 뇌파의 초당 진동수가 가장 높게 나타나는 렘수면 상태에서 발생할 가능성이 큽니다.

둘째, 렘수면 상태에서 발생하는 뇌파는 뇌의 기억, 감정 혹은 무의식 부분을 활성화해서 일부는 꿈을 만들어 내고, 일부는 운동에너지로 전환되어 시공간을 초월하여 순간이동합니다.

셋째, 발신자는 임신을 예정하거나 임신 중인 임산부이고, 대부분의 수신자는 임산부와 정서적으로 강한 애착관계에 있는 사람이어야 합니다.

넷째, 양자의 시공간 이동 시 양자중첩, 양자얽힘과 양자터널링 현상이 발생하면 양자전송을 통하여 동시성 현상이 발생할 수 있습니다.

이 사고실험의 치명적인 약점은 실험으로 검증하기가 아주 어렵다는 점입니다. 실험으로 증명하기 위해서 임신 중인 임산부를 참여시킨다고 해도 어느 시점에서 발신자가 되는지를 알아내기가 무척 힘이 든다는 점입니다.

이러한 실험과 측정의 문제점을 극복하기 위한 실험 환경과 측정이 가능한 상황을 현실에서 만들어야 합니다. 필자는 샤먼(무당)이 초자연적인 힘에 사로잡히는 빙의(spirit possession) 상태[45]에서 예지하는 능력을 측정하여 입증하는 방법을 대안으로 제시합니다. 그 절차는 다음과 같습니다.

1단계는 빙의 상태에 도달할 수 있는 무당에게 어떤 사람의 사진을 보여 줍니다. 무당에게는 사진의 주인공이 어떤 상황에 처해 있는지 알려 주지 않습니다. 무당은 이를 보고 영매를 불러들이는 굿이나 의식을 합니다. 무당이 굿을 하는 동안 그는 무의식적 상황에 빠지게 됩니다. 어느 순간 초자연적인 귀령 혹은 영매가 발신자가 되고, 무당은 수신자가 됩니다. 귀령 혹은 영매는 무당에게 말 혹은 행동이나 꿈[46]을 통하여 사진의 주인공이 처한 상황을 전달하게 합니다. 그다음 사진의 주인공이 처한 상황과 일치하는지 확인합니다. 정확히 맞추는 무당들을 선별합니다.

2단계는 통제집단인 일반인의 뇌와 선별된 무당이 입무(入巫, initiation) 상태에 들어가기 이전의 뇌의 상태 또는 뇌파를 측정·비교합니다. 이어서 입무 이전과 이후 뇌의 상태나 뇌파를 측정합니다. 입무 상태의 무당의 뇌는 수신자가 되었을 때 뇌파를 발생할 것입니다. 이들 상태를 비교하면 입무 상태에서 뇌의 어느 부위가 활성화되어 입자를 방출하는지 알 수 있게 됩니다.

맺음말

저는 2019년에 《꿈, 심리의 비밀》을 출간하였습니다. 이 책에서는 다양한 종류의 꿈을 소개하고 심리학적인 관점에서 분석을 시도합니다. 참고로 이 책은 전자책 형태로 새롭게 선보이게 되었습니다.

《태몽! 새 생명의 속삭임》은 앞서 발간한 책의 후속작입니다. 저는 다양한 태몽 사례를 수집하고 연구하면서 한 생명의 출생만큼 고귀하고 가치 있는 과업도 없다는 생각을 합니다.

태몽이 암시하고 있는 진정한 의미를 찾아내는 건 쉬운 일이 아닙니다. 독자분들이 이 책을 통하여 태몽현상을 더 잘 이해하고 해석하는 데 도움을 받는다면 저에게는 큰 기쁨이 되겠습니다.

한 생명의 태어남은 아이를 잉태하고 키우는 어머니와 아버지에게만 국한된 과업이 아닙니다. 아이의 할머니와 할아버지를 포함한 가족, 친척, 이웃 그리고 더 나아가 인간 사회의 중요한 과업이기도 합니다. 이는 태몽을 꾸는 사람이 임산부에만 한정되지 않고 남편, 부모, 친척, 심지어 이웃도 해당된다는 점을 보면 이해가 됩니다.

예지몽의 일종인 태몽에는 동시성 현상이 발생합니다. 동시성 현상이란 정신현상인 꿈과 임신 혹은 출산과 같은 물리적 현상이 시간과 공간을 초월하여 의미상으로 일치되는 현상을 뜻합니다. 일찍이 심리학자인 융과 양자물리학자인 볼프강 파울리가 이 현상을 이론화하여 발표했습니다.

융은 말년에 자신의 한 제자와 이 문제에 관한 대화를 합니다. "언제쯤 동시성 현상이 과학적으로 입증될 수 있을까?"라며 융이 묻습니다. 그러자 그의 제자는 "아마 50년, 늦어도 100년 이내에는 증명이 될 것입니다"라고 답합니다. 하지만 융의 사후 60년이 지난 지금도 이 현상은 과학적으로 입증되지 못하고 있습니다.

양자세계에서 발생하는 양자중첩, 양자얽힘, 양자터널링, 양자전송 현상 등을 이용하여 증명할 가능성이 있다고 믿습니다. 이 책의 마지막 장에선 입증을 위한 사고실험을 제시하였습니다. 동시성 현상이 과학적으로도 증명되는 날이 오기를 기대합니다. 과학적인 입증이 실현된다면 인간이 보유하고 있는 인지능력을 넘어서는 초능력 혹은 초지각 연구에 대한 새로운 지평이 열릴 것입니다.

앞으로도 꿈의 현상을 계속해서 연구해 나갈 계획입니다. 꿈 연구에 관심이 있거나 참여하고 싶은 분은 저자의 개인 메일(cook8104@naver.com) 또는 꿈사랑심리상담연구소 홈페이지(http://dreamonline.co.kr)에 그 뜻을 남겨 주시면 함께하겠습니다.

주

1부 태몽이란 무엇인가요?

1 한건덕, 《태몽의 모든 것》, 기린원, 1993, p.194.
2 한건덕, 앞의 책, p.194.
3 Regina Abt·Irmgard Bosch·Vivienne MacKrell, *Traum und Schwangerschaft*, Daimon Verlag, 1996, p.7; Ambrosio, Rebeca, *Dream Analysis*, Master of Arts in Counseling Psychology, Pacifica Graduate Institute, 2015, March 19, p.3 참조.
4 반 겐넵, 전경수 옮김, 《통과의례》, 을유문화사, 2000, pp.7~8 참조.
5 반 겐넵, 앞의 책, pp77~87; 민속에서는 태어나기 전 아기를 바라는 기자습속(祈子習俗)도 통과의례로 본다. 기자습속은 자식의 출산을 위해 인간보다 힘이 있다고 생각하는 초능력자에게 기원하는 것을 말한다; 이춘자·김귀영·박혜원, 《통과의례 음식》, 대원사, 1998, pp.6~7, p.25 참조.
6 김여희, 《슬기로운 난임생활》, 이담, 2021.
7 한국정신문화연구원, 《한국민족문화대백과사전 23》, 1995, p.28 참조.
8 정해은, 《조선 엄마의 태교법》, 서해문집, 2018, p.89 참조.
9 한국정신문화연구원, 앞의 책, p.12 참조.
10 정해은, 앞의 책, p.194, p.202 참조.
11 사주당, 최희석 편저, 《태교신기(胎敎新記)》, 이담, 2010, p.6 참조.
12 정해은, 앞의 책, p.250 참조.
13 정해은, 앞의 책, p.270~271 참조.
14 전호태, 《고구려, 신화의 시대》, 덕주, 2023, pp.31~32 참조.

15 정해은, 앞의 책, p.87.
16 김경복, 《한국의 신화》, 청아출판사, 2014, p.83 참조.
17 Regina Abt, Irmgard Bosch, Vivienne MacKrell, *Ibid*, p.497 참조.
18 헤로도토스, 박현태 옮김, 《헤로도토스 역사》, 동서문화사, 2008, p131 참조.
19 폴 존슨, 이종인 옮김, 《폴 존슨의 예수평전》, 알에이치코리아, 2012, p.125 참조.
20 아시아경제, "유배지서 핀 인류학의 꽃", 조목인 기자, 2018. 10. 26.
21 말리오우스키, 서영대 옮김, 《원시 신화론》, 민속원, 2001, p.20, p.25 참조.
22 Edward F. Edinger, 이영순 옮김, 《그리스 신화, 그 영원한 드라마》, 동인, 2008, p.16 참조.
23 칼 구스타프 융 편, 이부영 외 옮김, 《인간과 무의식의 상징》, 집문당, 2008, p.66 참조.
24 권석만, 《현대 심리치료와 상담이론》, 학지사, 2012, p.58, p.74 참조.
25 국경복, 《꿈 심리의 비밀》, 나남, 2019, p.314 참조.
26 Jung C.G., Translated by R.F.C. Hull, *Dreams*, Princeton University Press, New York, 1974, pp.47~48 참조.
27 피터 왓슨, 남경태 옮김, 《생각의 역사 I, -불에서 프로이트까지-》, 들녘, 2009, p.1030.
28 C.G. Jung, R.F.C. Hull, *op. cit.*, p.77 참조.
29 C.G. Jung, R.F.C. Hull, *Ibid*, p.77 참조.
30 Jung C.G., Translated by Hull RFC., *The Archetypes and the Collective Unconscious*, Princeton, New York, 1990, pp.3~5 참조.
31 Regina Abt·Irmgard Bosch·Vivienne MacKrell, *op. cit.*, p.23 참조.
32 Edward F. Edinger, 이영순 옮김, 《그리스 신화, 그 영원한 드라마》, 동인, 2008, p.71 참조.
33 Edward F. Edinger, 앞의 책, p.73~74 참조.
34 한건덕, 《복권당첨자의 꿈과 그 해석》, 명문당, 1985, p.81 참조.
35 한건덕, 《꿈의 예시와 판단》, 명문당, 1994, p.591 참조.
36 중소기업신문, "복권 사야 할 돼지 꿈은 따로 있다", 국경복, 2022. 4. 11 참조.

37 Regina Abt·Irmgard Bosch·Vivienne MacKrell, *op. cit.*, p.422 참조.
38 마크 솜즈·올리버 턴불, 김종주 옮김, 《뇌와 내부세계》, 하나의학사, 2005, p.239 참조.
39 Jung C.G., Translated by R.F.C. Hull, *Dreams*, Princeton University Press, New York, 1974, pp.47~48 참조.
40 한건덕, 《복권당첨자들의 꿈과 그 해석》, 명문당, 1985 참조.
41 메슈 워커, 이한음 옮김, 《우리는 왜 잠을 자야 할까》, 열린책들, 2019, pp.63~64 참조.
42 G. William Domhoff, 유미숙·이세연·백소윤 옮김, 《꿈의 과학적 탐구》, 시그마프레스, 2011, pp.21~22 참조.
43 안토니오 자드라·로버트 스틱골드, 장혜인 옮김, 《당신의 꿈은 우연이 아니다》, 2024, p.297 참조.

2부 역사적 인물들의 태몽과 삶의 궤적

1 부처님의 생애 편찬위원회, 《부처님의 생애》, 대한불교조계종 교육원, 2010, pp.25~28 참조.
2 김재희, 〈한국인의 태몽 유형과 변천연구〉, 한국학중앙연구권, 박사학위논문, 2016. 9. 30, p.1.
3 Fred Jeremy Seligson, *Oriental Birth Dreams*, Lollym, 1990, p.15.
4 이근매·아오키 도모코 공저, 《상징사전》, 학지사, 2019, p.44 참조.
5 중소기업신문, "부처님의 태몽은 온화함의 상징 코끼리였다", 국경복, 2022. 5. 23.; 이근매·아오키 도모코 공저, 앞의 책, p.153 참조.
6 부처님의 생애 편찬위원회, 앞의 책, pp.30~32; 이자랑·이필원, 《도표로 읽는 불교입문》, 민족사, 2016, p.16 참조.
7 이자랑·이필원, 앞의 책, p.42 참조.
8 질 캐럴, 성세희 옮김, 《교양으로 읽는 세계 7대 종교》, 시그마북스, 2021, p.95 참조.
9 클레어 루에린, 송향숙 옮김, 《성인과 천사 이야기》, 2006, 으뜸사랑, p.60 참조.

10 한국천주교주교회의, 《성경》, 〈마태오 복음서〉 1장 18~25절 참조.
11 폴 존슨, 이종인 옮김, 《폴 존슨의 예수평전》, 알에이치코리아, 2012, p.38 참조.
12 폴 존슨, 이종인 옮김, 앞의 책, pp.38~39 참조.
13 폴 존슨, 앞의 책, p.42 참조.
14 폴 존슨, 앞의 책, p.51, pp.189~192, p.206 참조.
15 폴 존슨, 앞의 책, p.258 참조.
16 질 캐럴, 앞의 책, p.120 참조.
17 헤로도토스, 박현태 옮김, 《헤로도토스의 역사》, 동서문화사, 2008, p.71; 국경복, 《꿈 심리의 비밀》, 나남, 2019, p.58 참조.
18 한건덕, 《태몽의 모든 것》, 기린원, 1993, p.196; 한건덕, 《꿈의 예시와 판단》, 명문당, 1994, pp.684~685; 김하원, 《개꿈은 없다》, 동반인, 1994, pp.208~209 참조.
19 크세노폰, 이은종 옮김, 《카로파에디아, 키루스의 교육》, 주영사, 2019, pp.9~10 참조.
20 유흥태, 《고대 페르시아의 역사》, 살림, 2008, pp.21~31 참조.
21 크세노폰, 앞의 책, p.448 참조.
22 플루타르크, 이성규 옮김, 《플루타르크 영웅전 전집》, 현대지성사, 2004, pp.1219~1220 참조.
23 조현미, 《알렉산드로스 헬레니즘 문명의 전파》, 살림, 2004, pp.6~26 참조.
24 조현미, 앞의 책, pp.86~92; 크세노폰, 앞의 책, p.11 참조.
25 Fred Jeremy Seligson, *op. cit.*, p.16.
26 아르테미도로스, 방금희 옮김, 《꿈의 열쇠》, 아르테, 2008, p.375 참조.
27 수에토니우스, 박광순 옮김, 《12인의 로마황제》, 풀빛미디어, 1998, pp.92~94.
28 맥세계사편찬위원회, 《로마사, 맥을 잡아주는 세계사 02》, 느낌이있는책, 2014, pp.264~268 참조.
29 맥세계사편찬위원회, 앞의 책, pp.276~286 참조.
30 문점식, 《역사 속 세금 이야기》, 세경사, 2007, p.186.
31 한국천주교주교회의, 《성경》, 〈루카 복음서〉, 루카 2장 1절, 2005, p.130 참조.

32 아르테미도로스, 방금희 옮김,《꿈의 열쇠》, 아르테, 2008, p.363.
33 아르테미도로스, 앞의 책, p.375.
34 아르테미도로스, 앞의 책, pp.380~381.
35 아르테미도로스, 앞의 책, p.385.
36 아르테미도로스, 앞의 책, p.385.
37 아르테미도로스, 앞의 책, pp.370~371.
38 陳士元, 김재두 옮김,《몽점일지(夢占逸旨)》, 은행나무, 2008, pp.53~54.
39 이길용,《이야기 세계종교》, 지식의 날개, 2016, p.246 참조.
40 이길용, 앞의 책, pp.247~248 참조.
41 이길용, 앞의 책, pp.251~253 참조.
42 신동준,《교양인의 논어》, 미다스북스, 2020, pp.845~847 참조.
43 陳士元, 앞의 책, pp.53~54.
44 이해원,《이백의 삶과 문학》, 고려대학교출판부, 2002, pp.1~14; 이백, 황선재 역주,《이백 오칠언절구》, 문학과 지성사, 2006.
45 영진, 최우석 옮김,《한무제 I》, 청양, 2002, pp.31~32 참조.
46 양성민, 심규호 옮김,《한무제 평전》, 민음사, 2012, p.455, p.459, p.769 참조.
47 홍순례,《꿈으로 본 역사》, 중앙books, 2007, p.156 참조.
48 한건덕,《꿈의 예시와 판단》, 명문당, 1994, p.622, pp.627~628 참조.
49 홍순례, 앞의 책, p.157 참조.
50 박영규,《고려왕조실록》, 웅진지식하우스, 2003, pp.100~101, pp.120~121 참조.
51 이태극,《세종대왕의 어린 시절》, 세종대왕기념사업회, 1984, pp.14~16 참조.
52 한건덕, 앞의 책, p.732 참조.
53 이태극, 앞의 책, p.12, pp.15~16 참조.
54 박영규,《세종의 원칙》, 미래의 창, 2021, pp.4~5 참조.
55 박영규,《정조와 채제공, 그리고 정약용》, 김영사, 2019, p.66; 세계일보, "태조는 없는데, 정조는 있는 것…조선 임금의 태몽에 깃든 정치", 강구열 기자, 2018. 7. 15. 참조.
56 박영규, 앞의 책 참조.

57 한철호·김기승·김인기·조왕호·권나리·박지숙, 《고등학교 한국사》, 미래엔, 2013, p.82 참조.
58 성운대사, 조은자 옮김, 《관세음보살 이야기》, 운주사, 2017, p.191 참조.
59 정구복, 《인물로 읽는 삼국사기》, 동방미디어, 2004, p.255 참조; 홍순례, 앞의 책, p.151; 한건덕, 《태몽의 모든 것》, 기린원, 1993, p.181 참조.
60 홍순례, 앞의 책, pp.152~153; 이현희, 《이야기한국사》, 청아출판사, 1995, pp.108~113 참조.
61 한철호·김기승·김인기·조왕호·권나리·박지숙, 앞의 책, p.29 참조.
62 매일신문, "삼국유사 잉태한 비슬산", 2012. 3. 21.
63 일연, 권상로 역해, 《삼국유사》, 동서문화사, 2007, p.494.
64 일연, 성낙수·조현숙·김은정 엮음, 《중학생이 보는 삼국유사》, 신원문화사, 2003, pp.266~269 참조.
65 박영규, 《고려왕조실록》, 웅진지식하우스, 2003, pp.120~121; 이연재, 《일연과 삼국유사》, 경향신문, 2006. 7. 9. 참조.
66 일연, 권상로 역해, 앞의 책, p.14, p.16.
67 일연, 권상로 역해, 앞의 책, p.14.
68 일연, 성낙수·조현숙·김은정 엮음, 앞의 책, p267 참조.
69 Fred Jeremy Seligson, *op. cit.*
70 황현필, 《이순신의 바다》, 역바연, 2021, p.384.
71 황현필, 앞의 책, p.395.
72 김구, 《백범일지》, 나남출판, 2005, p.23.
73 김구, 앞의 책, p.442.
74 김구, 앞의 책 참조.
75 황재문, 《안중근 평전》, 한겨레출판, 2011, p.44.
76 Fred Jeremy Seligson, *op. cit.*
77 황재문, 앞의 책, pp.303~306 참조.
78 오영섭, 《2017년 7월의 독립운동가 조마리아 여사》, 국가보훈처, 2017, p.4.
79 왕옥흔, 강충희 옮김, 《노태우 대통령전》, 우신사, 1993, p.18 참고
80 이준서·이유미·김잔디, 〈'12·12 쿠데타 주도·직선제 대통령' 노태우 전 대통령 사망〉, 《정부저널》, 2021. 11. pp. 20~21 참조.
81 강원택 편, 《노태우 시대의 재인식》, 나남, 2012, 서문 참조.

82 이준서·이유미·김잔디, 앞의 자료, pp.20~21; 한철호·김기승·김인기·조왕호·권나리·박지숙, 앞의 책, p.370 참조.
83 김대중, 《김대중 자서전》, 삼인, 2010, p.34.
84 김대중, 앞의 책, p.15.
85 김대중, 앞의 책, p.18.
86 황영조, 《나의 꿈 나의 이야기》, 신구미디어, 1993, p.22.
87 황영조, 《나의 꿈은 이루어지지 않았다》, 일빛, 1992, p.154 참조.
88 황영조, 《황영조 마라톤 스쿨》, 한언, 2004 참조.
89 황영조, 《나의 꿈은 이루어지지 않았다》, 일빛, 1992, p.154 참조.
90 박현우, 《유명인 태몽 꿈 일화》, 필링박스, 2019, 교보문고 전자책.
91 중소기업신문, "골프여제 박세리의 태몽은 가물치였다", 국경복, 2022. 5. 30.
92 박신식, 《세리의 연장불패 맨발샷》, 현문미디어, 2006 참조.

3부 태몽은 누가, 언제 꾸나요?

1 Regina Abt·Irmgard Bosch·Vivienne MacKrell, *Traum und Schwangerschaft*, Daimon Verlag, 1996.
2 Regina Abt·Irmgard Bosch·Vivienne MacKrell, *Ibid.*, p.498.
3 Regina Abt·Irmgard Bosch·Vivienne MacKrell, *Ibid.*, p.25.
4 Regina Abt·Irmgard Bosch·Vivienne MacKrell, *Ibid.*, p.245.
5 Regina Abt·Irmgard Bosch·Vivienne MacKrell, *Ibid.*, p.79 참조.
6 한국정신문화연구원, 《한국민족문화대사전 11권》, 1995년, p.351 참조.
7 이부영, 《한국의 샤머니즘과 분석심리학》, 한길사, 2012, p.670.
8 한국정신문화연구원, 앞의 책 8권, pp.207~208 참조.
9 양종승, 《칠성신앙과 삼신신앙의 관계성, 샤머니즘과 타종교의 융합과 갈등》, 샤머니즘사상연구회, 민속원, 2017, pp.118~119 참조.
10 최광식, 《우리나라 역사와 민속: 남창 손진태 선생 유고집》, 지식산업사, 2012, pp.341~348 참조.
11 장언푸, 김영진 옮김, 《한 권으로 읽는 도교》, 산책자, 2008, p.17 참조.

12	장언푸, 앞의 책, p.18 참조.
13	양종승, 앞의 책, pp.118~119 참조.
14	전호태, 《고구려, 신화의 시대》, 덕주, 2023, p.123.
15	전호태, 앞의 책, pp.123~125 참조.
16	이부영, 앞의 책, p.671 참조.
17	이부영, 앞의 책, p.671.
18	Regina Abt·Irmgard Bosch·Vivienne MacKrell, *Ibid.*, p.389.
19	Regina Abt·Irmgard Bosch·Vivienne MacKrell, *Ibid.*, p.389 참조.
20	Regina Abt·Irmgard Bosch·Vivienne MacKrell, *Ibid.*, p.90.
21	김재희, 앞의 논문, 2016, p.134 참조.
22	통계청, 《성별·연령별·종교별인구》, KOSIS, 2015; 윤승룡, 《이야기를 해야 알죠! 37일이 말하는 종교문화》, 도서출판 모시는사람들, 한국종교문화편, 2018, p.112.
23	김재희, 앞의 논문, 2016, p.134 참조.

4부 태몽에서 느끼는 감정들은 어떤 것일까요?

1	폴 에크먼, 허우성·허주영 옮김, 《표정의 심리학》, 바다출판사, 2020.
2	조지프 르두, 임지원 옮김, 《불안》, 인벤션, 2017, pp.85~87 참조.
3	폴 에크먼, 앞의 책, p.245 참조.
4	폴 에크먼, 앞의 책, pp.305~335.
5	Regina Abt·Irmgard Bosch·Vivienne MacKrell, *Traum und Schwangerschaft*, Daimon Verlag, 1996, p.26.
6	Regina Abt·Irmgard Bosch·Vivienne MacKrell, *Ibid.*, p.32.
7	Regina Abt·Irmgard Bosch·Vivienne MacKrell, *Ibid.*, p.41.
8	Regina Abt·Irmgard Bosch·Vivienne MacKrell, *Ibid.*, p.30.

5부 태아의 상징인 원형상은 어떤 모습일까요?

1. Jung CG, Translated by Hull RFC, *The Archetypes and the Collective Unconscious*, 1990, pp.159~160; Jung CG, 융 저작 번역위원회 옮김, 《원형과 무의식》, 한국융연구원, 솔, 2020, pp.247~248.
2. 전호태, 〈고구려 고분벽화의 해와 달〉, 《미술자료》 50, 1992, pp.1~63; 전호태, 고구려, 신화의 시대, 덕주, 2023, pp.74~78, p.107 참조.
3. 최광식, 《우리나라 역사와 민속: 남창 손진태 선생 유고집》, 지식산업사, 2012, pp.311~313 참조.
4. 전호태, 앞의 책, 2023, pp.102~106 참조.
5. 《한국민족문화대백화사전 10권》, 1995, pp.363~364 참조.
6. 양종승, 《칠성신앙과 삼신신앙의 관계성, 샤머니즘과 타종교의 융합과 갈등》, 샤머니즘사상연구회, 민속원, 2017, pp.115~117 참조.
7. 이이화, 《우리 민족은 어떻게 형성되었나, 한국사 이야기 1》, 한길사, 2003, pp.221~222.
8. Regina Abt·Irmgard Bosch·Vivienne MacKrell, *Traum und Schwangerschaft*, Daimon Verlag, 1996, p.497.
9. Regina Abt·Irmgard Bosch·Vivienne MacKrell, *Ibid.*, p.498.
10. Regina Abt·Irmgard Bosch·Vivienne MacKrell, *Ibid.*, p.498 참조.
11. 장영란, 《불의 상징과 형이상학, 철학과 현상학 연구》, 제38집, 한국현상학회, 2008. 9, pp.125~156 참조.
12. Regina Abt·Irmgard Bosch·Vivienne MacKrell, *Ibid.*, p.27.
13. Regina Abt·Irmgard Bosch·Vivienne MacKrell, *Ibid.*, p.55.
14. Regina Abt·Irmgard Bosch·Vivienne MacKrell, *Ibid.*, p.70.
15. Regina Abt·Irmgard Bosch·Vivienne MacKrell, *Ibid.*, p.65 참조.
16. 일연, 권상로 역해, 《삼국유사》, 2007, p.61 참조.
17. 토머스 불핀치, 최혁순 옮김, 《그리스·로마신화》, 범우사, 1995, pp.366~367 참조.
18. 이이화, 《한국사 이야기 2》, 한길사, 1998, p.38 참고.
19. 김부식, 박광순 역해, 《삼국사기》, 하서, 2009, pp.111~112; 일연, 이만수 옮김, 《삼국유사(상)》, 범우사, 2002, pp.32~33 참조.

20 일연, 장백일 역해, 《삼국유사》, 하서, 2008, p.36.
21 Regina Abt·Irmgard Bosch·Vivienne MacKrell, Ibid., p.459.
22 Regina Abt·Irmgard Bosch·Vivienne MacKrell, Ibid., p.460.
23 Regina Abt·Irmgard Bosch·Vivienne MacKrell, Ibid., pp.334~335.
24 Regina Abt·Irmgard Bosch·Vivienne MacKrell, Ibid., p.338.
25 Regina Abt·Irmgard Bosch·Vivienne MacKrell, Ibid., pp.272~273.
26 Regina Abt·Irmgard Bosch·Vivienne MacKrell, Ibid., p.274.
27 Regina Abt·Irmgard Bosch·Vivienne MacKrell, Ibid., p.241.
28 Regina Abt·Irmgard Bosch·Vivienne MacKrell, Ibid., p.246.
29 Regina Abt·Irmgard Bosch·Vivienne MacKrell, Ibid., p.246.
30 Regina Abt·Irmgard Bosch·Vivienne MacKrell, Ibid., pp.246~247.
31 Regina Abt·Irmgard Bosch·Vivienne MacKrell, Ibid., p.248.
32 권천문, 《윷놀이 윷판에 숨은 이야기》, 영창기획, 2015, pp.135~136 참조.
33 한철호·김기승·김인기·조왕호·권나리·박지숙, 《고등학교 한국사》, 미래엔, 2013, p.18 참조.
34 김경복, 《한국의 신화》, 청아출판사, 2014, pp.119~120 참조.
35 한국정신문화연구원, 《한국민족문화대사전 17권》, 1995, p.364.
36 이이화, 《우리 민족은 어떻게 형성되었나, 한국사이야기 1》, 한길사, 2003, p.283 참조.
37 이이화, 앞의 책, pp.283~284 참조.
38 김광일, 《한국전통문화의 정신분석》, 교문사, 1991, p.384 참조.
39 일연, 김원중 옮김, 《삼국유사》, 민음사, 2007, p.73 참조.
40 Regina Abt·Irmgard Bosch·Vivienne MacKrell, op.cit., pp.309~310 참조.
41 Regina Abt·Irmgard Bosch·Vivienne MacKrell, Ibid., p.311.
42 Regina Abt·Irmgard Bosch·Vivienne MacKrell, Ibid., p.311.
43 Regina Abt·Irmgard Bosch·Vivienne MacKrell, Ibid., pp.312~313.
44 Regina Abt·Irmgard Bosch·Vivienne MacKrell, Ibid., pp.319; 김광일, 《한국전통문화의 정신분석》, 교문사, 1991, p.70 참조.
45 Regina Abt·Irmgard Bosch·Vivienne MacKrell, Ibid., p.323.
46 Regina Abt·Irmgard Bosch·Vivienne MacKrell, Ibid., p.284.

47　토머스 불핀치, 최혁순 옮김, 《그리스 로마신화》, 범우사, 1995, pp.216~217 참조.
48　Regina Abt·Irmgard Bosch·Vivienne MacKrell, *op.cit.*, p.304.
49　Regina Abt·Irmgard Bosch·Vivienne MacKrell, *Ibid.*, p.305.
50　Regina Abt·Irmgard Bosch·Vivienne MacKrell, *Ibid.*, p.306.
51　Regina Abt·Irmgard Bosch·Vivienne MacKrell, *Ibid.*, p.288.
52　Regina Abt·Irmgard Bosch·Vivienne MacKrell, *Ibid.*, p.292.
53　일연, 김원중 옮김, 앞의 책, p.87 참조.
54　김영민, 《우리 조상 신앙 바로알기》, 세문사, 2005, pp.75~76 참조.
55　김경복, 《한국의 신화》, 청아출판사, 2014, p.109 참조.
56　한국정신문화연구원, 《한국민족문화대사전 11권》, 1995, pp.205~206 참조.
57　일연, 장백일 역해, 《삼국유사》, 하서, 2008, pp.452~455 참조.
58　최광식, 《우리나라 역사와 민속: 남창 손진태 선생 유고집》, 지식산업사, 2012, p.345.
59　일연, 김원중 옮김, 《삼국유사》, 민음사, 200, pp.36~38 참조.
60　Regina Abt·Irmgard Bosch·Vivienne MacKrell, *op.cit.*, p.257.
61　Regina Abt·Irmgard Bosch·Vivienne MacKrell, *Ibid.*, p.484.
62　김영민, 《우리 조상 신앙 바로알기》, 새문사, 2005, pp.74~76 참조.
63　Regina Abt·Irmgard Bosch·Vivienne MacKrell, *op.cit.*, p.221.
64　Regina Abt·Irmgard Bosch·Vivienne MacKrell, *Ibid.*, p.225.
65　Regina Abt·Irmgard Bosch·Vivienne MacKrell, *Ibid.*, p.227.
66　Regina Abt·Irmgard Bosch·Vivienne MacKrell, *Ibid.*, p.232.
67　Regina Abt·Irmgard Bosch·Vivienne MacKrell, *Ibid.*, p.236.
68　Regina Abt·Irmgard Bosch·Vivienne MacKrell, *Ibid.*, p.235.
69　신동훈, 《옛이야기의 힘》, 우리교육, 2013, pp.205~207 참조.
70　김광일, 《한국전통문화의 정신분석》, 교문사, 1991, p.359 참조.
71　전호태, 《고구려 고분벽화 읽기》, 서울대학교출판부, 2008, p.51 참조.
72　일연, 김원중 옮김, 《삼국유사》, 민음사, 2007, p.60 참조.
73　김광일, 앞의 책, pp.362~367 참조.
74　에릭에크로이드, 김병준 옮김, 《꿈 상징사전》, 한국심리치료연구소, 1997,

p.221 참조.
75　Regina Abt·Irmgard Bosch·Vivienne MacKrell, *op.cit.*, p.187.
76　Regina Abt·Irmgard Bosch·Vivienne MacKrell, *Ibid.*, p.194.
77　Regina Abt·Irmgard Bosch·Vivienne MacKrell, *Ibid.*, pp.189~194.
78　Regina Abt·Irmgard Bosch·Vivienne MacKrell, *Ibid.*, pp.198~199.
79　Regina Abt·Irmgard Bosch·Vivienne MacKrell, *Ibid.*,, p.206.
80　일연, 김원중 옮김, 《삼국유사》, p.64 참조.
81　한건덕, 《꿈의 예시와 판단》, 명문당, 1994, p.651 참조.
82　Regina Abt·Irmgard Bosch·Vivienne MacKrell, *Ibid.*, pp32~33.
83　Regina Abt·Irmgard Bosch·Vivienne MacKrell, *Ibid.*, p.119 참조.
84　강명혜, 《제주도 신화 속 꽃의 의미 및 상징성》, 溫知論叢, 제48집, 2016. 7, pp.35~62; 현용준, 《제주도 신화의 수수께끼》, 집문당, 2005, p.65 참조.
85　현용준, 앞의 책, pp.58~65 참조.
86　최광식, 《우리나라 역사와 민속: 남창 손진태 선생 유고집》, 지식산업사, 2012.
87　장석주 글, 유리 그림·만화, 《대추 한 알》, 이야기꽃, 2015.
88　김광일, 《한국전통문화의 정신분석》, 교문사, 1991, p.73 참조.
89　양종승, 《칠성신앙과 삼신신앙의 관계성, 샤머니즘과 타종교의 융합과 갈등》, 샤머니즘사상연구회, 민속원, 2017, p.121 참조.
90　최광식, 앞의 책, pp.322~323 참조.
91　이근매·아오키 도모코 공저, 《상징사전》, 학지사, 2019, p.109 참조.
92　Regina Abt·Irmgard Bosch·Vivienne MacKrell, *op.cit.*, p.414.
93　Regina Abt·Irmgard Bosch·Vivienne MacKrell, *Ibid.*, p.131.
94　Regina Abt·Irmgard Bosch·Vivienne MacKrell, *Ibid.*, p.384.
95　Regina Abt·Irmgard Bosch·Vivienne MacKrell, *Ibid.*, p.384 참조.
96　Regina Abt·Irmgard Bosch·Vivienne MacKrell, *Ibid.*, p.129.
97　Regina Abt·Irmgard Bosch·Vivienne MacKrell, *Ibid.*, p.146.
98　Regina Abt·Irmgard Bosch·Vivienne MacKrell, *Ibid.*, p.127.
99　Regina Abt·Irmgard Bosch·Vivienne MacKrell, *Ibid.*, p.142.
100　Regina Abt·Irmgard Bosch·Vivienne MacKrell, *Ibid.*, p.142 참조.
101　Regina Abt·Irmgard Bosch·Vivienne MacKrell, *Ibid.*, p.142.

102 Regina Abt·Irmgard Bosch·Vivienne MacKrell, *Ibid.*, p.142 참조.
103 Regina Abt·Irmgard Bosch·Vivienne MacKrell, *Ibid.*, p.148.
104 Regina Abt·Irmgard Bosch·Vivienne MacKrell, *Ibid.*, p.151.
105 Regina Abt·Irmgard Bosch·Vivienne MacKrell, *Ibid.*, pp.155~156.
106 Regina Abt·Irmgard Bosch·Vivienne MacKrell, *Ibid.*, pp.379~380.
107 Regina Abt·Irmgard Bosch·Vivienne MacKrell, *Ibid.*, p.380.
108 Regina Abt·Irmgard Bosch·Vivienne MacKrell, *op.cit.*, p.458.
109 Regina Abt·Irmgard Bosch·Vivienne MacKrell, *Ibid.*, p.403.
110 Regina Abt·Irmgard Bosch·Vivienne MacKrell, *Ibid.*, p.399.
111 Regina Abt·Irmgard Bosch·Vivienne MacKrell, *Ibid.*, p.399.
112 Regina Abt·Irmgard Bosch·Vivienne MacKrell, *Ibid.*, p.185.
113 Regina Abt·Irmgard Bosch·Vivienne MacKrell, *Ibid.*, p.451.
114 Regina Abt·Irmgard Bosch·Vivienne MacKrell, *Ibid.*, p.85.
115 Regina Abt·Irmgard Bosch·Vivienne MacKrell, *Ibid.*, p.86.
116 Regina Abt·Irmgard Bosch·Vivienne MacKrell, *Ibid.*, p.104.
117 Regina Abt·Irmgard Bosch·Vivienne MacKrell, *Ibid.*, p.370.
118 Ole Vedfelt, *A Guide to the World of Dreams*, Routledge, 2017, pp.21~26; 보다 자세한 설명은 국경복, 《꿈 심리의 비밀》, 나남, 2019, pp.184~188 참조.
119 전환을 '물체가 동물로 변하는 경우', '생(동)물이 다른 동물로', '변형', '생물체가 물체 혹은 다른 생물체'로 유형화시킨 연구도 있다. 상세한 내용은 문홍세, 〈태몽에 관한 연구〉, 중앙의학, 26:(4), 1974, p.458 참조.
120 Regina Abt·Irmgard Bosch·Vivienne MacKrell, *op.cit.*, p.272.
121 Regina Abt·Irmgard Bosch·Vivienne MacKrell, *Ibid.*, p.203.
122 Regina Abt·Irmgard Bosch·Vivienne MacKrell, *Ibid.*, p.389.
123 김양숙 엮음, 《쌍둥이 임신에서 육아까지》, 이미지박스, 2005, pp.34~40.
124 Regina Abt·Irmgard Bosch·Vivienne MacKrell, *op.cit.*, p.435.
125 Regina Abt·Irmgard Bosch·Vivienne MacKrell, *Ibid.*, p.437.
126 C.G.Jung, translated by R.F.C. Hull, *The Archetypes and the Collective Unconscious*, Princeton University Press, 1990, p.218, p.222; C.G.Jung, 융 저작 번역위원회 옮김, 《원형과 무의식 2》, 솔, 2020, pp.283~288, p.293.
127 김영민, 《우리 조상 신앙 바로 알기》, 새문사, 2005, pp.74~76 참조.

128 Regina Abt · Irmgard Bosch · Vivienne MacKrell, *op.cit.*, pp.223~224.
129 Regina Abt · Irmgard Bosch · Vivienne MacKrell, *Ibid.*, p.120.
130 김양숙 엮음, 《쌍둥이 임신에서 육아까지》, 이미지박스, 2005, p.56.

6부 태몽은 임신, 성별과 출산 여부도 암시하나요?

1 문홍세, 〈태몽에 관한 연구〉, 《중앙의학》, 26(4), 1974, pp.453~464 참조.
2 스포츠 경향, "꿈에서 본 '진묘수' 무령왕릉서 발견", 홍순래, 2008. 6. 27 참조.
3 서울신문, "이하늬 "혼전임신, 장애 가능성에 낙태준비까지…" 눈물 고백", 이보희 기자, 2023. 2. 8 참조; YTN, "이하늬 "임신 중 딸 장애 가능성…완전히 무너졌다" 눈물고백", 공영주 기자, 2023. 2. 9 참조.
4 박상란, 〈낙태 관련 태몽담의 서사적 특징과 의의〉, 《한국문학연구》, 제44집, 2013, pp.216~237; 홍순례, 《태몽》, 어문학사, 2012, pp.249~291 참조.
5 홍순례, 앞의 책, pp.249~291; 한건덕, 《태몽의 모든 것》, 기린원, 1993, pp.82~85 참조.
6 SBS 〈두시탈출 컬투쇼〉, 2016. 10. 13.; KBS2 〈연중라이브〉, 2021. 5. 28.; 중소기업신문, "BTS는 어떤 태몽을 갖고 태어났을까?", 국경복, 2022. 4. 27 참조.
7 마크 솜즈 · 올리버 턴불, 김종주 옮김, 《뇌와 내부세계》, 하나의학사, 2005, pp.277~282 참조.

7부 장기추적을 위한 면담자들과의 대화

1 한건덕, 《꿈의 예시와 판단》, 명문당, 1994, p.622.
2 한건덕, 앞의 책, p.615 참조.
3 한건덕, 앞의 책, p.647, p.615 참조.
4 한건덕, 앞의 책, p.647, p.591 참조.
5 한건덕, 앞의 책, p.633, p.645 참조.

6   한건덕, 앞의 책, p.647, p.651.
7   마르코복음, 2:1~5.
8   정성훈, 《사람을 움직이는 100가지 심리법칙》, 케인엔제이, 2011, pp.325~326 참조.
9   정성훈, 앞의 책, p.121; 폴커 키츠·마누엘 두쉬, 김희상 옮김, 《마음의 법칙》, 포레스트북스, 2023, p.50 참조.
10 정성훈, 《사람을 움직이는 100가지 심리법칙, 케인엔제이》, 2011, pp.112~114 참조
11 마크 솜즈·올리버 턴블, 김종주 옮김, 《뇌와 내부세계》, 하나의학사, 2005, pp.277~282 참조.

8부 태몽현상을 과학적으로도 입증할 수 있나요?

1   Jung CG, *Memories, Dreams, Reflections*, recorded and edited by Aniela Jaffe, Translated by Richard and Clara Winston, Random House, 1989, pp.302~303.
2   한국융연구원, 융 저작 번역위원회 옮김, 《원형과 무의식》, C.G.Jung 기본저작집, 솔, 2020, pp.374~375 참고.
3   이강영, 《스핀》, 계단, 2018, pp.372~373; 로버트 모스(Robert Moss), 신현경 옮김, 《꿈의 힘》, 수막새, 2010, p.285 참조.
4   칼 G 융·볼프강 E. 파울리, 이창일 옮김, 《자연의 해석과 정신》, 연암서가, 2015, pp.5~13 참고.
5   Progoff I, *Jung, Synchronicity, and Human Destiny*, A Delta Book, New York, USA, 1973, pp.3~4; Jung CG & Pauli W, by Meier CA(ed.): *Atom and Archetype, the Pauli/Jung letters*, 1932~1958, Princeton University Press, New Jersey, USA, 2001, xviii, xxxii.
6   Lucio Giuliodori, *On the Concept of Synchronicity: Jung between Pyschoanalysis and Quantism*, CS Publishing, Seattle, USA, 2014, pp.15~16.
7   이부영, 《분석심리학 제3판》, 일조각, 2018, p.333 참조.
8   융의 동시성 현상의 유형에 대해서는 다음 책을 참조; Jung CG, 융 저작 번

역위원회 옮김, 《원형과 무의식》, 2020, pp.375~376.

9 과학이란 관찰이라는 수단과 그에 기초한 추론을 통해 먼저 세계에 관한 개별적 사실들을 발견하고 그것들을 연결시켜 (운이 좋다면) 미래의 일을 예측하는 법칙을 찾아내려는 시도다. 사실의 발견을 위해서는 여러 번 반복해서 시도하고, 동일한 결과를 얻을 수 있어야 한다.(버트런드 러셀, 장석봉 옮김, 《과학이란 무엇인가》, 사회평론, 2021, p.27; 나카야 우키치로, 김수희 옮김, 《과학의 방법》, 에이케이커뮤니케이션즈, 2019, p.11 참조)

10 Edward F. Edinger, 이영순 옮김, 《그리스 신화 그 영원한 드라마》, 동인, 2006, p.27 참조.

11 보다 상세한 내용은 국경복, 《꿈 심리의 비밀》, 2019, 나남, pp.153~155 참조.

12 정재승, 《과학콘서트》, 어크로스, 2017, p.273 참조.

13 세계일보, "사지마비 환자 15년 만에 직접 커피를 마시다", 2012. 5. 17 참조.

14 보다 상세한 내용은 전황수, 〈뇌-컴퓨터 인터페이스(BCI)기술 및 개발 동향〉, 《전자통신동향분석》 26(5), 2011. 10, pp.124~125 참조.

15 임창환, 《뉴럴링크》, 동아시아, 2024, p.65 참조.

16 임창환, 앞의 책, pp.87~88 참조.

17 에릭 켄델, 전대호 옮김, 《기억을 찾아서》, 랜덤하우스, 2009, p.82 참조.

18 마이클워커, 조진혁 옮김, 《양자역학이란 무엇인가》, 처음북스, 2021, p.181 참조.

19 로저 펜로즈, 박승주 옮김, 《황제의 새마음》(개정판), 이화여자대학교출판문화원, 2022, p.579 참조.

20 Christian Matthias Kerskens, David López Pérez, *Experimental indications of non-classical brain functions*, Journal of Physics Communications, 6(10), 2022. 10.

21 뤼진하이, 박주은 옮김, 《양자물리학 만화》, 생각의 길, 2021, p.232 참조.

22 Newton, 〈양자론, 뉴턴사이언스〉, 2011, pp.12~13 참조.

23 짐 배것, 박병철 옮김, 《퀀텀 스토리(Quantoum Stroy)》, 반니, 2018, p.12.

24 이순칠, 《퀀텀의 세계》, 해나무, 2021, pp.33~34 참조.

25 Joanne Baker, *50 Quantum Physics Ideas, You really need to know*, greenfinch, pp.28~31 참조.

26 Newton, 〈양자얽힘을 실증해 양자 정보과학의 문을 열었다〉, 2022. 12, pp.8~9.
27 카를로 로벨리, 《나 없이는 존재하지 않는 세상》, 쌤앤파커스, 2023, pp.115~116.
28 Newton, 〈양자얽힘을 실증해 양자 정보과학의 문을 열었다〉, 2022. 12, pp.8~9.
29 필립 볼·브라이언 클레그 외 6인, 전영택 옮김, 《개념 잡는 비주얼 양자역학 책》, 궁리, 2018, p.78.
30 짐 배것, 박병철 옮김, 《퀀텀스토리》, 반니, 2014, pp.451~452 참조.
31 Newton, 〈'양자얽힘'을 실증해 양자정보과학의 문을 열었다〉, 2022. 12, pp.8~9 참조.
32 이순칠, 《퀀텀의 세계》, 해나무, 2021, p.158 참조.
33 마이클 워커, 조진혁 옮김, 《양자역학이란 무엇인가》, 처음북스, 2021, p.181 참조.
34 이순칠, 앞의 책, pp.85~86 참조.
35 쓰즈키 다쿠지, 손영수 옮김, 《알기 쉬운 양자론》, 전파과학사, 2019, pp.170~172 참조.
36 장상현, 《양자 물리학은 신의 주사위 놀이인가》, 컬처룩, 2014, pp.148~149 참조.
37 요비노리 다쿠미, 이지호 옮김, 《과학은 어렵지만 양자역학은 알고 싶어》, 한스미디어, 2022, pp.43~52, p.92; 필립 볼·브라이언 클레그 외 6인, 앞의 책, pp.82~83 참조.
38 Kenneth W. Ford, 《케네스 포드의 양자물리학 강의》, 바다출판사, 2018, pp.33~36, p.57, p.400 참조.
39 슈테판 클라인, 전대호 옮김, 《어젯밤 꿈이 나에게 말해주는 것들》, 웅진지식하우스, 2016, pp.54~55 참조.
40 마이클 코벌리스, 강유리 옮김, 《딴생각의 힘》, 플루토, 2016, pp.19~20 참조.
41 안토니오 자드라·로버트 스틱골드, 《당신의 꿈은 우연이 아니다》, 추수밭, 2024, pp.315~316 참조.
42 안토니오 자드라·로버트 스틱골드, 앞의 책, p.316.

43 안토니오 자드라·로버트 스틱골드, 앞의 책, p.317.
44 안토니오 자드라·로버트 스틱골드, 앞의 책, pp.321~322.
45 이부영, 《한국의 샤머니즘과 분석심리학》, 한길사, 2012, pp.307~322 참조.
46 무당의 예지적인 꿈 사례; 김금화, 《비단꽃 넘세》, 생각의나무, 2007, pp.227~244.

찾아보기 | 용어

ㄱ~ㅁ

개인무의식 40~42, 298
기자습속(祈子習俗) 29
뇌파 402~404, 407, 413, 415, 417~418
뉴런 404
동시성 현상 6, 9, 53, 394, 397~400, 413~414, 417, 420~421
렘수면 59, 413, 417
무속(샤머니즘) 29, 38~39, 123~125, 129~130, 170, 378
무의식 39~42, 59, 124, 164, 279, 397, 417~418
민담 163~164
민속 7, 21~22, 64, 88, 206, 237, 325~326, 329, 335~336, 348, 352, 355, 358, 361, 373
분석심리학 6~7, 25, 131, 276

ㅅ

사고실험 9, 408, 410, 413, 417~418, 421

〈사신도(四神圖)〉 230~231
《삼국사기》 98, 181, 335
《삼국유사》 32, 96~98, 123, 164, 178, 181, 209, 212, 335
상징 7, 21, 25, 30, 32~33, 35, 38~39, 44, 47, 49~50, 53, 56, 65, 69, 77, 81, 83, 85, 88, 91, 106, 108, 115, 131, 136, 143, 145, 163, 165, 167, 173, 182, 184, 186, 188~189, 205~206, 214, 218, 230, 233, 244, 247, 249, 251, 258, 260, 265, 270, 272, 279, 286, 294, 297, 303, 305~306, 309~310, 316, 319, 324~327, 329~330, 336, 349, 352, 355, 358, 361, 369, 371, 374, 378, 382, 388, 390, 397
설화 7, 32, 98, 164, 169, 208~209, 226, 230, 244, 245, 348
성별 암시 109, 251, 319
신화 7, 32~37, 42~44, 64~65, 98, 126, 163~164, 167, 170,

173~174, 178, 181, 184~185, 187, 198, 202, 205, 208, 218, 223, 233, 237, 244~245, 260, 289~290, 293~294, 348, 385, 401

ㅇ

양자 9, 404~406, 409, 417
양자순간이동 409, 417
양자얽힘 405, 407~409, 413~414, 417, 421
양자역학 9, 395, 401, 404~407, 412~414
양자중첩 404, 409~411, 413, 417, 421
양자터널링 411~413, 417, 421
예지몽 6~8, 51~54, 56, 302, 420
원형 26, 39, 163, 397
원형상 7, 25, 30, 39, 43~44, 49~50, 53, 65, 69, 98, 109, 115, 131, 136, 143, 163~165, 167, 173, 178, 181, 189, 197~198, 200, 205, 208, 211, 214, 220, 249, 267, 270, 276, 279~280, 282, 286~287, 289, 297~298, 303, 305~306, 308~311, 316, 319, 324~327, 330, 335, 368, 378, 382~383, 388, 399
의식(conscious) 39~41, 59, 364, 397~398, 404, 417
임신 6, 26~31, 33~34, 46~50,
53~54, 69, 79, 85, 109, 138, 143, 145, 233, 244, 267, 289, 294~295, 297~298, 301~304, 316, 319, 327~328, 330, 386, 399, 415, 417~418, 420
입무(initiation, 入巫) 418

ㅈ~ㅌ

자각몽 56~57, 59, 279, 285
자기충족적 예언 385~386
장기추적 면담 7, 8, 231, 335, 382
장기추적 조사 382
전설 7, 21, 32, 59, 164, 177~178, 181, 184~185, 224, 230, 264, 294, 329, 348
정신분석학 39, 416
집단무의식 37~43, 46, 129~130, 348, 352, 378
출산 6, 23, 26~27, 29~30, 50~51, 53, 54, 66, 80~81, 85, 108~109, 122, 134, 138, 143, 150, 176, 191, 199, 202, 212, 223, 228, 233, 244~245, 258, 264, 271~275, 283~287, 297, 304~306, 309, 311, 313, 318, 321, 326~327, 330, 332, 386
태교 30~31
텔레파시(telepathy) 415~416
통과의례(rites of passage) 26~27, 29, 143, 301

찾아보기 | 인물

ㄱ~ㅁ

겐넵, 반 26
공자 83~84
김구 100~101, 109, 386
김대중 105~106, 335
김유신 95~96
노태우 103~104, 335
말리노프스키, 브로니슬로 35~36, 143

ㅂ~ㅅ

박세리 108~110
박혁거세 32, 198
방탄소년단(BTS) 324
베르거, 한스 402, 415
보어, 닐스 406
보조선사 34
봄, 데이비드 408
부처(석가모니) 63~67, 69, 214
세종 대왕 89~92
손진태 124, 168, 245, 259
숌즈, 마크 328, 387

슈뢰딩거, 에르빈 410~411
신사임당 23~24, 39, 42, 290

ㅇ

아르테미도로스(Artemidoros) 79
안중근 102~103, 386
알렉산더 대왕 75~76
에크먼, 폴 143, 150
예수 35, 68~71, 79, 171, 260, 378
원랑선사 30, 290
융, 칼 6, 9, 25~26, 39~43, 47, 52~53, 121, 124, 163~164, 172, 262, 276, 289, 393~398, 400, 413, 416, 421
이부영 124, 129~130, 164
이사주당 30
이순신 98~100
이이 23~24
이이화 195
이태백 85
이하늬 304
일연 스님 96~97

ㅈ~ㅎ

자장율사 94~95
정조 대왕 93~94
주몽 33~34, 167, 174, 181~182,
　　　218, 237, 293~294
카이사르, 아우구스투스 77~79
키루스 대왕 72~74
파울리, 볼프강 395~396, 400, 421
파인먼, 리처드 406
프란츠, 마리 루이제, 폰 7, 26~27,
　　　121, 276
프로이트, 지그문트 39~40, 416
한무제 86~87
해모수 33, 167, 178, 182, 208
헤로도토스 35, 74
혜종 88~89
황영조 107~108